Cahiers d'études nodiéristes

2021, n° 10

Cahiers d'études nodiéristes

La Fortune de Nodier en Espagne

Sous la direction de
Concepción Palacios Bernal et Georges Zaragoza

PARIS
CLASSIQUES GARNIER
2021

SOMMAIRE

ANNEXES

MISCELLANNÉES

À TITRE DE PRÉSENTATION

Sur la réception de Charles Nodier en Espagne

Parler aujourd'hui de Charles Nodier dans le monde hispanique est une tâche presque vouée à l'échec. Qui est Nodier ? Qui a entendu parler de lui ? On ne lui prête presque aucune attention dans le monde universitaire. Les études françaises en Espagne au niveau académique empêchent la connaissance de la littérature française de s'étendre bien au-delà des grandes figures liées aux manifestations de chaque période littéraire. Les dix-neuviémistes espagnols eux-mêmes n'ont pas éprouvé de véritable curiosité vis-à-vis d'un auteur d'une grande modernité, qui aurait pu et aurait dû être mieux compris au XXIᵉ siècle qu'à son époque. La variété des genres qu'il a cultivés, ses transgressions constantes entre eux, ses débordements linguistiques, ses ruptures de logique, son goût pour l'autofiction, pour le monde de la fantaisie ou son encyclopédisme en font un esprit agité, changeant et choquant pour ceux qui pénètrent l'étendue de sa création. Quelques études qui lui ont été consacrées au niveau universitaire complètent, comme nous aurons l'occasion de le montrer dans les lignes suivantes, les traductions de certaines de ses œuvres les plus connues. Des traductions qui sont parues déjà au XIXᵉ siècle et, parfois, très proches chronologiquement de l'original français. Et cela, parce que la littérature française aura un grand retentissement en Espagne dans ce siècle-là. Le rapport intime que les intellectuels hispaniques ont avec la France est cause de cette influence considérable de la culture française sur la culture hispanophone au-delà des Pyrénées. Et les écrivains français, considérés comme des modèles à suivre, furent longtemps des guides pour la création littéraire.

L'influence d'un pays sur un autre va au-delà du voyage ou du séjour dans le pays. Elle se répand comme une tache d'huile à travers les traductions. L'homme de lettres n'aura pas besoin de voyager pour connaître un pays – la France – ni de connaître sa langue – le français – pour comprendre, sentir et admirer sa littérature. Ce sont précisément les traductions qui permettent les transferts culturels entre pays, grands et petits ou les plus proches et les plus éloignés.

Mais on peut aussi parler de réciprocité dans cette relation. Et Nodier, de même que Gautier ou Mérimée, et tant d'autres écrivains et voyageurs de l'époque, s'est intéressé au pays. Sans presque le connaître, il va l'utiliser comme décor pour *Inès de Las Sierras*, histoire fantastique publiée en 1837. Il a eu d'autres contacts avec la réalité espagnole, comme en témoignent ses lectures, le fonds espagnol de sa bibliothèque, une petite incursion à Barcelone en 1827[1], ses amis, dont certains – assidus de l'Arsenal tels que la duchesse d'Abrantes ou le marquis de Custine – ont écrit des livres de voyage sur l'Espagne, ou même son prologue à une traduction du *Buscón*[2].

Nous nous proposons de conduire, dans les lignes qui suivent, une approche sur la fortune de Nodier en Espagne que nous aborderons sous trois aspects complémentaires. Premièrement, nous envisagerons la présence de l'auteur dans les journaux et revues, notamment ceux du XIXe siècle. Deuxièmement, nous réaliserons une synthèse sur la réception de Nodier en Espagne à travers les diverses traductions et versions de ses ouvrages. Enfin, nous présenterons quelques-unes des études consacrées essentiellement à Nodier par les chercheurs hispaniques.

Malgré l'oubli actuel auquel nous faisions allusion, Charles Nodier jouit d'une certaine renommée en Espagne au XIXe siècle. Ce qui est vérifié par les références rencontrées dans maints périodiques de l'époque, que ce soit la publicité des traductions en espagnol de ses œuvres, comme nous aurons l'occasion de le constater, ou encore l'annonce de la parution de ses œuvres en France. À côté de cela on trouve également des détails sur sa relation avec d'autres écrivains et même des références à sa nécrologie et des éloges sur ses talents d'écrivain. En consultant des journaux et revues numérisés de cette période, accessibles, nous trouvons à partir de 1837, des exemples qui, sans être exhaustifs, nous aident à illustrer chacune de ces situations.

---

1   Pour plus de détails concernant l'incursion espagnole de Nodier, voir l'article ci-dessous de Georges Zaragoza « *La presente novelita española* », p. 169.

2   *Histoire de Don Pablo de Segovie, surnommé l'aventurier Buscon par Don Francisco de Quevedo* ; traduite de l'espagnol et annotée par A. Germond de Lavigne ; précédée d'une lettre de M. Charles Nodier ; Vignettes de Henri Emy, gravées par A. Baulant, Paris, Schneider et Langrand, 1843.

En premier lieu donc les annonces de publications des œuvres de Nodier, que ce soient les originales publiées en France ou les traductions réalisées en Espagne. Une des premières références que nous avons trouvée dans la presse numérique est celle du *Peintre de Salzbourg* (dans le *Diario del Gobierno de la República Mexicana*, de 1837). Un an plus tard, en 1838, la publication à Paris des *Quatre talismans* est signalée dans *El Correo Nacional*. En 1839, la traduction d'une des histoires les plus connues de Nodier, « *Inès de Las Sierras* de Carlos Nodier », a été annoncée dans *El Diario Constitucional de Palma de Mallorca* et dans le *Diario de Avisos de Madrid*.

« El pintor de Saltzbourg *ó diario de las emociones de un corazón doliente, por Carlos Nodier, autor de* Los Proscritos » paraît encore une fois annoncé dans *El Diario de avisos de Madrid* en 1840, sans préciser s'il s'agit d'une traduction ou de sa publication en France, le journal ayant revendiqué le droit de traduire le titre. En 1841, *El Correo Nacional*, à l'occasion de la publication de *Souvenirs et portraits*, se réfère à l'ouvrage en ces termes : « les productions de cet écrivain élégant[3] ». Cette même année, *El Constitucional*, rend compte de la traduction de *Los Proscritos* en ajoutant des commentaires à propos du récit et de son auteur :

> *Novela escrita en francés por Carlos Nodier y traducida al Español por D. M. A. Nos abstendremos de prodigar elogio alguno á la obra que ofrecemos al público, en atención a que el mayor que puede atribuírsele es el nombre de su autor y el título que la acompaña. Solo diremos que son* Los Proscritos *una de aquellas producciones que honran en extremo a la imaginación que las produjo ya por la elegancia de su escrito, ya también por contener frases, que solo pueden explicarse por un corazón que esté experimentando los vaivenes de la fortuna, cual acontecía con el que es objeto de esta obrita. Así pues nos atrevemos á recomendar su lectura, persuadidos de que las desgracias de un proscrito de 20 años interesarán tanto como sus virtudes[4].*

---

3 « *Las producciones de este elegante escritor* ».
4 « Roman écrit en français par Charles Nodier et traduit en espagnol par D. M. A. Nous nous abstiendrons de faire l'éloge de l'œuvre que nous proposons au public, car le plus grand que l'on puisse lui attribuer est le nom de son auteur et le titre qui l'accompagne. Nous dirons seulement que *Los Proscritos* est une de ces productions qui honorent grandement l'imagination de celui qui l'a écrit, en raison de l'élégance de son écriture, et aussi pour contenir des phrases qui ne peuvent s'expliquer que par un cœur qui vit les hauts et les bas de la fortune, ce qui s'est passé avec celui qui fait l'objet de cette petite œuvre. Nous osons donc recommander de la lire, convaincus que les malheurs d'un hors-la-loi de 20 ans seront aussi intéressants que ses vertus ».

En 1842, *El Gratis* annonce à nouveau *Les Quatre Talismans, conte raisonnable suivi de la Légende de Sœur Béatrix par Charles Nodier,* dans un volume.

Cette même année et dans le même journal est annoncé « *Trilby o el duende de Argail por Carlos Nodier* », dans la collection « *Tesoro de autores ilustres* » publiée à Barcelone par Oliveres. Il s'agit de la première traduction connue et datée du célèbre récit de Nodier[5].

Dans *La Carta*, (1847), nous lisons : « *La primera obra que acaba de ver la luz pública es una linda novelita del célebre Carlos Nodier, titulada* La Torre Maldita, *version española de L.A. Escalante*[6] ».

À partir de ces années-là, nous trouvons d'autres références des publications de Nodier. Pour n'en citer que quelques-unes, *Cuentos de Carlos Nodier* dans la collection de la « Biblioteca Universal » (sans préciser le contenu) apparaît dans *La España* en 1848. Même référence à cette publication dans *El Clamor* et *La Ilustración*, toutes deux en 1853, sans que les magazines ne fournissent d'autres données sur la composition du volume ni s'il s'agit de traductions ou d'une allusion à la publication en France de *Contes*[7].

Et dans le dernier tiers du siècle, les références se poursuivent « *El hombre y la hormiga (apólogo primitivo)* », par C. Nodier, en *Diario oficial de Avisos de Madrid*, en 1876 ; l'annonce en 1883 et les années successives dans *La Discusión* de *Inès de Las Sierras* en trois volumes à côté des œuvres d'Eugène Sue et d'Alexandre Pouchkine, sans préciser encore une fois s'il s'agit d'une traduction ou d'une réédition du récit français.

Depuis le commencement du xxe siècle et jusqu'aux années cinquante, la publicité de récits traduits de Nodier dans divers périodiques sont relativement fréquentes même dans la presse locale ou régionale (*La Voz,*

---

5   Il existe une autre traduction qui pourrait être antérieure en date. Voir l'article de ce volume « Note sur la traduction *Trilby o El duende de Argail*, de Carlos Nodier, publiée à Cordoue, Imprenta y Papelería Catalana, (sans notice sur le traducteur et anonyme), p. 161 ».

6   « La première œuvre qui vient de voir le jour est un beau roman du célèbre Charles Nodier, intitulée *La Torre Maldita*, version espagnole de L A. Escalante ». Il s'agit sans aucun doute de la traduction de *Mademoiselle de Marsan* en faisant allusion à la troisième partie du récit nodiériste. Il faut dire que ce récit a été d'ailleurs traduit sous le titre *Diana de Marsan*, prénom de l'héroïne. À propos des différentes traductions de ce récit, voir les articles de P. Andrade et C. Ramírez dans ce volume, p. 25.

7   Dans des maisons d'éditions distinctes et à différentes dates : Renduel, Charpentier, Hetzel, Magnin, Blanchard et Cie.

La Época, El Sol, El Globo, Mundo gráfico, La Libertad, Ahora...), avec des allusions aux collections où sont parues les traductions : « *Colección Universal* », « *Pequeña colección del bibliófilo* », « *Revista literaria : Novelas y cuentos* », « *Biblioteca del siglo XIX* ». Cette publicité correspond aux récits les plus connus de l'auteur : *Trilby o el duendecillo de Argail, Inès de Las Sierras, El hada de las migajas, Lydia, Francisco Columna, La Señorita de Marsan* ou *La Novena de la Candelaria.*

Une référence en particulier a attiré notre attention : la revue *Finisterre* (1945) fait connaître le film de Jacques de Baroncelli : *La Leyenda de Sor Beatriz,* suivi de ce commentaire « *sobre el cuento de Carlos Nodier, versión cinematográfica de un tema de larga ascendencia literaria – Berceo, Alfonso el Sabio, Lope de Vega, Zorrilla, Maeterlinck –* [8] ».

La nouvelle de son décès n'est pas non plus passée inaperçue. En 1844 (le 3 février) dans *El Corresponsal* nous lisons :

> *El célebre escritor Carlos Nodier, individuo de la Academia francesa falleció el dia 27 á las siete de la mañana. El ilustre literato cuya pérdida es tan dolorosa para las letras y para su familia y amigos, habia nacido en Bezancón el 29 de abril de 1780 : en 1823 fue nombrado bibliotecario del Arsenal. Su última enfermedad fue larga y dolorosa. En otro número dedicaremos algunas líneas á las producciones de este brillante ingenio* [9].

Effectivement, quelques jours plus tard (le 5 février) le journal offrit un très long panégyrique intitulé : « *Últimos momentos y exequias de Carlos Nodier* » (Derniers moments et funérailles de Charles Nodier). L'auteur de la nécrologie informe les lecteurs avec des détails très précis quant aux derniers moments de l'écrivain, aux mots qu'il adressa à son épouse et à sa fille. Il formule également des louanges sur la qualité de son caractère, la bienveillance et l'amabilité de cet écrivain « élégant, original et gentil [10] ».

---

8   « Basé sur le récit de Charles Nodier, version cinématographique d'un thème d'un long ascendant littéraire – Berceo, Alfonso el Sabio, Lope de Vega, Zorrilla, Maeterlinck – ». Voir l'article sur Nodier et Zorrilla dans ce volume, p. 147

9   « Le célèbre écrivain Charles Nodier, membre de l'Académie française, est décédé le 27 à sept heures du matin. L'illustre écrivain dont la perte est si pénible pour les lettres et pour sa famille et ses amis, est né à Besançon le 29 avril 1780 : en 1823, il est nommé bibliothécaire de l'Arsenal. Sa dernière maladie a été longue et douloureuse. Dans un autre numéro, nous consacrerons quelques lignes aux productions de ce brillant génie ».

10 À cause de sa longueur, nous reproduisons en annexes la nécrologie complète.

El Laberinto, de même et à l'occasion de sa mort, publie le 1ᵉʳ mars 1844 une biographie sur sa première page et la suivante accompagnée d'une gravure en buste de Charles Nodier[11].

Très tôt, les intellectuels espagnols se font l'écho de l'auteur. En 1839, dans *El Piloto*, nous lisons :

> *Pero hay un escritor en Francia que ha hecho trabajar por mucho tiempo las prensas de su pais, y cuya desgracia reciente prueba hasta que punto sois ingratos. Todo el mundo conoce á Carlos Nodíer, autor de* Juan Sbogar, *y de tantas otras novelas llenas de interés y de chispa. Poeta, novelista, literato, filósofo, Nodier es uno de los que poseen, por decirlo asi, el genio, de la historia y de la literatura latina*[12].

À la fin du siècle (1891), Ménendez y Pelayo publie un très long article dans *La España Moderna*, intitulé « *Los Orígenes del Romanticismo* » où il vante la figure de « cette idole de la jeunessse romantique » comme un écrivain à l'avant-garde de son époque. L'intellectuel espagnol insiste sur la contribution exceptionnelle du bibliomane à la littérature fantastique et à la renaissance archéologique du Moyen Âge[13].

En 1900, dans *El Día*, sous l'épigraphe « *Hombres y obras : Nodier* », le chroniqueur évoque des événements dont Nodier a été le protagoniste dans sa jeunesse. Il s'agit de la lecture de son discours à Besançon dans la Société des Amis de la Constitution à l'âge de douze ans et de la publication à Paris, quelques années plus tard, de l'ode satirique *La Napoléone*[14].

Emilia Pardo Bazán dans son essai sur « *La Literatura Moderna en Francia* », publié dans *La España Moderna* (1902) se prononce à propos de notre auteur :

> *Entre los críticos románticos podríamos contar á Nodier y á Janin. El primero, antes que crítico, es un humorista delicado, un amigo de los románticos que, á ser ambicioso, podría llamarse precursor ; su criterio es el de Fauriel ; la poesía popular le parece cien veces superior á la clásica ; Perrault le gusta más que Homero*[15].

---

11 Voir dans les annexes la reproduction de la première page du journal, p. 209.

12 « Mais il y a un écrivain en France qui a fait travailler depuis longtemps la presse de son pays, et dont le récent malheur prouve à quel point vous êtes ingrat. Tout le monde connaît Charles Nodier, auteur de *Jean Sbogar*, et de tant d'autres romans pleins d'intérêt et de vivacité. Poète, romancier, écrivain, philosophe, Nodier fait partie de ceux qui possèdent, pour ainsi dire, le génie de l'histoire et de la littérature latine ».

13 Voir annexes, p. 199.

14 Voir annexes p. 201. Article reproduit à la même date dans d'autres périodiques : *La Crónica Meridional, Los Debates, Diario de Córdoba*.

15 « Parmi les critiques romantiques, on peut compter Nodier et Janin. Le premier, plutôt que critique, est un humoriste délicat, un ami des romantiques qui – c'était son

Aussi bien les exemples de références bibliographiques que les commentaires sur le talent de l'écrivain nous montrent que Nodier jouit d'une certaine notoriété pendant le XIXᵉ siècle sans atteindre toutefois celle d'un Mérimée, un Hugo ou un Dumas pour ne citer que des écrivains largement reconnus et qui ont eu d'ailleurs un lien plus ou moins étroit avec l'Espagne. Cette considération se voit, au demeurant, renforcée par les traductions de son ouvrage.

Comme d'autres écrivains et conteurs de son époque, Charles Nodier est introduit dans le monde hispanophone avant tout par la traduction de ses œuvres, essentiellement celles qui entrent dans la catégorie du fantastique comme *Smarra*[16], *Trilby*, *La Fée aux Miettes* ou *Inès de Las Sierras*. Quelques-unes, comme *Inès de Las Sierras*[17], traduite et publiée à Barcelone en 1839, presque en même temps que la publication originale. D'autres, à des intervalles différents comme *Smarra* en 1840, *Trilby*[18] *et La Neuvaine de la Chandeleur* en 1842 et 1855 respectivement. Certains récits, parfois même sans nom d'auteur, sont parus pour la première fois dans des journaux et magazines. Car il serait difficile de comprendre la réception et la traduction des écrivains étrangers sans faire référence, comme nous l'avons vu, à l'importance et à l'expansion de la presse au XIXᵉ siècle qui devient un instrument efficace pour la diffusion, surtout celle du récit plus ou moins bref. Revues et quotidiens accueillent des récits de fiction car ils garantissent une rapidité de publication, la proximité et la reconnaissance immédiate du public et, bien sûr, une économie par rapport à la publication en librairie d'un recueil. Nodier n'échappe pas à ce modèle de diffusion. Quelques traductions de récits de Nodier sont, selon toute probabilité, perdues parce que les revues manquent. Pour d'autres, il serait nécessaire de suivre à la trace les fonds des bibliothèques qui n'ont pas encore numérisé tout leur matériel ancien.

On peut néanmoins en citer quelques-unes. *La Légende de Sœur Béatrix*[19], (*Leyenda de Sor Beatriz*), parut en 1838 dans *La Revista*

---

ambition – pourrait être qualifié de précurseur ; son critère est celui de Fauriel ; la poésie populaire lui paraît cent fois supérieure à la poésie classique ; il aime mieux Perrault que Homère ».

16   À propos de la réception de *Smarra* voir la contibution de P. Baños dans ce volume, p. 53.

17   Pour plus de détails sur cette traduction voir l'article précité de G. Zaragoza (note 1).

18   Voir note 5.

19   Voir note 8.

Peninsular. Une autre version fut publiée en livraisons dans le *Semanario pintoreso español* en 1854, sous le titre de *La Hermana Beatriz. Leyenda*[20]. Cette même année, le *Diario de Córdoba* publie entre le 11 avril et le 10 mai, une traduction de *Inès de Las Sierras*, laquelle avait été traduite dans la section « *Folletín*[21] » de *La Carta* du 27 novembre au 28 décembre 1847 sous le titre *Inès de Las Sierras ó El castillo de Ghismondo*. Le *Diario del Gobierno de la República Mexicana* publie du 26 mai au 2 juin 1846, *Trilby*. *Diana de Marsan*, fut publié dans la section « Folletín » de *El Observador* à partir du 17 mai 1852 en plusieurs livraisons. Dans *La Ilustración*, parut la traduction de *Smarra o los duendes de la noche* en 1853, entre le 6 août et le 27, avec des illustrations[22]. Celle de *Los Proscriptos*[23] *traducido por* *** dans la section « *Folletín* » du quotidien des Baléares, *El Iris del pueblo*, publié entre le 5 mars 1855 et le 4 avril de la même année. *Lydie o la resurrección por Carlos Nodier* dans la section « *Variedades* » du périodique *La Discusión* entre le 12 et le 22 août 1858. Le récit est précédé d'un mot de l'éditeur,

> *Debemos á la amabilidad de una de nuestras apreciables suscritoras, la señorita doña Carolina M… la siguiente traducción de un precioso cuento de Carlos Nodier, con el cual amenizaremos unos cuantos dias esta sección de nuestro periódico*[24].

Dans *La Guirnalda*[25], parut *El hombre y la hormiga* entre le 5 et le 20 janvier 1876. *La Hada de las migajas*[26] fut publié dans *La Justicia* du 4 juin au 27 juillet 1895. Le récit fut annoncé le jour d'avant avec ces mots : « *Terminando hoy la novela* El judio errante, *que veníamos publicando*

---

20 À propos de cette traduction et celles de *Bautista Montauban* et *La gruta del hombre muerto*, toutes les deux publiées en 1855 dans cette même revue, voir l'article de P. Méndez, p. 113 Pour le troisième récit voir l'article de I. Illanes, p. 93. Les deux contributions sont insérées dans ce volume.

21 Le « *Folletín* » était la section des périodiques destinée à publier en livraisons des textes sans rapport avec l'actualité, que ce soit des récits brefs, des romans ou des essais.

22 Voir en annexes la reproduction d'une des pages de la traduction, p. 210.

23 Avec cette traduction, il existe un seul exemplaire numérisé de la revue, celui du 21 mars 1855.

24 « Nous devons à la gentillesse de l'une de nos appréciables abonnées, Miss Carolina M … la traduction suivante d'une belle histoire de Charles Nodier, avec laquelle nous animerons cette section de notre journal pendant quelques jours ».

25 *Periódico quincenal dedicado al bello sexo* (magazine bimensuel dédié au beau sexe).

26 Bien que le mot « *hada* » soit féminin, dans l'orthographe actuelle cette forme au singulier est précédée de l'article masculin : *el hada*.

en nuestro folletín, mañana empezaremos á publicar la preciosa novela de Carlos Nodier, titulada La hada de las migajas[27] ».

Déjà au XXe siècle, *La Voz de Menorca*, publie dans la section « *Folletín* » *La señorita de Marsan* entre le 9 avril et le premier juin 1931.

Parallèlement, des récits sont publiés par les maisons d'éditions[28]. Bien que la plupart de ces récits soient publiés de nos jours dans des volumes collectifs ou dans des volumes dédiés entièrement à l'auteur, les premières versions de certains récits ont été imprimées à Paris, entre 1827 et 1830 : *Jean Sbogar*[29] et *Le Peintre de Salzbourg* suivi *des Méditations du cloître*[30] et de *Thérèse Aubert*[31]. À ceux-ci s'ajoutent, jusqu'en 1850 et publiés en Espagne, ceux d'*Inès de Las Sierras*, comme nous l'avons signalé, (M. Saurí, 1839 ; sans nom de traducteur), *Le Peintre de Salzbourg* (1839 et 1840), *Les Proscrits*[32] (1841), *Trilby ou le lutin d'Argail* (1842)[33] et *Mademoiselle de Marsan*[34] (traduite comme *La Torre maldita* en 1847).

Des traductions supplémentaires ont été faites pendant la seconde moitié du XIXe siècle, presque toujours à partir de récits isolés, comme *La Fée aux Miettes*[35] dans la version d'Eugenio Martínez Cuende ou *La Neuvaine de la Chandeleur*[36], sans nom de traducteur. Quelques récits ont été publiés dans des volumes collectifs, *El desván de los duentes*[37] (1833) ou *Eco de los folletines* (1854-1856). Seules deux compilations d'histoires entièrement de Nodier ont été publiées au cours de ce siècle : *Cuentos*

---

27 « Une fois qu'aujourd'hui nous avons fini de publier *Le Juif errant*, demain on commencera à publier le beau roman de Charles Nodier, intitulé *La Fée aux Miettes* ».

28 Pour une information plus exhaustive sur les traductions en imprimerie de récits fantastiques voir M. Giné et C. Palacios, *Traducciones de relatos fantásticos franceses de Cazotte à Maupassant*, Barcelona, PPU, 2005 (les traductions de Nodier occupent les pages 30-45).

29 « *Jean Sbogar*, novela escrita en francés por Carlos Nodier », Paris, Imprimerie de J. Smith, 1927.

30 « *El pintor de Salsburgo* ; *Las meditaciones del claustro* por Carlos Nodier », Paris, Impr. de Pillet aîné, 1830.

31 « *Teresa Ober*, novela por el autor de *Juan Sbogar* (Charles Nodier) », Paris, Impr. de Pillet, 1830.

32 « *Los proscritos : novela*, traducida por D.M.A. », Barcelona, José Torner, 1841.

33 *Trilby o el duende de Argail*, Barcelona, Oliveres, 1842.

34 « *La Torre maldita*, novela escrita en francés por Carlos Nodier ; y vertida al castellano por Juan Antonio Escalante », Madrid, Imp. de Manuel Álvarez, 1847.

35 « *La hada de las migajas*, cuento fantástico de Carlos Nodier, traducido por E. M. Cuende (para el Folletín de las novedades) », Madrid, Imprenta de las Novedades, 1856.

36 *La novena de Candelaria*, Madrid, Imprenta a cargo de D.G. Alhambra, 1855 (Folletín de las Novedades).

37 Voir article « De l'*Histoire de Thibaud de la Jacquière* à *El Mercader de León* » dans ce volume, p. 133.

fantásticos[38] (1863) et *Tesoro de las Habas y Flor de Garbanzo* ; *El Genio Bonachón. Historia del perro de Brisquet*[39](1881).

Au début du xxe siècle, ses récits les plus connus ont été traduits : *El hada de las migajas* (1920), *Lydia. Francisco Columna* (1923), *Trilby o el duendecillo de Argail* (1923), *Inès de Las Sierras* (1923) et *La novena de la Candelaria* (1924), le premier traduit par Pedro Vances, les quatre suivants par Juan José Morato et le dernier par Paulino Masip, et tous publiés par Calpe (Madrid) dans la « *Colección Universal* », dont on a vu la publicité dans quelques périodiques. Mais aussi des textes plus réalistes, tels que *La Señorita de Marsán* et *Recuerdos de juventud*, traduits par P. Masip et publiés par Calpe (Madrid) en 1924, *Franciscus Columna*, précédé de *El bibliómano*[40] (1924), traduits par Rafael V. Silvari ou *Trilby* et *Franciscus Columna*, traduits par Manuel Vallvé (Montaner et Simón, 1945). À partir de ces dates, il y a quelques rééditions et traductions ultérieures de ces mêmes histoires, mais peu nombreuses.

Dans le dernier tiers du siècle et au début du xxie siècle, l'intérêt pour Nodier en Espagne semble renaître avec des traductions de certaines de ses histoires fantastiques dans des éditions indépendantes, mais spécialement dans des volumes collectifs ou dans des volumes entièrement dédiés à l'auteur : *El ladrón de cadáveres y otros relatos* (Saturno, 1968), *Cuentos visionarios* (Siruela, 1989 ; trad. De Javier Martín y Luis Alberto de Cuenca), *La monja sangrienta y otros relatos* (Compañía Europea de Comunicación, 1992 ; versión de Agustín Izquierdo), *Infernaliana*[41] (Valdemar, 1988 ; trad. de A. Izquierdo), *Relatos cortos de fantasmas* (Zugarto, edicioes, 1999), *Los demonios de la noche ; Trilby o el duendecillo de Argail* (Abraxas, 2003 ; trad. de

---

38   « *Cuentos fantásticos* de Carlos Nodier ; versión castellana de Nicolás María Martínez », Barcelona, Imprenta económica á cargo de José A. Olivares, 1863. Le volume réunit : *Inès de Las Sierras, La Novena de la Candelaria, Trilby, El valle del muerto, Smarra o los demonios de la noche, La leyenda de la hermana Beatriz, Bautista Montauban* et *La hada de las migajas*.

39   « *Trésor des fèves et Fleur des pois* (espagnol), *Le Génie bonhome* (espagnol), *Histoire du chien Brisquet* (espagnol) / *Tesoro de las Habas y Flor de Garbanzo* ; *El Genio Bonachón* ; *Historia del perro de Brisquet* por Carlos Nodier, ... » ; Traducción española por D. Mariano Urrabieta, Paris, C. Bouret, 1881.

40   « *Franciscus Columna* : Novela, bibliográfica de Carlos Nodier, precedida de *El Bibliómano* del mismo autor. Traducción de Rafael V. Silvari », Madrid, Miquel Ruis, 1924.

41   Voir page 138, note 15.

Alberto Laurent), *El bibliómano* (Eduardo de Blas, 2005), *Quién anda ahí* (Valdemar, 2010), *Franciscus Columna* (José J. Olañeta editor, 2011 ; trad. De M. Serrat), *El amante de los libros* (Trama, 2015 ; trad. de A. Herrero), *Locos por los libros* (José J. Olañeta editor, 2016), *Historia del rey de Bohemia y de sus siete castillos* (KRK, 2016 ; trad. de F. González), *Smarra o los demonios de la noche y otros relatos de horror e imaginación* (Valdemar, 2017), *Los demonios de la noche; Trilby o El duendecillo de Argail* (Abraxas, 2018).

Des versions de récits les plus connus ont été réalisées en catalan à partir des années 20 du XX⁰ siècle : *Contes de bibliòfil* (Institut Catalá de les Arts del Llibre, 1924), *Contes fantàstics* de P. Montclar (L'Arc de Barà, 1925), *Inès de Las Sierras* de Josep Janés (Quaderns Literaris, 1935), *La vall de l'home mort* de Felip Cavestany (Quaderns Literaris, 1935). De plus, il existe une nouvelle version d'*Inès de Las Sierras* d'Albert Mestres (B., Proa, 1999). Plus récemment, deux des histoires les plus connues de l'auteur, *La Fada de les Engrunes* et *Jean Sbogar* ont été traduites par Anna-Maria Corredor (Edicions de 1984, 2008) et par Joan Verdegal (Tres i Quatre, 2008) respectivement.

Eu égard à l'intense activité littéraire, érudite et critique de Nodier, toutes ces traductions constituent une partie non négligeable quoique incomplète de sa production globale. Aucune traduction, à notre connaissance, de *Moi-même*, *Le Dernier chapitre de mon roman* ou *M. Cazotte* parmi d'autres. Rien non plus sur ses mémoires historiques, comme *Le Dernier banquet des Girondins*, sur ses essais, *Questions de littérature légale*, *Notions élémentaires de linguistique, Des types en littérature, Du fantastique en littérature*, et tant d'autres, sauf quelques traductions incomplètes de ce dernier faisant partie des récits[42]. Pas plus que sur ses pièces de théâtre, ses *Voyages pittoresques et romantiques dans l'ancienne France* ou *Promenade de Dieppe aux montagnes d'Écosse* pour ne citer que les plus connues.

En reliant cette troisième partie avec les mots liminaires de cette présentation nous constatons comment, effectivement, les études consacrées entièrement à Nodier au XX⁰ et XXI⁰ siècles par les chercheurs espagnols[43]

---

42   Voir *Cuentos visionarios*, Madrid, Siruela, 1989 et *Los demonios de la noche* (Abraxas, 2003).

43   Excepté l'auteure de ce bilan qui a consacré quelques études à Nodier : « A propósito de las *Mémoires sur la Guerre des français d'Espagne par M. de Rocca* de Charles Nodier »,

ne foisonnent pas et toutes touchent en l'occurrence à la veine du fantastique nodiériste. L'affirmation de Javier del Prado qui considère Nodier comme « le vrai père de la littérature fantastique française » dans son article « Fantastique et idéologie : l'exemple français[44] » met en évidence cet attachement des chercheurs espagnols pour le fantastique nodiériste.

Un bref mais cependant magnifique article d'Ana Monleón[45] en 1986 attirait l'attention sur l'oubli dédaigneux en Espagne de l'auteur français tout en soulignant son originalité, à la fois écrivain tardif du XVIIIᵉ siècle et précurseur des romantiques.

Deux thèses de doctorat spécifiques ont été soutenues par des doctorants espagnols en 1985 et 2002. La première, à l'Université de Valence, « Narrativité et poéticité dans le texte fantastique (Charles Nodier) » de l'auteure de l'article précité. La deuxième, à Madrid, à l'UNED,

---

Historia y Humanismo, Servicio de Publicaciones, Universidad de Murcia, 2000, p. 187-199 ; « De *Histoire de Thibaud de la Jacquière* a *El Mercader de León* », *Neoclásicos y Románticos ante la traducción*, Servicio de Publicaciones, Universidad de Murcia, 2002, p. 437-450 ; « A propósito de algunas estrategias transtextuales en la obra de Charles Nodier », *El texto como encrucijada. Estudios franceses y francófonos* vol. I, Logroño, Universidad de la Rioja, 2003, p. 349-361 ; « El amor en Nodier », *Isla abierta. Estudios franceses en memoria de Alejandro Cioranesu*. Tomo II. Servicio de Publicaciones de la Universidad de La Laguna, 2005, p. 961-976 ; M. Giné et C. Palacios, *Traducciones de relatos fantásticos franceses de Cazotte à Maupassant*, Barcelona, PPU, 2005 (les traductions de Nodier occupent les pages 30-45 ; « ¿Zorrilla lector de Nodier ? En torno a *Margarita la tornera* y *La Légende de Sœur Béatrix* », *La cultura del otro. Español en Francia, francés en España. La culture de l'autre. Espagnol en France. Français en Espagne*, Universidad de Sevilla, 2006, p. 579-588 ; « Una historia de Nodier, la *Historia de Helena Gillet* », *Anales de Filología Francesa*, n° 15, 2007, p. 221-239 (introduction et traduction du récit) ; « Historias de Nodier sobre fondo de paisaje », *Intertexto y Polifonía*, tomo II, Universidad de Oviedo, 2008, p. 1169-1176 ; « Nodier, Charles », *Diccionario histórico de la traducción en España*, Madrid, Gredos, 2009, p. 834-836 (une nouvelle édition actualisée en version numérique vient de paraître) ; « *Trilby o El duende de Argail*, de Carlos Nodier, publicado en Córdoba, Imprenta y Papelería Catalana, (sin noticia del traductor y s.a.) », Biblioteca virtual Cervantes ; P. Méndez et C. Palacios, « Paysage en ruine et voyage au service du fantastique : à propos d'*Inès de Las Sierras* », *Çédille : Revista de Estudios Franceses*, N° 10, 2014, p. 221-234 ; « A propósito de una traducción anónima de *Trilby o El duende de Argail*, de Charles Nodier », *Varia lección de traducciones españolas*, Madrid, Ediciones del Orto, 2015, p. 217-222 (c'est le même article en version imprimée) ; « En relisant *La Fée aux Miettes* », (V Seminario internacional : Rutas, viajes y construcción del paisaje (siglos XVIII-XXI) : Circé tyrannique : des oliviers aux pays lointains. Sierrra Mágina, Jaén, 2019). Article publié dans le volume *Voyages tyranniques.Paysages circéens*, Paris, L'Harmattan, 2020, p. 29-42..

44   « *Auténtico padre de la literatura fantástica francesa* ». Article paru dans la *Revista del Museo Romántico*, 1 Janvier 2001, p. 71-85.

45   A. Monleón, « En faveur d'un rétablissement : Charles Nodier », *Estudios de lengua y literatura francesas*, N° 0, 1986, p. 137-146.

« L'imaginaire fantastique chez Nodier et l'inspiration biblique » de Graciela Susana Pérez González.

Une fois de plus, comme cela arrive aussi pour les traductions, *Inès de Las Sierras* est le récit le plus étudié. Trois articles abordent l'époque et le cadre dans lesquels se déroule l'action de l'histoire. C'est l'étude d'Alicia Mariño[46] « L'Histoire de l'Espagne dans la littérature fantastique française : *Inès de Las Sierras*, de Charles Nodier ». À l'occasion du bicentenaire de la Guerre d'Indépendance espagnole (1808), la guerre d'Espagne, un volume monographique double (publié en France et en Espagne) a vu le jour dans lequel Anna-María Corredor[47] présente *Inès de Las Sierras*, accompagnant cette présentation d'un extrait de l'histoire et de sa traduction. Enfin, l'article de Graciela Boruszko « L'Histoire d'Espagne dans la littérature française : Étude d'*Inès de Las Sierras* de Charles Nodier[48] ».

Au niveau des récits, *Trilby* attira l'attention de Mᵃ Teresa Lozano[49] tandis que *Smarra*, fut l'occasion d'entrevoir ce fantastique si particulier de Nodier dans l'article d'Encarnación Medina[50]. De son côté, Lidia Anoll s'est intéressée à ce même récit dans « De lucioles et vers luisants » établissant un lien entre Nodier et Forneret[51].

Des thèmes plus généraux tels que le thème du fou et de la folie[52] ou encore les histoires de Nodier[53] constituent deux autres exemples dans cet aperçu de collaborations sur Nodier.

---

46   A. Mariño, in M. Boixareu et R. Lefere (dir.) *L'Histoire de l'Espagne dans la Littérature française*, Paris, Champion, 2003, p. 589-599.

47   A.-M. Corredor, « Charles Nodier, *Inès de Las Sierras* », in M. Giné-Janer (dir.), *La Guerre d'Indépendance espagnole dans la littérature française du XIXᵉ siècle*, Paris, L'Harmattan, 2008, p. 121-170 ; A.-M. Corredor, « Charles Nodier, *Inès de Las Sierras* », in M. Giné-Janer (dir.), *Francia mira la guerra de la Independencia. La guerra en la literatura francesa del siglo XIX*, Lleida, Milenio, 2008, p. 151-230.

48   G. Boruszko, *Analecta Malacitana : Journal de la Section de Philologie de la Faculté de Philosophie et Lettres*, vol. 34, n º 1, 2011, p. 187-210.

49   T. Lozano, « *Interpretación de un tema simbólico : los árboles en* Trilby, *de Charles Nodier* », *Estudios franceses*, Nº 7, 1991, p. 69-77.

50   E. Medina, « *Smarra* ou l'atitude prométhéenne chez Nodier : entre l'étude et l'inspiration », in C. Palacios (dir.), *Le récit fantastique en langue française de Hoffmann à Poe : El relato fantástico en lengua francesa de Hoffman a Poe*, Esser editorial, 2009, p. 47-60.

51   L. Anoll, « De lucioles et vers luisants », in C. Palacios (dir.) *El relato corto francés del siglo XIX y su recepción en España*, Murcia, Servicio de Publicaciones, 2003, p. 53-70.

52   P. Andrade, « *El loco, el monómano y el idiota en los cuentos de Nodier* », *Anales de Filología francesa*, nº 15, 2007, p. 17-28.

53   G. Armellin,, « *Aproximación a los cuentos de Charles Nodier* », *Revista de filología y lingüística de la Universidad de Costa Rica*, Vol. 23, Nº 1, 1997, p. 77-84.

Certains travaux isolés rendant compte de quelques traductions[54], introduisent un élément comparatif avec d'autres écrivains[55] ou une facette moins connue de l'auteur, celle de sa contribution au dictionnaire espagnol-français[56].

Je ne voudrais pas manquer de rappeler les deux comptes rendus[57] de la traduction de l'*Histoire du roi de Bohème*, dont le lecteur de ce volume aura l'occasion de lire l'article sur les vicissitudes vécues par son traducteur[58], auquel nous devons ajouter, sans doute, les études inédites en langue française qui composent ce volume sur la fortune de Nodier en Espagne.

Concepción PALACIOS BERNAL
Universidad de Murcia

---

54 Ll. Llecha, « Acerca de una traducción española de *La légende de sœur Béatrix*, de Charles Nodier », *Anales de filología francesa*, N°. 14, 2006, p. 159-166.

55 P. Méndez, « *L'Auberge Rouge* de Honoré de Balzac entre *De Quelques Phénomènes du Sommeil* y *La Fée aux Miettes* de Charles Nodier », in F. M. Bango de la Campa et als. (dir.), *Intertexto y polifonía : homenaje a M.ª Aurora Aragón*, Oviedo, Servicio de publicaciones, Vol. 1, 2008, p. 461-468.

56 C. Cazorla, « *El léxico en la lexicografía bilingüe hispano-francesa del siglo XIX* : el Nouveau dictionnaire espagnol-français y français-espagnol de Trapany/Rosily/Nodier (1826) », in M.V. Galloso et J. Prado, *Diccionario, léxico y cultura*, Universidad de Huelva, 2004, p. 85-99.

57 R. Guijarro, « *Un singular Charles Nodier. Vanguardista y metaliterario* », *Çédille : Revista de Estudios Franceses*, N° 13, 2017, p. 575-578 ; C. Pujante, « Nodier, Charles, *Historia del rey de Bohemia y de sus siete castillos*, edición de Francisco González Fernández (introducción, traducción y notas) », *Anales de filología francesa*, N°. 25, 2017, p. 485-488.

58 Voir : Francisco González Fernández « Rebâtir des châteaux de Bohême en Espagne ou comment j'ai traduit l'un des livres de Nodier » dans ce volume, p. 69.

LECTURES DE NODIER EN ESPAGNE

Les traductions de *Mademoiselle de Marsan*

Le roman *Mademoiselle de Marsan* a peu attiré la critique, comparativement aux autres œuvres de Charles Nodier. Il fait pourtant partie du groupe des romans illyriens, avec *Jean Sbogar* qui a été l'objet de maints commentaires et analyses, et *Smarra*, assez glosé également. Ces textes s'inspirent de la culture, de la politique et des paysages que Nodier apprécia et fréquenta entre décembre 1812 et août 1813. De plus, si *Jean Sbogar* incorpore, dans sa deuxième partie, tout un épisode vénitien, *Mademoiselle de Marsan* situe aussi l'action de son long premier chapitre entièrement dans la ville de Venise. Ainsi le texte dont nous allons parler participe topographiquement, et de la « modeste vogue illyrienne » du romantisme[1], et de la longue tradition littéraire inspirée de la Sérénissime, qui connut, elle aussi, un regain d'intérêt autant en France qu'en Espagne dans la première moitié du XIXe siècle.

Mademoiselle de Marsan fut publié en 1832 dans le tome VI des *Œuvres* imprimées chez Renduel ; ce tome comprenait aussi *Le Nouveau Faust et la nouvelle Marguerite* et *Le Songe d'Or*. Les traductions de notre roman parurent à partir de 1924, après une période de cinquante ans de silence éditorial et alors qu'une certaine vogue des contes de Nodier se produisait en Espagne. En effet, en 1920 fut publié *El hada de las migajas* traduit par Pedro Vances, en 1923 *Lidia*, *Francisco Columna*, *Trilby, el duendecillo de Argail* et *Inès de Las Sierras* traduits par Juan José Morato, et en 1924 *El bibliómano* et *Francisco Columna* traduits par Rafael V. Silvari puis *La novena de la Candelaria* et *Recuerdos de juventud* traduits par Paulino Masip[2]. La plupart de ces textes avaient déjà été

---

1 E. Milos, « Les provinces illyriennes et les Croates dans *La Comédie humaine* », *Napoleonica. La Revue* 2010/3, n° 9, p. 91.

2 Cf. C. Palacios, « Charles Nodier », *Diccionario histórico de la traducción en España*, éd. de F. Lafarga et L. Pergenaute, Madrid, Gredos, 2009, p. 835.

traduits au XIXe siècle[3], tandis que *Mademoiselle de Marsan* par contre dut attendre presque un siècle. Ce long hiatus peut être attribué à la longueur du roman, qui sollicite un effort intellectuel et un investissement économique un peu plus important que ceux demandés par l'édition d'un conte plus bref, ou aux goûts du public, plus friand des récits dont le fantastique est une composante première. Mais il faut bien convenir surtout que le roman qui nous occupe n'est pas une des plus grandes réussites de son auteur. Et pourtant il se lit très bien, malgré certaines longueurs occasionnelles, essentiellement métadiscursives, qui existent d'ailleurs aussi dans d'autres textes de Nodier. Celui-ci a dosé avec intelligence la tension narrative en particulier, surtout dans la dernière partie du roman, aussi bien sous la forme du suspens que dans celle de la surprise.

La traduction de Masip fut publiée par la maison d'édition Calpe, et reprise par la *Editorial Católica* en 1932, dans le supplément du volume 28 de la revue *Jeromín*[4]. Il s'agissait d'une revue illustrée pour enfants et adolescents, dont les suppléments incluaient des titres de romans d'aventures et d'autres genres prisés par un public jeune, mais aussi des textes classiques. En outre, la maison d'édition Felmar réédita cette même traduction de Masip en 1972 dans la collection « *La Fontana literaria* », consacrée à la littérature fantastique et de science-fiction – ce qui renvoie le roman à la paralittérature, comme d'autres publications dont on parlera ci-dessous.

Une autre revue fit paraître le texte de Nodier en 1929 : la *Revista literaria – Novelas y cuentos*[5], qui publiait des versions intégrales de textes classiques. La revue fut une initiative culturelle importante échelonnée entre 1929 et 1966 (notons que *La señorita de Marsán* fut lancé dans la

---

3   Cf. l'inventaire dressé par M. Giné et C. Palacios, *Traducciones españolas de relatos fantásticos franceses, de Cazotte a Maupassant*, Barcelona, PPU, 2005, p. 29-45, et celui de D. Roas dans *La recepción de la literatura fantástica en la España del siglo XIX*, Thèse de doctorat, Universidad Autónoma de Barcelona, 2000, p. 765-766.

4   C. Nodier, *La señorita de Marsán, Jeromín*, supplément du volume 28, 29 septembre 1932, col. « *Lecturas para todos* », p. 1-29.

5   C. Nodier, *La señorita de Marsán*, *Revista Literaria*, Ière année, n° 21, 26 mai 1929, p. 651-676. – Elle inclut une page d'introduction avec des données sur la vie et l'œuvre de Nodier, où notre roman est mentionné comme *Aventuras de Mademoiselle de Marsan*, et la précision suivante : « *En sus novelas no se pueden encontrar ideas sino sentimientos, lo que a veces es mejor* » (« dans ses romans, on ne peut pas trouver d'idées, mais des sentiments, ce qui est parfois mieux »).

première année) adressée surtout à la classe moyenne. Le texte espagnol de notre roman, sans indication de traducteur, reprenait celle de Masip tout en changeant certains petits détails, que nous signalerons plus tard.

Revenons à la maison d'édition Calpe. Acronyme de Compañía Anónima de Librería y Publicaciones Españolas (CALPE), elle fut créée par Nicolás María de Urgoiti en 1918 et fusionna en 1925 avec Espasa. Le label Espasa-Calpe a toujours été une référence dans le panorama culturel espagnol ; il s'est même répandu dans plusieurs pays d'Amérique du sud. Il publie les textes de la Real Academia Española, et a été associé, par la culture collective, à une triple référence : la Casa del Libro – grande librairie dans la Gran Vía de Madrid – une célèbre encyclopédie devenue lieu de mémoire[6] et la collection Austral où figurent des milliers de volumes dont chaque Espagnol possède au moins quelques-uns, de différentes couleurs. *Mademoiselle de Marsan* fut donc traduit par une des grandes maisons d'éditions espagnoles, ce qui a assuré sa diffusion ; aujourd'hui le roman fait partie des catalogues de nombreuses bibliothèques en Espagne et il est proposé à la vente par les distributeurs de livres espagnols les plus connus.

Pourtant le volume n'est pas spécialement attrayant, puisque la première de couverture, de couleur vaguement ocre, n'inclut que le titre (en rouge), l'auteur et certaines données (en noir : collection, numéro, prix, lieu et date de publication) dont l'image en médaillon d'Hercule séparant les monts Abyle et Calpe (Gibraltar), qui est l'emblème de la maison d'édition. La couverture s'apparente donc à d'autres, parues dans des maisons d'édition françaises[7], très sobres. Lorsque *La Fontana literaria* rééditera la traduction de Massip, elle ajoutera une image de bataille renvoyant directement aux campagnes de Napoléon ; ce choix se fit aux dépens néanmoins d'autres thématiques importantes du livre – ce pourquoi il faut peut-être préférer une esthétique de la sobriété.

---

6 *La Enciclopedia Espasa*, composée de 72 volumes, un Appendice de 10 volumes et 37 Suppléments. Elle incorporait des photographies et des images en noir et blanc et en couleur, et les articles étaient rédigés par des spécialistes, ou bien, moins fréquemment, traduits d'encyclopédies allemandes.

7 Comme les éditions de référence, mais aussi les numériques de la Bibliothèque nationale de France ou de Ligaran, cette dernière partageant le design avec d'autres textes et auteurs. D'autres, au contraire, ont proposé des images colorées sur la couverture : un paysage de Venise avec des canaux et de petites maisons dans le cas du volume numérique de TV5 Monde, des rochers sauvages renvoyant au Romantisme pour la Petite Bibliothèque Ombres.

Le peu d'attrait du paratexte est cependant compensé par la qualité de la reliure : les cahiers sont bien cousus et la largeur des marges
s'harmonise avec la police, rendant la lecture agréable et facile. D'autre
part, le format du volume (10,7 x 15 cm), facile à garder et à manipuler,
annonce la première collection des livres de poche modernes lancée en
Espagne par Calpe, la célèbre Austral mentionnée ci-dessus.

Le premier traducteur du roman mérite qu'on lui consacre aussi quelques
mots. Paulino Masip fut, pendant la période de l'entre-deux-guerres, un
écrivain, traducteur et journaliste très connu. Ayant vécu plusieurs années
de sa jeunesse à Paris, il revint en Espagne et fonda deux journaux locaux
à Logroño. Puis il s'installa à Madrid et dirigea les journaux républicains
La Voz et *El Sol*, ainsi que plus tard *La Vanguardia* à Barcelone, avant son
exil au Mexique. Là-bas, il se voua surtout à l'écriture de scénarios pour
le cinéma jusqu'à sa mort. Il était alors âgé de 64 ans et avait publié une
bonne quantité de récits, articles, romans, aphorismes, pièces de théâtre
et poèmes. En plus de notre roman, Masip traduisit également quelques
autres textes français : *Recuerdos de juventud* (Calpe 1924) et *La novena
de la Candelaria* (Calpe 1924) de Nodier, puis le *Salambó* de Flaubert
(Atlántida 1943)[8]. Ces traductions sont de bonne qualité ; tout le long
de cet article nous signalerons différents aspects et nombreux détails de
celle de *La señorita de Marsán*. Cependant remarquons dès à présent que
Masip (ainsi que la *Revista Literaria*) a choisi de traduire entièrement le
titre et même d'hispaniser le nom de la protagoniste (ainsi qu'il le ferait
pour Salammbô), ajoutant l'accent aigu sur la dernière voyelle pour bien
marquer la syllabe tonique et éviter une prononciation erronée en castillan. Ce choix, qui est maintenu tout au long de l'ouvrage, provoque
aujourd'hui une certaine ambigüité, car le mot « señorita » ne s'emploie
guère et il a des connotations légèrement négatives, car il indique une
certaine mièvrerie ou une exigence déplacée.

C'est peut-être la raison pour laquelle la traduction de Enrique Sordo
de 1983 a conservé le titre original. Celui-ci préserve un arôme typique-
ment français, engendrant une distinction qui contraste fortement avec
les titres populaires attribués aux œuvres espagnoles du même genre
– la plus connue s'appelant *La Leandra*, formule roturière qui antépose
l'article défini au nom propre.

---

8   Cf. la préface de M. T. González de Garay pour l'édition de *El gafe o la necesidad de un
responsable, y otras Historias*, Biblioteca Riojana, n° 3, Logroño, 1992, p. 18-34.

La traduction de Sordo figure d'ailleurs dans le fonds de Bruguera, une maison d'édition consacrée à la littérature populaire et reliée dans la conscience collective espagnole aux bandes dessinées les plus lues des années 50 aux années 80 (elle disparut en 1986). Elle favorise l'identification du roman de Nodier, ainsi que la revue *Jeromín*, comme un texte appartenant au genre paralittéraire du gothique, et renforce cette attribution avec l'image de la couverture : prise d'un tableau peu connu, elle représente une femme échevelée au geste égaré portant une torche, sous le regard épouvanté de deux personnages assis dans le noir, au deuxième plan. Deux autres éléments renforcent l'identification avec le genre noir : le type de police utilisé pour le nom de l'auteur et du roman (écriture gothique) et, dans la quatrième de couverture, la présentation sommaire de l'auteur du roman insistant sur le côté *sombre* du texte : château sinistre, conspirateurs, cachots ténébreux, situations limites.

Ces deux aspects (conserver le titre originel et faire ressortir le côté populaire du texte nodiériste), assez remarquables de la version de Sordo, n'assurent cependant pas la bonne qualité de sa traduction, comme nous le verrons plus tard. Peut-être parce que Sordo, né à Santander en 1923 et mort à Barcelone en 1992, a trop embrassé : le catalan, l'anglais, le français. Il publia ses traductions d'auteurs disparates (Graham Greene, William Faulkner, Mercè Rodoreda ou Montserrat Roig, et parmi les auteurs francophones, Julien Green, Léo Mallet, Marguerite Duras, Paul Nizan, Jacques Cazotte, Michel del Castillo, Jean d'Ormesson ou même Elie Wiesel et Agota Kristof) dans des maisons d'édition très variées (Argos Vergara, Plaza y Janés, Círculo de Lectores, Destino, Austral, etc.) Outre sa tâche de traducteur, Sordo publia des livres et des articles de critique littéraire et de gastronomie espagnole (dans *Alerta*, *La Vanguardia* et *El Ciervo*). Il fonda également, avec Dionisio Ridruejo, *La Revista*, et participa à la création en 1957 des *Premios de la Crítica*, prix assez renommés accordés tous les ans par l'*Asociación Española de Críticos Literarios* (AECL)[9].

Toutefois, avant de commencer notre analyse des traductions, il ne sera pas inutile de rappeler les principaux éléments de l'intrigue de *Mademoiselle de Marsan* pour mieux y rattacher ce qui suivra.

---

9   Données extraites de http://www.escritorescantabros.com/escritor/sordo-lamadrid-enrique. html, des catalogues de la Bibliothèque Nationale d'Espagne et, faute d'autres sources, de https://es.wikipedia.org/wiki/Enrique_Sordo (consultées le 14 septembre 2020).

La « trilogie[10] » est divisée en trois « épisodes » dont le second a un rôle de charnière reliant les deux autres, situés dans des topographies contiguës mais différentes. Dans le premier épisode, le narrateur, un jeune Français appelé Maxime[11], explique son statut d'exilé : fuyant la police de Napoléon, il s'est installé à Venise à la fin de 1808 – soit quatre ans avant l'arrivée de Nodier en Italie. Maxime évolue dans un cercle d'anciens émigrés et tombe amoureux de la fille de l'un d'eux, Diane de Marsan. Le refus de celle-ci face à ses avances le poussera à rejoindre un groupe de résistants dont le chef est Mario Cinci (Cenci), véritable protagoniste du roman avec le narrateur ; Mario est le dernier rejeton d'une grande et noble famille romaine marquée par une histoire violente. Maxime deviendra l'ami dévoué de Mario et apprendra que Diane l'a épousé secrètement – car le père de celle-ci était très attaché aux préjugés de classe. Le premier chapitre se termine sur le départ de Diane, maudite par son père, qui, ayant feint son décès pour se faire oublier de la société, va retrouver Mario.

Le chronotope de cette première partie est donc une Venise contemporaine avec cependant des réminicences du passé. Nodier, qui connaît peu la Sérénissime[12], a choisi de placer l'intrigue de son roman dans cette ville phare de la littérature française ; en effet, elle a partagé avec le reste de l'Italie, dès le XVIIIe siècle, des attributions stéréotypées qui l'assimilent au pays des arts et de la musique, de la réthorique et de l'absence de vanité, de la recherche du bonheur et de la liberté. Les romantiques, et parmi eux Nodier, y ajouteront toute une constellation de *topoï* qui s'enracinent dans l'histoire de la Renaissance : terre de l'amour, de la passion, de la jalousie, de la vengeance, des poisons, des duels, des couvents et des grandes familles ennemies. Dans *Mademoiselle de Marsan* Nodier met en exergue, cinq ans plus tôt que Stendhal dans ses *Chroniques italiennes*, une des grandes lignées italiennes marquées

---

10   Ch. Nodier, *Mademoiselle de Marsan* (désormais *MM*), dans *Œuvres Complètes*, tome V-VI, Genève, Slatkine Reprints, 1998, p. 70.

11   On connaît le choix de ce prénom pour désigner *l'alter ego* de Nodier.

12   Il a consigné les impressions de son passage en 1812 dans une lettre envoyé à Charles Weiss, reproduite par Georges Zaragoza dans *Charles Nodier, biographie*, Paris, Classiques Garnier, 2021. Nodier y souligne surtout les contrastes : entre les grands canaux et les petites rues, les églises chrétiennes « qu'on croirait bâties par les turcs », l'éclat des spectacles dans des salles peu visibles de l'extérieur, et – comme dans l'Espagne de ce temps – la dignité aussi manifeste chez les nobles ruinés que chez les pauvres riches de leur fierté.

par la violence : les Cinci (Cenci), connus pour le parricide d'un aïeul méchant et pervers. Nodier place Diane à côté d'une des vengeresses, Béatrice, la reliant à la famille italienne par son mariage avec Mario et la mort de son père français ; ainsi M. de Marsan ne peut pas s'empêcher de maudire sa fille en raison de cette alliance : « Mario Cinci ! (…) Une parricide de plus dans la famille des Cinci !… Béatrice et Diana[13] ! ». La traduction précise la réaction émotive du père en ajoutant un signe d'interrogation au début de la tirade : « ¿ *Mario Cinci ?* [...] *¡Una parricida más en la familia de los Cinci ! ¡Beatriz y Diana*[14] *!* ».

D'autres éléments font de Venise un lieu privilégié pour l'imagination romantique : les gondoles, les ponts, les églises et les palais vénitiens en constituent le paysage par excellence[15], et surtout la ville est une république, le symbole donc – même pour un monarchiste comme Nodier – de la liberté[16]. De ce point de vue, Venise représente la résistance contre Napoléon, envahisseur et tyran. Et si Mario est fortement comparé à un lion noir[17], c'est pour accentuer sa résistance à l'empereur français, qui déboulonna toutes les statues de lions de la Vénétie, symboles de la région.

C'est d'ailleurs cette empreinte libertaire qui explique l'articulation du premier épisode (intitulé significativement « Les carbonari ») presque entièrement autour du combat antibonapartiste – plutôt qu'antifrançais puisque le narrateur fait partie des carbonari. Le deuxième épisode fera de même, s'articulant à son tour sur le parti antinapoléonien commandé par le Tyrolien André Hofer (figure historique), qui fut exécuté par les forces françaises en 1810.

Le sens donné au mot « proscrit » dans le roman est redevable également à l'importance de la liberté face à un pouvoir despotique. Il désigne non seulement un hors-la-loi, un bandit ou un marginal (comme Jean Sbogar ou les *Brigands* de Schiller) mais aussi et surtout un émigré

---

13 Ch. Nodier, *MM, op. cit.*, p. 60-61.

14 *Ibid.*, p. 44. C. Nodier, *La señorita de Marsán* (désormais *SM-PM*) trad. de P. Masip, Madrid, Calpe, 1924, p. 44.

15 Cf. P. Jourda, *L'Exotisme dans la littérature française depuis Chateaubriand. Le Romantisme,* Genève, Slatkine reprints, 1970, p. 106.

16 Le roman *Jean Sbogar* avait déjà affirmé le lien entre Venise et la liberté : « Le peuple vénitien, qui est en apparence le plus souple de tous et le plus facile à asservir ; ce peuple si soumis, si humble et si caressant pour ses maîtres, est peut-être de tous les peuples le plus jaloux de sa liberté » (Paris, Renduel, 1832, p. 193).

17 Ch. Nodier, *MM, op. cit.*, p. 31.

politique. Ainsi le narrateur, de même que Mario, ont dû abandonner
leur terre d'origine, l'un à cause de son idéologie (et il représente le type
de l'émigré non noble) et l'autre, il est vrai, à cause du crime familial
(« proscrit par les lois et par le ciel[18] »), mais aussi de son appartenance
aux *carbonari*.

Rappelons également que Venise était devenue, dans les premières
décennies du XIXe siècle, le haut lieu des conspirations politiques dans
l'imaginaire culturel européen, et même espagnol[19]. Francisco Martínez
de la Rosa avait publié en 1830 à Paris sa version du sujet dans le drame
historique *La conjuración de Venecia*, reculant le cadre temporel jusqu'en
1310, et suivant l'*Histoire de la République de Venise* de Pierre Daru parue
en 1819. La pièce fut représentée à Madrid en 1834 et plut pour ses allusions favorables aux libéraux ; elle inspira d'autres œuvres situées à Venise
comme *Juan Dándolo* (1839) de A. García Gutiérrez ou *El candiota* (1847)
de J. E. García de Quevedo[20]. Toutefois cette conspiration et le sujet en
général des complots vénitiens faisaient référence, à cette époque, non pas
à la résistance contre Napoléon mais aux révoltes contre le Conseil des
Dix, organe principal du gouvernement de la Sérénissime de 1310 à 1789.

La version espagnole de Bruguera, adressée comme nous l'avons dit à
un ample public, a cru pertinent d'indiquer, dès le début, l'importance
de l'attitude conspiratrice, ajoutant une note en bas de page d'un éditeur
anonyme ; il y est précisé l'intérêt de Nodier pour les sociétés secrètes,
ainsi que les noms des œuvres qui montrent cet intérêt.

En somme, Venise inspire des textes politiques à fond historique – à
part le côté sentimental, peu développé malgré le titre du roman – autant
chez les romantiques que chez Nodier. Ainsi la nouvelle « *Les Fiancés*[21] »,
reporte à 1685 le fait tragique arrivé dans la ville des Doges. Et Nodier
de s'excuser dans notre roman d'avoir focalisé sur les événements du
passé : « J'abuse jusqu'à un certain point des privilèges du conteur en
introduisant cette page d'histoire dans un petit écrit dont la forme
n'annonce qu'un roman[22] ». Masip a pris certaines libertés pour traduire

---

18 *Ibid.*, p. 24.
19 F. Meregalli, « *Venecia en las letras hispánicas* », *Rassegna Iberistica* n° 5, oct. 1979, p. 30. –
    Le roman de conspiration devient lui aussi une mode pendant le Romantisme.
20 *Ibid.*, p. 34.
21 Ch. Nodier, *Les Fiancés, nouvelle vénitienne*, in *Contes en prose et en vers*, Paris, Renduel, 1837,
    p. 205-223.
22 Ch. Nodier, *MM, op. cit.*, p. 19.

cette phrase, utilisant l'hyperbate pour la rendre plus fleurie, d'une part, mais remplaçant certains termes (« introduisant » devient « *metiendo* ») pour la dépouiller par compensation : « *Hasta cierto punto estoy abusando de los privilegios de* [sic] *narrador al meter esta página de historia en una obrita que no promete ser más que novela*²³ ». Cette phrase donne le ton du reste de la traduction : élégante et bien moulée, elle penche un peu vers le baroquisme pour s'adapter au goût de l'époque. Masip a fait, d'une part, le choix de l'acceptabilité, se conformant aux habitudes de ses lecteurs, et d'autre part, le choix de la littérarité, n'hésitant pas à transformer légèrement le texte nodiériste pour préserver les atouts esthétiques de l'espagnol, et même les atouts esthétiques tout court. L'exemple du découpage peut rendre compte de ces aspects : le nombre de phrases juxtaposées dans le texte français n'a pas été respecté lorsqu'il nuit à l'harmonie de la séquence en castillan – comme d'ailleurs en français. Le deuxième paragraphe du roman en est déjà la preuve ; Nodier écrit :

> Parmi les anciens émigrés qui m'avaient accueilli avec bienveillance, en considération de ma qualité de François, de mes opinions et de mes malheurs, il en était un qui m'inspirait le plus profond sentiment de respect et d'affection, et je puis le nommer sans inconvénient, contre mon habitude, sa famille entièrement étrangère à celle qui porte encore le même nom, étant depuis longtemps éteinte, à l'exception d'une personne qui ne me lira jamais, et qui n'entendra plus parler de moi. C'étoit M. de Marsan²⁴.

Et Masip traduit :

> *Entre los antiguos emigrados que me habían acogido benévolamente, en gracia a mi condición de francés, a mis ideas y desdichas, había uno que me inspiraba el más profundo respeto y cariño. Puedo nombrarle sin inconveniente, porque su familia – perfectamente ajena a la que llevaba aún el mismo nombre – se ha extinguido hace poco tiempo, excepto una persona que jamás me leerá ni oirá nunca hablar de mí. Era el señor de Marsán²⁵.*

Là où Nodier emploie des virgules uniquement, Masip a introduit des tirets pour améliorer la compréhension du paragraphe, et même un point (après « *cariño* ») qui divise en deux ce qui n'est, dans le texte français, qu'une seule période, très sinueuse et complexe. On peut objecter que

23   C. Nodier, *La señorita de Marsán*, *op. cit.*, p. 15. C. Nodier, *SM-PM*, p. 15.
24   Ch. Nodier, *MM*, *op. cit.*, p. 6-7.
25   C. Nodier, *SM-PM*, *op. cit.*, p. 6.

Masip a pris trop de libertés par rapport au texte de Nodier, mais il est certain que la version espagnole arrondit la sonorité du fragment. Sordo par contre n'a pas osé en faire autant et préserve le découpage nodiériste :

> *Entre los antiguos emigrados que me habían acogido con benevolencia, en consideración a mi calidad de francés, a mis opiniones y a mis infortunios, había uno que me inspiraba los más profundos sentimientos de respeto y de afecto, y puedo nombrarle sin inconveniente, en contra de mi costumbre, puesto que su familia, totalmente ajena a la que todavía lleva el mismo nombre, está extinguida desde hace mucho tiempo, con la excepción de una persona que nunca me leerá y que ya no volverá a oír hablar de mí. Se trataba de monsieur de Marsan[26].*

Le texte de Sordo se lit avec autant de difficulté que celui de Nodier, contrairement à celui qui porte les pauses aménagées par Masip. Le lexique de ce dernier, lui aussi, atteste – même quand il affleure la préciosité (« *en gracia a mi condición de francés* ») – d'une meilleure connaissance des langues source et cible. Ainsi pour l'expression ci-dessus « de mes opinions et de mes malheurs », où la répétition de la préposition et du possessif est attendue en français, mais pas en espagnol, Masip donne, assez librement, « *a mis ideas y desdichas* », tandis que Sordo conserve les récurrences à tort : « *a mis opiniones y a mis infortunios* ». Remarquons toutefois que Masip a oublié, ou volontairement omis, le « contre mon habitude » de Nodier, peut-être pour raccourcir davantage la phrase.

Par contre Sordo n'omettra jamais rien, ayant recours parfois aux calques littéraux. Il en donne très tôt la preuve, traduisant la phrase nodiériste « Le goût de l'histoire naturelle nous avoit subitement rapprochés[27] » par « *La afición a la historia natural nos había acercado súbitamente[28]* ». Masip donne, plus librement mais plus justement aussi, « *La afición por la historia natural nos hizo intimar enseguida[29]* », évitant le mélange erroné de Sordo entre « *afición por* » et « *ser aficionado a* » et le calque « *acercado súbitamente* ».

---

26 C. Nodier, *Mademoiselle de Marsan* (désormais *MM-ES*) trad. de E. Sordo, Madrid, Calpe, 1983, p. 8-9.

27 Ch. Nodier, *MM*, *op. cit.*, p. 8.

28 C. Nodier, *SM-ES*, *op. cit.*, p. 10. – Le texte de Bruguera inclut ici une autre note de l'éditeur en bas de page précisant longuement l'intérêt de Nodier pour les sciences naturelles. Cette note vise non seulement à renseigner le lecteur peu avisé, mais aussi à montrer les connaissances de l'éditeur, anonyme pourtant comme nous l'avons signalé.

29 C. Nodier, *SM-PM*, *op. cit.*, p. 7.

En fait, les stylèmes propres à chaque traducteur apparaissent dès l'*incipit*, qui est, dans le texte source :

> Le vif intérêt que je prenais aux nobles résistances des peuples contre les envahissements de Napoléon, et qui m'avait conduit à Venise, à la fin de 1808, ne me faisait point oublier que j'étais François, et que la terrible conflagration à laquelle une partie de l'Europe se préparait alors coûterait du sang à mes compatriotes[30].

La traduction de Masip propose :

> *El vivo interés que sentía por las nobles resistencias de los pueblos contra las invasiones de Napoleón, cuyo afán me había llevado a Venecia hacia el final de 1808, no me hacía olvidar que era francés y que costaría mucha sangre francesa la conflagración para la que se preparaba entonces una parte de Europa[31].*

Et celle de Sordo :

> *El vivo interés que yo sentía por la noble resistencia de los pueblos frente a las invasiones de Napoleón, y que me condujo a Venecia a finales de 1808, en ningún caso me hacía olvidar que era francés, y que la terrible conflagración para la cual se preparaba entonces una parte de Europa costaría mucha sangre de mis compatriotas[32].*

On notera dans la proposition de Masip les caractéristiques déjà mentionnées. Tout d'abord, l'ambition littéraire et le phrasé de son époque lui font adopter un style recherché, visible dans l'expression « *cuyo afán me había llevado*[33] ». Ces mêmes choix motivent certains remaniements sémantiques et esthétiques, comme l'hyperbate (antéposition de « *costaría mucha sangre francesa* »), employée très fréquemment et qui vise également peut-être à tirer profit de la plus grande liberté syntaxique en espagnol. La recherche d'harmonies sonores va dans ce même sens et s'applique à l'expression « du sang à mes compatriotes » ; si Sordo respecte la littéralité (« *mucha sangre de mis compatriotas* »), Masip remanie et écrit « *mucha sangre francesa* », reprenant le gentilé qui précède de loin chez Nodier (« j'étois François ») et le rapprochant de l'adjectif attribué

---

30 Ch. Nodier, *MM*, *op. cit.*, p. 5-6.
31 C. Nodier, *SM-PM*, *op. cit.*, p. 7.
32 C. Nodier, *MM-ES*, *op. cit.*, p. 7-8.
33 Changé dans la traduction de *Revista literaria* : « *interés que me había llevado a Venecia hacia fines de 1808* », *op. cit.* p. 651.

au « sang » pour créer un effet de paronomase : « *que era francés y que costaría mucha sangre francesa* ».

L'omission de certains mots et de certaines nuances obéit peut-être aux mêmes raisons socioesthétiques : dans cet exemple, « point » (« ne me faisait point oublier ») n'a pas été traduit par Masip, tandis que Sordo a transcrit « *en ningún caso me hacía olvidar* ».

Les *améliorations* du texte nodiériste par Massip peuvent provoquer directement des changements sémantiques. Un exemple intéressant figure dans la scène des premières pages où le narrateur et M. de Marsan sont en train de jouer aux cartes. Nodier a déjà indiqué que les cartes ont été « données », et écrit après que le narrateur les « déploya[34] ». Mais Masip néglige ce dernier détail et opte pour un beau mot (« *antes de barajarlas[35]* »), lorsqu'il aurait fallu transcrire, comme le fait Sordo, « *desplegar los naipes[36]* », c'est-à-dire les poser sur la table, et non pas les battre.

Enfin Masip corrige à tort des mots du texte source, comme dans le paragraphe qui contient la citation susdite de l'*incipit*, où Nodier écrit, pour justifier que le narrateur est tombé amoureux de Diane mais aime une Française en même temps, qu'« [i]l y a des mystères incompatibles en apparence dans le faible cœur de l'homme[37] ». Sordo respecte ce texte, comme à son habitude, et reprend dans sa traduction le couple atypique « mystères incompatibles » : « *misterios* […] *incompatibles[38]* ». Ceci implique d'une part qu'il existe des mystères, des réalités inexplicables, et d'autre part que ces mystères sont incompatibles entre eux. Masip pour sa part a cru nécessaire de revenir à la formule plus employée « *misterios incomprensibles[39]* », ce qui restreint le sens de l'expression mais arrondit la phrase, maintenant plus banale, « *En el corazón del hombre hay misterios en apariencia incomprensibles* ».

Pour sa part, Sordo a sans doute comme objectif principal d'assurer la lisibilité du texte de Nodier pour des lecteurs peu exigeants, suite à la politique commerciale de la maison d'édition qui publie sa traduction en Espagne. C'est peut-être la raison pour laquelle, tout au début du roman, il insère le pronom personnel de la première personne du singulier : « *El*

---

34   Ch. Nodier, *MM*, *op. cit.*, p. 9.
35   C. Nodier, *SM-PM*, *op. cit.*, p. 7.
36   C. Nodier, *MM-ES*, *op. cit.*, p. 11.
37   Ch. Nodier, *MM*, *op. cit.*, p. 6.
38   C. Nodier, *MM-ES*, *op. cit.*, p. 8.
39   C. Nodier, *SM-PM*, *op. cit.*, p. 6.

vivo interés que yo sentía » ; la *Revista literaria* donne la même traduction, là où Masip l'omet (« *El vivo interés que sentía* »). L'intention de Sordo est de dissoudre l'ambiguïté provoquée par la forme, identique en espagnol, de la première et la troisième personne du singulier du verbe sentir à l'imparfait de l'indicatif (« *sentía* ») – davantage que par respect littéral du texte source, « Le vif intérêt que je prenais ». Mais en réalité cette insertion du « *yo* » devant « *sentía* » n'est pas nécessaire dans le texte espagnol, car le déterminant possessif qui suit (« *me condujo* ») précise peu après qu'il s'agit de la première personne du narrateur.

Ce sont donc en partie les différences dans les champs littéraires où évoluent les deux traducteurs et les publics respectifs, qui déterminent les choix dans les traductions. On peut juger de la disparité des solutions à partir des versions données pour la locution « donner l'accolade[40] », employée par Nodier pour préciser le geste que le narrateur fait envers M. de Marsan en se levant de table. « Accolade » indique, on le sait, autant le fait d'embrasser quelqu'un en vue de lui conférer le titre de chevalier, dans la cérémonie de l'adoubement (« *acolada* » en espagnol), que le fait de serrer quelqu'un dans ses bras, dans un contexte général (« *abrazo* »). Pendant l'adoubement, le néophyte recevait également un coup d'épée appelé « colée » – en espagnol « *espaldarazo* ». Nodier a utilisé un seul des deux substantifs pour faire valoir le jeu de mots permis par la polysémie de « accolade », ainsi que l'a souligné Masip dans une note en bas de page[41]. Pourtant celui-ci l'a traduit « *espaldarazo* » qui, comme nous l'avons dit, désigne uniquement le coup d'épée, non le fait d'embrasser qui, lui, a perduré dans le temps (contrairement au mot « *acolada* » qui ne s'entend guère aujourd'hui ni probablement dans les années vingt) à travers l'expression « *dar espaldarazo a alguien* » (épauler, appuyer quelqu'un). Masip comptait sur les connaissances générales de ses lecteurs, comme il le suggère dans sa note : « *El lector comprenderá bien la intención del autor* », plus que sur des précisions faites à partir des dictionnaires. Il ne mentionne donc pas le mot « accolade », contrairement à ce que fait Sordo, peu confiant dans la culture des lecteurs et voulant surtout éliminer les difficultés de compréhension. Sordo supprime par conséquent le jeu de mots et traduit directement « *acolada* », ajoutant sa propre note en bas de page pour copier la définition du mot.

---

40   Ch. Nodier, *MM*, *op. cit.*, p. 9.
41   C. Nodier, *SM-PM*, *op. cit.*, p. 8.

Un dernier exemple tiré du premier épisode du roman renforcera l'importance du *skopos* dans les deux traductions. Nodier écrit, lors de l'introduction du personnage qui donne son titre au roman, qu'elle « fut tenue sur les fonts de baptême[42] ». Masip traduit « *fué sacada de pila*[43] », expression compréhensible pour un public vivant dans une Espagne intensément religieuse, mais qui n'allait pas être forcément bien saisie par les lecteurs de Bruguera, soixante ans plus tard et dans un contexte beaucoup plus laïc. Sordo change donc la formule contre « *sostenida en la pila de bautismo*[44] », qui précise le sens de la « pile » pour qu'elle ne soit pas confondue avec son sens d'ensemble d'objets entassés ou de batterie.

Enfin les patronymes et les anthroponymes suivent la logique adoptée par chacun des traducteurs dans le titre de l'ouvrage : Masip hispanise presque toujours, écrivant par exemple « *el señor de Marsán* », tandis que Sordo préfère réécrire le titre de civilité français, « monsieur de Marsan » (mais sans majuscule ni italiques).

Pour leur part, les personnages principaux deviennent, respectivement, Máximo/Maxime, Diana/Diana, José Solbioski / Joseph Solbioski, Andrés Hofer / André Hofer, le nom de Mario coïncidant en italien et en espagnol. Mais les deux traducteurs s'adaptent encore une fois aux goûts de leurs différentes époques, et les exceptions sont rares : Masip conserve les noms d'Aratus et Filopoemen, deux militaires grecs cités une seule fois[45] pour leur défense de la pudeur féminine – contre Sordo qui hispanise Arato et Filopemen[46] – et du personnage mythologique de Japix[47] – contre le Yápix de Sordo[48] – ainsi que de Fabricius, un des conspirateurs importants, non sans raison dans ce dernier cas puisqu'il s'agit d'un surnom qui cache une identité mystérieuse. Les noms propres des autres conspirateurs sont traduits par Masip[49], sauf Paolo et Cassius, de façon arbitraire, et les solutions de Sordo sont assez libres : il ne traduit pas Paolo ni Felice, et Hannibal devient Annibal[50], le mot correct espagnol étant Aníbal, bien transcrit par Masip.

---

42 Ch. Nodier, *MM*, *op. cit.*, p. 7.
43 C. Nodier, *SM-PM*, *op. cit.*, p. 6.
44 C. Nodier, *MM-ES*, *op. cit.*, p. 9.
45 C. Nodier, *SM-PM*, *op. cit.*, p. 63.
46 C. Nodier, *MM-ES*, *op. cit.*, p. 78.
47 C. Nodier, *SM-PM*, *op. cit.*, p. 53.
48 C. Nodier, *MM-ES*, *op. cit.*, p. 66.
49 C. Nodier, *SM-PM*, *op. cit.*, p. 24.
50 C. Nodier, *MM-ES*, *op. cit.*, p. 30.

La logique du changement n'est cependant pas toujours appliquée par Masip, qui maintient le nom italien des membres de la société secrète dans le titre du premier épisode (« Les carbonari »), donnant « *Los carbonari* », sans italiques comme dans le texte source, face à ce que le lecteur aurait attendu, « *Los carbonarios* », qu'on trouve au contraire dans la traduction de Sordo et dans celle de la *Revista Literaria*[51].

Un cas particulier est celui du binôme Honorina-Onorina avec lequel Nodier joue dans le deuxième épisode du roman. Le prénom avec un *h* est employé pour nommer la sainte (Sainte Honorine) ou bien pour désigner la fille de Fabricius, tandis que le prénom sans h est attribué à une jeune vendeuse de lasagnes[52]. Masip a conservé la différence et transcrit Santa Honorina pour les deux premières et *Onorina* (en italiques pour indiquer le maintien du mot originel dans le texte français) pour la troisième[53]. Mais Sordo superpose les trois mots et les fond en un seul, Honorina[54], créant une confusion qui efface d'une part le rapport symbolique entre la sainte et la fille du sage Fabricius, et d'autre part la différence entre celle-ci et la figure populaire de la jeune vendeuse.

D'autre part, la thématique du premier épisode de *Mademoiselle de Marsan* permet d'établir une hypothèse quant au choix de ce roman par Masip, parmi tous les autres textes de Nodier. En effet, le combat contre un pouvoir injuste et la défense d'un régime politique légitime ont certainement attiré Masip, qui s'était opposé autant à la dictature de Primo de Rivera (ce qui provoqua la fermeture des deux journaux fondés à Logroño) qu'au soulèvement des généraux contre la République espagnole (ce qui le força à s'exiler au Mexique). Masip, journaliste républicain « proscrit », a sans doute éprouvé des affinités avec le narrateur de *Mademoiselle de Marsan*.

Le deuxième épisode du roman transporte le lecteur à Trieste, c'est-à-dire en plein territoire illyrien. La présence d'un domestique albanais aux côtés de Cinci, et surtout la mention d'un château sur les bords du Tagliamento, laissaient déjà deviner, à la fin du premier épisode, un changement de décor vers ces espaces plus à l'Est (le fleuve se situe entre Venise et Trieste). En fait, les souvenirs vénitiens et illyriens sont liés dans l'œuvre de Nodier,

---

51   C. Nodier, *La señorita de Marsán, op. cit.*, p. 651.
52   Ch. Nodier, *MM, op. cit.*, p. 95 et 100.
53   C. Nodier, *SM-PM, op. cit.*, p. 66 et 100 respectivement.
54   C. Nodier, *MM-ES, op. cit.*, p. 82 et 86 respectivement.

comme on peut le constater notamment dans sa dernière nouvelle, *Franciscus Columna*. En effet, ce texte, qui insère un récit second d'amour vénitien dans un récit cadre situé à Trévise, inclut deux références illyriennes : celle de l'abbé Lowrich, qui commenta le *Voyage en Dalmatie* de Fortis employé par Nodier pour ses écrits, et celle de la *Gazette Littéraire de l'Adratique*, « la plus docte et la plus spirituelle des gazettes de l'Europe[55] », qui renvoie sans doute à celle rédigée par Nodier à Ljubliana.

On sait que notre auteur arriva à la fin de 1812 dans ces « Provinces illyriennes » que Napoléon avait placées dès 1809 sous la domination française, et où le général ne voyait, ainsi que l'affirme Rodolphe Maixner, qu'une « pépinière de soldats[56] ». Maixner rappelle encore que la population, à l'exception du haut clergé et de l'aristocratie, s'était, en peu de temps, adaptée aux nouvelles circonstances. C'est effectivement ce qui est signalé dans le roman, où les Illyriens fictionnels de Trieste ne participent pas à la résistance. Outre cela, selon Nodier, par-dessus les querelles de partis « l'émigration française n'y était pas suspecte[57] », d'une part parce que les nobles émigrés dérogeaient sans dramatisme : « on publiait de jour en jour leurs titres d'origine en les voyant se livrer à d'utiles et laborieuses industries[58] », et d'autre part parce que les Français en général n'étaient pas perçus et jugés comme un groupe hétérogène par les Triestins : « il n'y avait point de prévention exclusive contre les Français, parce qu'il n'y avait point de simultanéité entre eux : chacun comptait les siens[59] ». Le patriotisme de Nodier, malgré son antipathie à l'égard de l'Empereur, prolonge l'éloge des compatriotes dans le texte : « les séductions de la gloire ont tant d'empire sur notre vanité nationale que le parti de Bonaparte dominait un peu[60] » ; notons encore que, antibonapartiste déclaré, Nodier écrivit des articles aidant à masquer la retraite française en Illyrie[61], et que le roman fait l'éloge de Wagram comme un succès français sans clair-obscur, alors qu'en réalité ce fut une victoire très meurtrière dans les deux camps[62].

---

55 Ch. Nodier, « Franciscus Columna », in *Contes*, éd. de P.-G. Castex, Paris, Classiques Garnier, 1961, p. 884.
56 R. Maixner, « Charles Nodier en Illyrie », *Revue des études slaves*, tome 4, fascicule 3-4, 1924, p. 252.
57 Ch. Nodier, *MM*, *op. cit.*, p. 72.
58 *Id.*
59 *Ibid.*, p. 73.
60 *Id.*
61 *Ibid.*, p. 257.
62 *Ibid.* p. 75.

Le deuxième épisode présente donc une ville caractérisée non pas par son esprit frondeur comme Venise, mais par son cosmopolitisme[63]. Un petit groupe d'insurgés donne pourtant son titre au chapitre (« Le Tungend-Bund ») tout en s'adaptant au cosmopolitisme ambiant : ses composants de base sont un Tyrolien, un Italien et un Polonais. L'épisode inclut une petite scène pittoresque où une jeune fille renseigne Maxime sur la mort de Mario et lui fourre des lasagnes dans la poche de sa redingote de voyage – détail qui révélera plus loin son importance.

Le pittoresque et la richesse touristique sont en fait un des deux points forts du Trieste de *Mademoiselle de Marsan*. La ville permet d'étayer les points d'intérêt d'un long parcours qui rapproche le roman aussi bien des livres de voyage que du récit de mémoires : « Mon premier objet avait été de commencer de là mes excursions, si belles en espérance, aux villages poétiques des Morlaques, aux tribus toutes primitives de Monténègre, aux ruines de Salone, d'Épidaure, de Tragurium et de Macaria[64] ». Nodier romantise, évidemment : il trouve de la poéticité où d'autres verraient de la rusticité, et il attribue des connotations positives au primitivisme là où on aurait pu parler de sauvagerie. Et bien entendu il reste fidèle à son amour pour la culture classique, qui perce d'ailleurs à d'autres endroits du roman[65] : il cite deux villes dalmates habitées jadis par les Grecs et ayant appartenu aussi à l'Empire romain (Salone, toujours en ruines, Tragurium ou Trogir), et, en Grèce, Épidaure et Macaria, celle-ci presque mythologique. Les circonstances fictionnelles restreignent pourtant le périple touristique : « Je me bornai donc à parcourir des lieux plus rapprochés de ma station de banni, les restes d'Aquilée, les grands débris de Pola, les merveilles naturelles de Zirchnitz, les mines fantastiques d'Idria[66] ». Valent le voyage deux autres villes anciennes (sans que Nodier naturalise le nom de Pola, qui en français devient Pula), une merveille naturelle (le lac intermittent de Zirchnitz ou Cerknica) et une exploitation humaine (les mines de mercure de Idria, en français Idrija). La traduction de Masip a hispanisé, comme à son habitude, le gentilé (*Morlacos*) et la plupart des toponymes (*Montenegro, Salona, Epidauro, Macaria*), mais a conservé le nom italien de Pola (plutôt Pula en castillan)

---

63 *Ibid.*, p. 81.
64 *Ibid.*, p. 75.
65 Il faudrait ajouter à l'énumération qui suit plusieurs « antiquités nominales », où rien ne se conserve mais la tradition a fixé un haut fait mythologique (*id.*).
66 Ch. Nodier, *MM, op. cit.*, p. 76.

ainsi que le nom slovène Idria (Idrija en castillan), et ne transcrit pas le castillan Tragurio mais donne Trigurium, probablement erroné. Pour sa part, Sordo n'a rien changé de Masip, reprenant tous les toponymes de celui-ci, ainsi que celui de Codroipo (Codroïpo chez Nodier[67]).

Mais le détail le plus nodiériste de ce *guide*, celui qui imprime la marque typique de notre auteur, est l'affirmation suivante : « Le *Farnedo*, c'est la forêt du naturaliste, du poète et de l'amant[68] ». On devine que l'intérêt du *Farnedo* consiste surtout, pour Nodier comme pour le narrateur, en ses richesses entomologiques et en herbes sauvages. L'insertion de ce détail, prévisible d'ailleurs puisque dès le début du roman l'Illyrie est présentée comme la terre rêvée du naturaliste, renvoie à la thématique scientifique, à laquelle nous reviendrons plus tard. Remarquons d'autre part que Masip a changé, dans sa traduction, le temps verbal de la phrase, éloignant l'action du temps du lecteur et effaçant de même l'effet de réel créé par le présent de l'indicatif : « *El* Farnedo *era un bosque para naturalistas, poetas y amantes*[69] ». L'article défini a été remplacé à son tour par l'indéfini, éliminant le caractère exemplaire de la forêt, en tant que forêt et en tant qu'illyrienne, et la classant dans un groupe hypothétique de réalités de la même espèce (forêts intéressant les naturalistes).

Revenons au titre de l'épisode pour noter l'erreur de Nodier qui écrit « Le Tungend-Bund » lorsqu'il aurait fallu transcrire « Le Tugend-Bund », ou Ligue de la vertu en allemand. Les deux traductions vont reprendre l'erreur d'orthographe, et Masip changera en outre l'article défini : « La Tungend-Bund », abandonnant l'accord de Nodier avec le mot masculin « Bund » et lui préférant un accord avec, possiblement, la « *sociedad secreta* », mot féminin en espagnol.

Ce chapitre contient aussi un glossonyme qui mérite notre attention, dans le syntagme du texte source : « les cinquante dialectes de l'esclavon, ou dans un des cinquante patois plus impénétrables à mon intelligence[70] ». Les remarques qui suivent concernent d'abord cet « esclavon », qui est présenté comme un dialecte, face aux patois du Frioul, du Tyrol et de la Bavière. « Esclavon » désigne non seulement l'habitant de l'ancienne

---

67 *Ibid.* p. 41, C. Nodier, *SM-PM*, *op. cit.*, p. 31, C. Nodier, *MM-ES*, *op. cit.*, p. 38. – La « Torre Maladetta » a toujours été conservée telle quelle dans les traductions, en raison peut-être de sa sonorité en italien.
68 Ch. Nodier, *MM*, *op. cit.*, p. 76.
69 C. Nodier, *SM-PM*, *op. cit.*, p. 53.
70 Ch. Nodier, *MM*, *op. cit.*, p. 77.

Esclavonie (aujourd'hui la Slavonie, ou plaine de la Croatie), mais aussi l'ensemble des dialectes slaves parlés en Esclavonie, d'une part, et de l'autre, la langue *slave* ou langue littéraire et liturgique créée artificiellement à partir du vieux slave[71] (produit artificiel élaboré à partir du vieux slave). Cette polysémie, qui obéit à une complexité linguistique réelle rend difficile la traduction. Masip écrit « *cincuenta dialectos del eslavo*[72] », se conformant au dernier sens, très général. Sordo propose à son tour « *cincuenta dialectos del esclavón*[73] », qui calque le mot français inexactement, étant donné qu'en espagnol le mot ne désigne qu'un groupe ethno-linguistique et non une langue. Sordo ajoute dans une note qu'il s'agit du nom « *del actual serviocroata* », c'est-à-dire, selon certains, d'avant le démembrement de la Yougoslavie ; cette précision, tout en étant impossible pour la raison évoquée, introduit la problématique de la différence entre les langues « *esloveno* » et « *serbocroata* », et l'ensemble des dialectes qui s'y relient. Problématique qui détermine, à elle seule, les erreurs dans la traduction du couple dialecte/patois du syntagme indiqué ci-dessous. Si le mot « dialecte » est traduit par son équivalent exact en espagnol (« *dialecto* »), en revanche le mot « patois » est traduit par « *jerga* » dans les variantes de Masip et de Sordo. La traduction correcte aurait été « *habla regional* », étant donné que « *jerga* » s'applique aux variétés linguistiques des groupes sociologiques ou professionels.

En outre, un mot du lexique militaire provoque aussi des difficultés : la « jonction de Brug[74] », manœuvre de 1809 dirigée par le général Marmont, alors gouverneur général des provinces illyriennes, dont les forces rejoignirent celles de Napoléon pour lutter contre les Autrichiens à Wagram. Masip trouve le mot « *unión de Brug*[75] », qui transmet correctement l'action signifiée, face au « *contacto de Brug*[76] » de Sordo.

Finalement, le mot « lazagne[77] » est traduit en fonction de la connaissance ou méconnaissance des implicites culturels. Car Sordo

---

71 La source la plus complète pour la définition de ce mot est le *Dictionnaire du Centre National de Ressources Textuelles et Lexicales*, URL : https://www.cnrtl.fr/definition/esclavon, consulté le 10/09/2020.

72 C. Nodier, *SM-PM*, *op. cit.*, p. 54.

73 C. Nodier, *MM-ES*, *op. cit.*, p. 67.

74 Ch. Nodier, *MM*, *op. cit.*, p. 75.

75 C. Nodier, *SM-PM*, *op. cit.*, p. 52.

76 C. Nodier, *MM-ES*, *op. cit.*, p. 66.

77 Ch. Nodier, *MM*, *op. cit.*, p. 100. Et le lexique de l'armée provoque aussi une difficulté.

écrira « *lasagna*[78] », transférant une référence connue par les Espagnols des années quatre-vingts, époque où il écrit, mais Masip propose « *macarrones*[79] », probablement parce que jusqu'aux années soixante en Espagne les seules pâtes italiennes de consommation majoritaire furent celles-là (en italien *maccheronni*).

Penchons-nous maintenant sur le troisième épisode. Les deux précédents rapprochaient le roman des genres du roman historique, du livre des voyages et du récit de mémoires. Cet amalgame suffit pour qualifier le texte d'hybride ; le troisième épisode incorpore, de plus, des thématiques du genre gothique, ainsi que le souligna très tôt Alice Killen[80].

Rappelons les faits : Maxime accompagne Solbioski (le résistant polonais présenté dans la deuxième partie) au vieux château des Cinci que Fabricius (le résistant italien) a acheté, au bord du Tagliamento : la *Torre Maladetta*, où un étrange mystère les attend puisque la gardienne assure avoir entendu des bruits sourds et des cris plaintifs, et avoir vu deux dames « noires[81] » déployant des écharpes rouges et noires sur un balcon ; elle ne doute pas qu'il s'agisse des fantômes de Béatrice et Lucrezia Cinci. Les deux amis seront alors fortuitement enfermés dans la tour, où ils retrouveront Diana près du cadavre de sa dame de compagnie ; tous les trois seront libérés après avoir failli mourir de faim (d'où l'intérêt des lasagnes susmentionnées).

Nodier aborde donc dans cette partie la voie suggérée par son protagoniste lorsqu'il est délaissé par Diana : « Je me berçai dans cette fantaisie furieuse de conspirations, de proscriptions et *de supplices* [nous soulignons][82]. » Ce côté gothico-frénétique est mis en valeur dans la couverture de la traduction publiée par Bruguera, que nous avons

---

78   C. Nodier, *MM-ES, op. cit.*, p. 86.
79   C. Nodier, *SM-PM, op. cit.*, p. 70.
80   Qui souligna le côté gothique du roman, le traitant de « vrai roman à la Radcliffe », le mettant ainsi dans le groupe de textes au surnaturel expliqué (dans *Le Roman terrifiant ou roman noir de Walpole à Anne Radcliffe et son influence sur la littérature française jusqu'en 1840* [1915], Genève/Paris, Slatkine reprints, 1984, p. 184). Pour sa part, Émilie Pezard a souligné le caractère hybride des romans gothiques et frénétiques (« La vogue romantique de l'horreur : roman noir et genre frénétique », *Romantisme*, 2013/2 n° 160. p. 49), et Marta Sukiennicka a repris cette idée en ajoutant l'élément mémorialiste et autobiographique (« Souvenirs gothiques d'Italie. *Mademoiselle de Marsan* », *Cahiers d'études nodiéristes*, n° 6, 2018 – 2, *Charles Nodier et le roman gothique*, p. 64-66).
81   Ch. Nodier, *MM, op. cit.*, p. 126.
82   *Ibid.*, p. 16.

décrite auparavant. Nodier incorpore à son roman un décor propre au genre (la tour isolée avec son dédale de corridors, trappes et portes scellées[83]), des mystères à éclaircir, du surnaturel expliqué, une scène proche du vampirisme et le triomphe du bien car, même si le roman finit par la mort de Solbioski, les prisonniers de la tour sont sauvés. Quant au héros et à l'héroïne du roman, Marta Sukiennicka[84] a précisé leur ambigüité, qui les situe dans la confluence entre le genre gothique et frénétique. Elle a insisté pareillement sur la présence de la terreur gothique (face à l'horreur frénétique) dans les nombreuses descriptions[85]. Enfin, l'épisode repose sur le *suspens* et l'attente d'un sauvetage, propres aux textes gothiques, mais incorpore, dans son dénouement, la *surprise* inattendue de la mort d'un des conspirateurs, caractéristique au contraire des textes frénétiques[86].

Le développement de ces deux genres fut assez important en France, mais on peut se demander à juste titre s'il en fut de même en Espagne. Cette problématique devient importante au moment d'évaluer la réception de la traduction de Masip, et supputer à quel point les lecteurs reconnaissaient les codifications génériques du roman.

Les dernières recherches ont mis en relief la bonne réception des œuvres *noires* anglaises et françaises en Espagne, surtout entre 1808-1813 (occupation française) et 1820-1823 (« *Trienio liberal* »), où la liberté de la presse et de l'édition augmenta[87]. Pendant ces années des œuvres d'Ann Radcliffe, Matthew G. Lewis, Sophia Lee, William Henry Ireland et bien d'autres, furent traduites en français, puis en espagnol ; quelques écrivains de roman noir français furent aussi traduits et préfacés en

---

83 Le premier épisode du roman proposait déjà un décor semblable, décrit lorsque Mario entraîne Maxime à travers le vieux palais où se réunissent les membres de la *vendita*, Cf. Ch. Nodier, *MM, op. cit.*, p. 40.

84 « Souvenirs gothiques d'Italie. *Mademoiselle de Marsan* », art. cité, particulièrement p. 57-60.

85 *Ibid.*, p. 57-58.

86 Rappelons à ce propos que *Mademoiselle de Marsan* offre, comme bien d'autres romans gothiques, un agencement de l'intrigue qui incorpore des morphèmes herméneutiques propres au roman policier : mystères, leurres, indices..., et que l'énigme y devient un des moteurs de l'action. Cf. Jean-Claude Vareille : « Préhistoire du roman policier », *Romantisme*, 1986, n° 53, p. 23-36.

87 Malgré les critiques sévères des préceptistes, des théoriciens et du public lettré. Cf. Miriam López Santos : « Existió la novela gótica española y hay que rescatarla del olvido », ElDiario. es, 22 abril 2017, URL : https://www.eldiario.es/murcia/cultura/miriam-lopez-santos-existio-rescatarla_128_3449823.html, consulté le 30/07/2020.

espagnol[88]. Certaines maisons d'édition, comme celle de Mariano de Cabrerizo à Valence, commercialisèrent cet ensemble de textes, et des figures importantes telles Agustín Pérez Zaragoza, qui dut émigrer en France, et publia là-bas ainsi qu'en Espagne, aidèrent à répandre le genre avec des éditions de recueils; sa *Galería fúnebre de espectros y sombras ensangrentadas, o sea el historiador trágico de las catástrofes del linaje humano* (1831), notamment, en douze volumes, compila des histoires du livre parodique *Les ombres sanglantes, galerie funèbre* de J. P. R. Cuisin, ainsi que des nouvelles traduites ou adaptées d'autres auteurs français et de lui-même.

Les catalogues et les répertoires bibliographiques indiquent également un chiffre assez important (autour de 50) d'œuvres espagnoles noires, dont *El Valdemaro* (1792) y *Novelas morales* (1804) de Francisco Vicente Martínez Colomer, *La Leandra* (1797) de Antonio Valladares de Sotomayor, *La Eumenia o la Madrileña* (1805) de Gaspar Zavala y Zamora, etc.[89] Ces romans avaient des caractéristiques communes : ils mettaient l'accent sur la morale et incluaient une leçon édifiante, ils exaltaient la religion, cherchaient le réalisme dans la mesure du possible (par rejet de l'imagination, jugée dangereuse), et préféraient les motifs macabres à d'autres[90]. En outre, la censure politique et religieuse en Espagne était à l'origine d'une particularité idéologique de la réception du roman noir : l'irrationnalité impliquant un désorde cosmique et une impuissance divine, les textes offraient le plus souvent une explication logique et rationnelle[91]. Finalement,

---

88 Cf. Miriam López Santos, « Historia de la novela gótica », *Novela gótica*. Alicante, Biblioteca Virtual Miguel de Cervantes, 2011, URL : http://www.cervantesvirtual.com/portales/novela_gotica/historia/, consulté le 27/07/2020. López cite comme exemples de traductions d'œuvres françaises des œuvres de Pigault-Maubaillarcq (*La Famille Wieland*, 1809 : *La familia de Vieland o los prodigios* : 1818, 1826, 1830, 1839), Regnault-Warin (*La Caverne de Strozzi*, 1798 : *La caverna de Strozzi* : 1826, 1830 y *Le Cimetière de la Madeleine*, 1800 : *El Cementerio de la Magdalena* : 1811, 1817, 1829, 1856 y 1878), P. Cuisin (*Les Fantômes nocturnes, ou les terreurs des ocupables*, 1821 : *La poderosa Themis o Los remordimientos de los malvados*, 1830, à part la *Galérie funèbre* déjà citée) o Mme. Guenard (*Hélène et Robert, ou les Deux Perès*, 1802 : *Elena y Roberto, o los dos padres : Novela francesa* : 1818 y 1840 y *Les Capucins, ou le Secret du Cabinet noir*, 1801 : *Los Capuchinos o el secreto del gabinete oscuro* : 1837, 1884).

89 Cf. la liste dressée par María José Alonso Seoane dans son article "Infelices extremos de sensibilidad en las Lecturas de Olavide », *Anales de Literatura Española*, nº 11, 1995, p. 51-53.

90 M. López Santos, « Historia de la novela gótica », art. cité.

91 C'est pourquoi Charles Maturin, par exemple, ne fut pas traduit. Cf. aussi l'analyse du roman *La Leandra* de Valladares, faite par J. Álvarez Barrientos dans *La novela del siglo XVIII*, Madrid, Júcar, 1991, p. 225 et p. 278-289.

il faut préciser que le genre eut du succès malgré la connotation négative implicite qu'il attribuait à la culture espagnole, notamment dans les romans anglais, où l'Italie et l'Espagne représentaient l'altérité ténébreuse sous forme d'obscurantisme, d'Inquisition ou de pouvoir despotique ; pensons par exemple aux *Mystères d'Udolphe* d'Ann Radcliffe, fondé sur l'opposition entre une protagoniste vertueuse française et un méchant italien, ou à *Le Moine* de Lewis, où les plus viles passions gouvernent le clergé de Madrid – et pensons aussi au Gaëtano de *Inès de Las Sierras*.

À l'époque où la première traduction de *Mademoiselle de Marsan* est publiée, le genre gothique était donc bien connu en Espagne ; de plus, le secteur du livre espagnol s'était modernisé dès le début du XXᵉ siècle : le prix des exemplaires avait baissé, les tirages avaient augmenté, et les marchés de livres anciens et d'occasion s'étaient beaucoup répandus[92]. Le champ littéraire espagnol était déjà prêt pour recevoir et assimiler le roman de Nodier dans sa traduction de 1924.

Revenons au troisième épisode de notre roman pour noter les particularités les plus remarquables des deux versions importantes de sa traduction.

Masip persiste dans ses ambitions littéraires, peaufinant sa technique de suturation. « Je fis d'abord des efforts impuissants pour le rappeler à la vie qui paraissait l'avoir tout-à-fait quitté[93] », par exemple, devient chez lui « *Al principio todos mis esfuerzos para volverle a la vida fueron inútiles. Parecía como si le hubiera dejado por completo[94]* ». Là, la cadence nodiériste est modifiée pour augmenter l'effet pathétique – non sans générer une nuance d'ambiguïté : le sujet de « *hubiera dejado* » peut être la mort ou, en dernière instance, le narrateur. Sordo préserve le sens entier de la phrase de Nodier sans la couper en deux : « *En un principio dediqué mis impotentes esfuerzos a devolverle la vida, que parecía haberle abandonado por completo[95]* ». Même si parfois lui aussi décide de scinder pour rendre plus simple la lecture : « Il n'agira pas, à la vérité, je n'y compte pas plus que toi, mais il parlera[96] » du texte original se transforme en « *No*

92   J. A. Martínez Martín, « *La lectura en la España contemporánea : lectores, discursos y prácticas de lectura* », *Ayer*, nᵒ 58, 2005, p. 31.

93   Ch. Nodier, *MM, op. cit.*, p. 179.

94   C. Nodier, *SM-PM, op. cit.*, p. 123.

95   C. Nodier, *MM-ES, op. cit.*, p. 150.

96   Ch. Nodier, *MM, op. cit.*, p. 151.

actuará, a buen seguro, y no cuento con ello más que tú. Pero hablará[97] » de Sordo (et « *Sinceramente creo como tú que no hará nada, pero hablará*[98] » de Masip, sans division).

Le traducteur catalan persiste aussi à vouloir parfois améliorer le texte source dans sa version. Prenons l'exemple d'un segment textuel où Nodier utilise des passés simples pour nommer les actions du narrateur, et qui aboutit à une phrase dans laquelle deux imparfaits servent à transcrire les pensées de ce dernier ; le tout donne la série suivante : « j'entendis – je me baissai – j'écartai – je me rassis – il me semblait – je comprenais[99] ». Or, les deux derniers verbes décrivent des actions non duratives, des réflexions ponctuelles qui suivent sans changement le rythme des actions précédentes ; on voit donc mal pourquoi Nodier a changé le temps verbal. Et Masip enregistre cette opinion dans sa traduction, préservant la cohérence du segment à travers le rejet des imparfaits : « *Oí – me incliné – me separé – me volví a sentar – me pareció – comprendí*». Pourtant la nuance de progression contenue dans cette série de verbes est rendue au moyen des conditionnels passés qui remplacent d'autres imparfaits qui suivent (« *habría hecho, habría contribuído*[100] ») dans le texte source. Ces conditionnels récupèrent avec élégance l'aspect verbal perdu par les passés simples. Pour sa part, la traduction de Sordo mélange fidélité et reproduction : fidélité au texte source, car Sordo garde les premiers imparfaits nodiéristes (« *Oí – me agaché – aparté – me senté – me parecía – comprendía*»), et reproduction simple du texte de Masip, puisqu'il emprunte les conditionnels[101].

Citons néanmoins certaines réussites de Sordo qui corrigent des maladresses de Masip. L'une d'elles concerne la phrase de Nodier « – Voilà notre chemin détruit, me dit-il en se pressant soudainement contre moi[102] ». Sordo propose « *Acabamos de destruir nuestro camino – me dijo Joseph, apretándose súbitamente contra mí*[103] », où le présentatif français est repris très correctement et même avec prestance avec la périphrase verbale. À son tour, Masip avait écrit une formule bancale comportant

---

97   C. Nodier, *MM-ES, op. cit.,* p. 127.
98   C. Nodier, *SM-PM, op. cit.,* p. 103.
99   Ch. Nodier, *MM, op. cit.,* p. 131.
100 C. Nodier, *SM-PM, op. cit.,* p. 89.
101 C. Nodier, *MM-ES, op. cit.,* p. 110.
102 Ch. Nodier, *MM, op. cit.,* p. 141.
103 C. Nodier, *MM-ES, op. cit.,* p. 119.

une faute d'orthographe : « *Ya está nuestro camino destruído – me dijo él apretándome repentinamente contra mí*[104] ». La version de la *Revista Literaria* avait déjà corrigé le « *me* », le remplaçant par « *se*[105] ».

Sordo évite également des erreurs de Masip concernant le lexique. Il traduit, par exemple, le mot « bimblotiers[106] » (bimbelotiers) par « *fabricantes de baratijas*[107] », qui n'est pas exact mais se rapproche de son sens précis (*fabricante de juguetes*) beaucoup plus que celui, erroné, employé par Masip : « *juguetes*[108] », sans plus.

De la même façon, le mot « *trampilla*[109] » employé par Sordo pour « trappe[110] » est plus pertinent que la « *trampa*[111] » proposée par Masip, à double sens en espagnol (*trappe* et *piège*). Ces erreurs et bien d'autres prouvent que le soin apporté par Masip aux premiers épisodes du roman diminue légèrement dans le dernier – sans que la prestance de son style ne s'estompe. Nous citerons quelques exemples de ce relâchement : des oublis, des omissions, des erreurs et des inexactitudes.

Masip oublie en effet de traduire des éléments du texte source – pas seulement des mots, mais des phrases complètes[112]. Il omet aussi des termes dont la polysémie rend difficile la traduction ; par exemple, lorsque le narrateur de Nodier commence à évoquer sa période de rêves hantés par des visions, il parle des « moments de prestige[113] », que Masip ne traduit pas, probablement par méconnaissance du sens moins connu du mot « prestige » en français : hallucination, comme Sordo l'a bien noté[114].

D'ailleurs cette longue séquence des rêves dans la tour donne lieu à un faux sens dans les deux traductions. Car dans ce contexte d'irréalité, Nodier insère, faisant allusion au tableau de Sainte Honorine décrit dans deuxième épisode[115], l'expression « tableau fantastique du Pordenone[116] ». Il indique ainsi que ce tableau n'est pas contemplé réellement par

104 C. Nodier, *SM-PM*, *op. cit.*, p. 97.
105 C. Nodier, *La señorita de Marsán*, *op. cit.*, p. 656.
106 Ch. Nodier, *MM*, *op. cit.*, p. 132.
107 C. Nodier, *MM-ES*, *op. cit.*, p. 111.
108 C. Nodier, *SM-PM*, *op. cit.*, p. 90.
109 C. Nodier, *MM-ES*, *op. cit.*, p. 110.
110 Ch. Nodier, *MM*, *op. cit.*, p. 130.
111 C. Nodier, *SM-PM*, *op. cit.*, p. 89.
112 C. Nodier, *ibid.*, p. 101, 148, 172.
113 Ch. Nodier, *MM*, *op. cit.*, p. 186.
114 C. Nodier, *MM-ES*, *op. cit.*, p. 15.
115 *Ibid.*, p. 98.
116 *Ibid.*, p. 191.

Maxime, mais imaginé, vu comme une vision. Pourtant, autant Masip que Sordo traduisent « *fantástico cuadro*[117] » (qui équivaudrait plutôt à « superbe tableau »), sans doute par autocensure – une martyre chrétienne ne doit pas être considérée comme une fantaisie, mais comme un modèle religieux vrai de foi et de fidélité.

Pour finir, mettons en relief un mot particulièrement intéressant du texte source, lourd de connotations car il ouvre le monde du Nodier naturaliste, qui est évoqué à plusieurs reprises dans le roman et repris par un terme incongru pour tout autre que notre auteur. Nous faisons allusion à la mouche « hippobosque[118] » (ou « mouche du cheval », image de l'obstination entêtée qui accompagne la description des rêveries douloureuses du narrateur). Le mot éveille des résonances d'éléments textuels faisant partie de l'isotopie de la pensée scientifique, notamment l'intérêt du narrateur pour la nature animale et minérale, qui explique qu'il ne se sépare pas d'un marteau et d'un ciseau de minéralogiste[119], et la présentation de deux des conspirateurs comme des « physiciens[120] ». Pour le traduire, Masip juxtapose deux substantifs : « *mosca hipobosco*[121] », créant un effet de collage inélégant, surtout si on le compare à la « *mosca hipobóscida*[122] » de Sordo, qui place, à côté du substantif désignant le genre, l'adjectif qui correspond à la différence spécifique.

Résumons, pour conclure, les aspects les plus remarquables des traductions de *Mademoiselle de Marsan*. Tout d'abord, le fait que la première traduction de l'ouvrage soit assez tardive a des conséquences plutôt favorables : sa réception a été sans doute plus ample qu'au moment de la publication en français en 1832, presque un siècle auparavant – quoiqu'à ce moment-là l'élite lettrée connaisse et apprécie déjà Nodier et les romans historiques et gothiques. Mais, dans les années vingt, les lecteurs étaient plus nombreux et socialement plus hétérogènes, ils pouvaient repérer et déchiffrer aisément les codes de ces genres littéraires. Leurs attentes ont d'ailleurs déterminé la plupart des choix des deux traducteurs principaux, Masip et Sordo : le premier adapte son

---

117 C. Nodier, *SM-PM*, *op. cit.*, p. 131 et C. Nodier, *MM-ES*, *op. cit.*, p. 159.
118 Ch. Nodier, *MM*, *op. cit.*, p. 187.
119 *Ibid.*, p. 131.
120 *Ibid.*, p. 78.
121 C. Nodier, *SM-PM*, *op. cit.*, p. 129.
122 Ch. Nodier, *MM*, *op. cit.*, p. 156.

style à celui de son époque, élégant mais orné – parfois un peu trop ; cependant ses vraies qualités d'écrivain lui font chercher aussi, et par dessus tout, l'harmonie de la phrase, qui décide en dernière instance des formules adoptées.

Pour sa part, Enrique Sordo, contraint à la fois par sa maison d'édition, ciblée sur un public populaire, et par ses propres lacunes, subordonne le texte espagnol à une recherche de la clarté et la compréhension, et n'ose pas trop s'écarter du texte source. Ce qui ne l'empêche pas de trouver occasionnellement des propositions plus pertinentes que celles de Masip pour certains termes et certaines expressions, ainsi que nous l'avons vu tout au long de cet article.

Pilar ANDRADE BOUÉ
Universidad Complutense de Madrid

(IN)FORTUNE DE *SMARRA*
ET SES TRADUCTIONS EN ESPAGNE

Les *Contes* du bibliothécaire de l'Arsenal sont arrivés très tôt en Espagne. Outre les éditions importées directement en français, auxquelles on pouvait accéder peu après leur publication en France, les premières traductions datent du vivant même de l'auteur : nous pouvons en compter une d'*Inès de Las Sierras* déjà en 1839[1] et une autre de *Trilby* en 1842[2]. Nous concédons qu'il ne s'agit pas d'un phénomène de masse, vu que la figure de Charles Nodier n'a pas eu la même reconnaissance que d'autres écrivains romantiques. Néanmoins, la tendance des éditions et des traductions s'est plus ou moins maintenue : une perspective historique générale rend compte d'un certain intérêt éditorial pour la figure de Nodier en Espagne. Les rééditions de ses œuvres se poursuivent tout au long du XXᵉ siècle (1921, 1935, 1946, 1999 pour continuer avec *Inès de Las Sierras*) et même au XXIᵉ (des volumes collectifs en 2002 et 2003).

Toutefois, nous trouvons une disparité notoire, concernant la quantité de traductions de chacun des *Contes*, qui attire notre attention. D'après nous, le cas le plus intéressant, au vu de la renommée du texte, est celui de *Smarra*, qui semble être situé à l'arrière-plan éditorial par rapport aux autres récits courts de Nodier. Pour n'en donner qu'un petit exemple, dans le répertoire déjà cité de Palacios et Giné on trouve huit traductions pour *Inès de Las Sierras* en tant que récit indépendant, cinq pour *Trilby* mais seulement une pour *Smarra*. Cette tendance continue pour la catégorie des récits insérés dans des volumes collectifs : *La Combe de l'Homme mort*[3] présente huit traductions mais il n'y en a qu'une de *Smarra*. La question qui en surgit est, pour nous, bien claire : à quoi

---

1   Voir G. Zaragoza, « *La presente novelita española* », dans ce volume, p. 169.
2   Répertorié dans C. Palacios Bernal et M. Giné Janer, *Traducciones españolas de relatos fantásticos franceses, de Cazotte à Maupassant*, Barcelona, PPU, 2005.
3   Voir I. Illanes Ortega, « Les traductions espagnoles de *La Combe de l'Homme mort* » dans ce volume, p. 93.

doit-on cette différence quantitative ? Ce conte a beau être plutôt connu, comme nous verrons plus tard à travers les témoignages des critiques tant du XXIe siècle que du XXe, il reste cependant dans une position marginale évidente parmi les maisons d'édition espagnoles.

Nous allons essayer ici de proposer une réponse dont les fondements reposent sur l'étiquetage générique du texte. *Smarra*, qui est certes un conte, participe pourtant du mélange générique qui s'impose au XXe siècle et va surtout toucher le récit narratif de courte étendue[4]. Le texte s'apparente tantôt au récit lyrique, tantôt au poème en prose. À notre avis, cette fluctuation générique se trouve au cœur de la question que nous venons de poser, puisqu'elle rend encore plus difficile l'approche pour le lecteur. La conséquence de l'amalgame ou la confusion volontaire des genres, devenue la norme vers la fin du XIXe siècle, mais anticipée par certains auteurs comme Nodier, fait naître le dépaysement du lecteur. Nous faisons référence ici au lecteur commun, au grand public, non pas au public spécialisé avec un bagage littéraire lui donnant une perspective tout autre. Ce lecteur « ordinaire » n'a plus de repères valables pour affronter le texte, car les entités génériques traditionnelles sont ici disloquées intentionnellement par les écrivains. Ce fait ayant été attesté par plusieurs critiques comme nous le montrerons plus loin, nous considérons qu'il s'agit de la cause principale du désintérêt éditorial pour *Smarra* face aux autres textes de facture plus classique, voire reconnaissable par le lecteur.

---

4   L'indétermination générique et la fluctuation des critères de classification ainsi que des étiquettes génériques elles-mêmes ont été analysées dans bien des études : celle de Godenne, *Études sur la nouvelle française* (1985) ou *La Nouvelle* (1995), de Grojnowski, *Lire la nouvelle* (1993), d'Ozwald, *La nouvelle* (1996) et, pour une approche plus concrète du poème en prose et ses connexions avec les autres typologies de récit court narratif, la thèse de Yaouanq-Tamby, *L'indétermination générique dans la prose poétique du symbolisme et du modernisme (domaines francophone et hispanophone, 1885-1914)* (2011).

TRADUCTIONS, RÉÉDITIONS ET PRÉSENCE GÉNÉRALE DE *SMARRA* EN ESPAGNE DU XIXe SIÈCLE JUSQU'À NOS JOURS

Nous voulons maintenant élaborer une liste des apparitions de *Smarra* dans les maisons éditoriales espagnoles ainsi que dans les journaux. À la suite du travail de Palacios et Giné, la présence de *Smarra* sous un format de livre (soit de manière indépendante, soit inclus dans un ensemble plus grand) est celle-ci :

1. Publication comme récit indépendant : mention à une édition de 1840 non localisée.
2. Publication comme récit indépendant dans un volume collectif : *Smarra* apparaît dans le recueil de contes de plusieurs auteurs traduits par Jorge A. Sánchez et Miguel Giménez Saurina en 2003[5].
3. Publication insérée dans un volume monographique dédié à la figure de Nodier : un recueil des contes en 1863[6], un autre en 1989[7] et le dernier en 2003[8].

Rien de plus pour les éditions en format livre. Nous avons relevé cependant une autre traduction de *Smarra* dans la presse espagnole du XIXe siècle : traduction anonyme apparue dans le journal *La Ilustración* tout au long du mois d'août de 1853[9]. De même, nous avons trouvé une critique de l'œuvre annonçant une traduction[10], ce qui témoigne de l'intérêt et de la mise en valeur de la figure de Nodier à cette époque-là :

---

5   J. A. Sánchez et M. Giménez Saurina, *Sangre y rosas. Vampiros del siglo XIX ; edición, selección y notas de Jorge A. Sánchez. [traducción Miguel Giménez Saurina, Jorge A. Sánchez]*, Barcelona, Abraxas, 2003.

6   N. María Martínez, *Cuentos fantasticos de Carlos Nodier ; versión castellana de Nicolás María Martínez*, Barcelona, Imprenta económica a cargo de José A. Olivares, 1863.

7   J. Martín Lalanda et L. A. de Cuenca, *Cuentos visionarios. Traducción, Javier Martín Lalanda, Luis Alberto de Cuenca*, Madrid, Siruela, 1989.

8   A. Laurent, *Los demonios de la noche. Traducción de Alberto Laurent*, Barcelona, Abraxas, 2003.

9   Cette traduction apparaît dans les exemplaires n°232 (06/08/1853, p. 319-320), 233 (13/08/1853, p. 327-328), 234 (20/08/1853, p. 331) et 235 (27/08/1853, p. 338).

10   Auteur inconnu, « *ESMARRA ó Los demonios de la noche* », *El Constitucional*, n°04/04/1840, p. 4. S'agit-il de la traduction non-localisée mentionnée par Palacios et Giné ?

Este sueño romántico, producción del célebre ragusano el conde Máximo Odín, ha merecido por la sublimidad de su estilo que el literato Carlos Nodier lo vertiese, con su habilidad característica, al francés no queriendo privar á su patria de una obra nueva en su clase y este mismo objeto nos ha movido à traducirlo al castellano[11] [...]

Nous pouvons constater ainsi la présence de deux époques de traduction de *Smarra* en langue espagnole : une première période quelques années après la publication en France du conte et une autre qui comprend la fin du XXe siècle et le début du XXIe. En tout cas les nombres globaux restent assez modestes : cinq traductions sous format livre et une autre pour la presse. C'est précisément dans le milieu des journaux que nous trouvons de nombreuses mentions de ce conte, ce qui témoigne de l'intérêt des cercles littéraires espagnols pour l'œuvre de Nodier. Pardo Bazán[12], qui fait une apologie de la subversion romantique, se souvient de Nodier pour rendre compte de l'originalité de *Smarra* :

Este docto filólogo y elegante narrador publicó una obra titulada Smarra, y los críticos, tomándola por engendro romántico, la censuraron acerbamente. ¡Cuál sería su sorpresa al enterarse de que Smarra se componía de pasajes traducidos de Homero, Virgilio, Estacio, Teócrito, Catulo, Luciano, Dante, Shakespeare y Milton[13] *!*

L'article consacré au romantisme français de Menéndez y Pelayo[14] mentionne aussi *Smarra*, même si le rapport reste assez minoritaire : « *Sus primeras historias de vampiros y demonios nocturnos, Lord Ruthwen y Smarra, causaron general extrañeza, y fueron miradas por la crítica como un producto bárbaro*[15] [...] ».

---

11 « Ce rêve romantique, produit par le célèbre ragusain le comte Maxime Odin, a mérité par la sublimité de son style que l'écrivain Charles Nodier l'ait traduit, avec son habileté caractéristique, en français, ne voulant pas priver sa patrie d'une nouvelle œuvre en son genre et c'est ce qui nous a conduit à le traduire en espagnol [...] ».

12 E. Pardo Bazán, « *La cuestión palpitante. Historia de un motín* », *La Época*, n°10922, 04/12/1882, p. 3.

13 « Ce philologue distingué et élégant narrateur a publié une œuvre intitulée *Smarra*, et les critiques, la prenant pour une monstruosité romantique, la censurèrent sévèrement. Comme ils seraient surpris d'apprendre que *Smarra* se composait de passages traduits d'Homère, de Virgile, de Stace, de Théocrite, de Catulle, de Lucien, de Dante, de Shakespeare et de Milton ! ».

14 M. Menéndez y Pelayo, « *Estudios sobre los orígenes del romanticismo francés* : Mad. de Staël, Chateaubriand *y sus respectivos grupos* », *La España moderna*, n. XXV, 15/01/1891, p. 39-108.

15 « Ses premières histoires de vampires et de démons nocturnes, *Lord Ruthwen* et *Smarra*, provoquèrent un étonnement général et furent regardées par la critique comme un produit barbare [...] », (p. 104).

Nous pouvons conclure que *Smarra* était, au XIXe siècle tout du moins, plutôt présent dans l'esprit des sphères littéraires espagnoles ainsi que dans les librairies, ce dont témoignent plusieurs comptes rendus[16]. Malgré cet intérêt des critiques, *Smarra* est loin d'être le récit court le plus traduit de Nodier. Au contraire, comme nous l'avons déjà signalé, des textes comme *Trilby, Inès de Las Sierras* ou *La Combe de l'Homme mort* ont suscité beaucoup plus de traductions que *Smarra*. Nous allons suggérer, dans la section suivante, un lien hypothétique entre la catégorisation générique de ce texte et la situation de véritable marginalité éditoriale dans laquelle il se trouve.

L'AMALGAME GÉNÉRIQUE :
POÈME EN PROSE, CONTE, NOUVELLE ?

L'étiquetage générique des récits narratifs courts au XIXe siècle est vraiment irrégulier. D'après Godenne[17], à cette époque-là on a « l'habitude de recourir, pour désigner tout type de récit court, [...] non seulement au terme de "nouvelle" [...] mais encore à celui de "conte" ». Cela découle, bien évidemment, de la forte expérimentation littéraire ayant lieu au XIXe siècle et qui arrive jusqu'à l'ère moderne. En conséquence, la théorie des genres a été complètement bouleversée. Les auteurs vont arriver même à un point où leur production artistique sera intentionnellement envahie de marqueurs génériques de tout type : « Certains livres confus, constitués de poèmes, de proses, où des morceaux de tout genre se mêlaient à la trame d'un récit, contribuaient à conduire à une dissolution générale des catégories esthétiques[18] ».

Conte fantastique, nouvelle, fable, poème en prose ? Les frontières restent très floues eu égard à toutes ces dénominations génériques. Par

---

16 Nous avons trouvé dans plusieurs journaux des références à la vente de *Smarra* dans certaines librairies, que ce soit traduit ou en français : – *El Guardia Nacional*, n°1808, 11/12/1840, p. 4. – *Diario Constitucional de Palma*, n°18, 18/07/1840, p. 4 (mention au traducteur A.M.). – *El Popular*, n°114, 23/07/1841, p. 4. *El Gratis*, n°49, 24/09/1842, p. 2 (édition en français, apparemment).

17 R. Godenne, *La Nouvelle française*, Paris, Presses Universitaires de France, 1974, p. 53.

18 M. Raymond, *La Crise du Roman. Des lendemains du naturalisme aux années vingt*, Paris, José Corti, 1996, p. 196.

sa concision comme par son efficacité, nous suivrons les idées de Vadé[19] :
celui-ci propose que la nouvelle ou le conte comportent « un plus grand
nombre d'événements se succédant et s'enchaînant [...]. C'est précisément cet enchaînement et cette durée [...] qui se trouvent abolis ou
du moins subvertis dans le poème en prose ». La nouvelle, le conte ou
la fable resteraient donc dans le domaine du récit narratif court (qu'il
soit fictionnel, fantastique ou réaliste), tandis que le poème en prose
pencherait plutôt pour les sujets traditionnellement associés au lyrisme,
voire à la poésie versifiée, idée exposée non seulement par Vadé mais
aussi par bien d'autres critiques[20].

Pour le cas de *Smarra*, nous observons la présence d'un ensemble de
personnages et de repères spatio-temporels : « Je venois d'achever mes
études à l'école des philosophes d'Athènes, et curieux des beautés de la
Grèce, je visitois pour la première fois la poétique Thessalie[21] ». Il y a aussi,
bien que cela devienne un peu nébuleux selon la section choisie du récit,
un déroulement plus ou moins logique d'un ensemble d'événements :

> Mes paupières appesanties se rabaissaient malgré moi sur mes yeux fatigués
> de chercher la trace blanchâtre du sentier qui s'effaçoit dans le taillis ; et je ne
> résistais au sommeil qu'en suivant d'une attention pénible le bruit des pieds
> de mon cheval, qui tantôt faisaient crier l'arène, et tantôt gémir l'herbe sèche
> en retombant symétriquement sur la route. S'il s'arrêtait quelquefois, réveillé
> par son repos, je le nommais d'une voix forte, et je pressais sa marche devenue
> trop lente au gré de ma lassitude et de mon impatience[22].

Ou encore : « Après avoir parcouru ainsi, tant notre élan était rapide,
une distance pour laquelle les langages de l'homme n'ont point de termes
de comparaison, je vis jaillir de la bouche d'un soupirail [...] quelques
traits d'une blanche clarté[23]. »

---

19 Y. Vadé, *Le Poème en prose et ses territoires*, Paris, Bélin, 1996, p. 189.

20 Pour donner quelques exemples de ces affirmations, nous pouvons citer Lecoq, qui doute
    « que le conte bref, même poétique, soit toujours un poème. L'enchaînement du récit,
    en ce qu'il a de rationnel, relève de la prose [...], non de la poésie ». G. Chambelland
    et B. Dumontet, « Poème en prose : enquête », *Le Pont de l'Épée*, n°14-15, 1961, p. 7. De
    plus, Paraíso suggère que la brièveté du poème en prose mais aussi « *su escaso desarrollo
    argumental distinguen al poema en prosa del cuento poético* ». I. Paraíso, *El verso libre hispánico.
    Orígenes y corrientes*, Madrid, Gredos, 1985, p. 421.

21 Ch. Nodier, *Contes de Charles Nodier*, Paris, Bibliothèque d'éducation et de récréation,
    1879, p. 180.

22 *Ibid.*, p. 181.

23 *Ibid.*, p. 214-215.

En outre, concernant du moins les différences formelles entre la nouvelle ou le conte et le poème en prose, nous renvoyons aux travaux qui y ajoutent la brièveté du texte comme signe reconnaissable[24] de ce dernier. *Smarra*, par sa longueur (60 pages dans l'édition avec laquelle nous avons travaillé), semble être loin des frontières établies pour le poème en prose, qui reste habituellement dans les limites des trois ou quatre pages au maximum.

À la suite de ces arguments, nous pouvons conclure que *Smarra* se trouve plutôt dans la sphère du conte ou de la nouvelle, selon la terminologie incertaine de cette époque-là. Néanmoins, la présence d'études ou d'analyses de *Smarra* dans beaucoup de travaux concernant le poème en prose attire notre attention. Des cinq parties formant cette œuvre (*Prologue, Récit, Épisode, Épode, Épilogue*), tant la première section que la dernière font problème par le ton lyrique, l'abandon de la logique narrative et même la disposition des paragraphes. C'est le cas de Suzanne Bernard qui cite le commencement du *Prologue*[25] (« Ah ! qu'il est doux, ma Lisidis, quand le dernier tintement de la cloche qui expire dans les tours d'Arona vient de nommer minuit, – qu'il est doux de venir partager avec toi la couche longtemps solitaire où je te revois depuis un an ! ») dans son étude célèbre du poème en prose comme genre. Elle rapproche la première et la dernière partie de *Smarra* aux traits formels et aux ressources techniques explorés par Bertrand dans son *Gaspard de la Nuit*, les couplets et le goût pour la musicalité du texte :

> Nodier [...] vient de composer une nouvelle qui est en même temps un chef-d'œuvre du genre « noir » et une curieuse tentative de construction poétique et symphonique – je veux parler de *Smarra*. *Smarra*, où les visions tantôt suaves, tantôt terrifiantes d'un songe se fondent et s'enchaînent, disparaissent et reparaissent comme des thèmes musicaux, contient aussi un *Prologue* et un *Épilogue* dont la construction en couplets implique un certain effort vers le poème en prose[26].

---

24 La question de la brièveté du poème en prose comme trait distinctif a été bien étudié par les théoriciens du genre. Pour ne nommer que les travaux les plus célèbres, le lecteur pourra approfondir cette question dans Bernard (*Le poème en prose de Baudelaire jusqu'à nos jours, op. cit.*), Vincent-Munnia (*Les premiers poèmes en prose : généalogie d'un genre dans la première moitié du dix-neuvième siècle français*, Paris, Champion, 1996) ou Vadé (*Le poème en prose et ses territoires, op. cit.*).

25 Ch. Nodier, *Contes de Charles Nodier, op. cit.*, p. 175.

26 S. Bernard, *Le poème en prose de Baudelaire jusqu'à nos jours*, Paris, Nizet, 1959, p. 45.

Un peu plus loin dans le même ouvrage, Bernard signale une certaine intention de Nodier vers le poétique dans *Smarra*, en situant ainsi cette œuvre dans une zone intermédiaire entre le poème en prose fantastique et la narration romanesque pure : « Issu à la fois de la ballade fantastique [...] et du conte fantastique si en vogue après Hoffmann et que Nodier avait déjà amené vers la forme "poème" dans *Une Heure ou la Vision* et dans *Smarra*, le poème en prose fantastique est plus resserré[27] ».

D'autres travaux orientés vers l'étude du poème en prose évoquent la figure de Nodier, accompagnée le plus souvent d'une mention à *Smarra*. Vista Clayton[28] parle de *Smarra* et détermine que certains textes de Nodier et de Chateaubriand sont la véritable « *culmination of the* poème en prose ». Nous avons trouvé de même des mentions à Nodier et/ou à *Smarra* dans Utrera Torremocha[29], Octavio Paz[30] et Vincent-Munnia[31]. Chez ce dernier, l'auteur place côte à côte *Smarra* de Nodier et *Sylvie*, *Les Filles du feu* et *Aurélia* de Nerval ou *Chien-Caillou*, *Fantaisies d'hiver* de Champfleury pour commenter l'abondance de récits au XIXᵉ siècle où la prose poétique utilisée peut faire penser le lecteur à un poème en prose. Pourtant, la longueur reste celle d'une nouvelle ou d'un conte.

À notre avis, les caractéristiques formelles de *Smarra* apparentent celui-ci plutôt à la nouvelle ou au conte. Nous remarquons cependant l'usage sporadique de la deuxième personne : « Mais vous dormez, enfant, et vous ne m'entendez plus[32] ! », « Laisse la Thessalie, Lorenzo, réveille-toi... vois les rayons du soleil levant qui frappent la tête colossale de saint Charles. Écoute le bruit du lac qui vient mourir sur la grève au pied de notre jolie maison d'Arona[33] ». On relève également des élans spontanés de lyrisme, tant intime (« Mais une autre fois, plus attentive, je lierai une de mes mains à ta main, je glisserai l'autre dans les boucles de tes cheveux, je respirerai tout la nuit le souffle de tes lèvres[34] ») que

27   *Ibid.*, p. 555.
28   V. Clayton, *The Prose Poem in French Literature of the Eighteenth Century*, New York, Publications of the Institute of French Studies (Columbia University), p. 235.
29   M. V. Utrera Torremocha, *Teoría del poema en prosa*, Sevilla, Secretariado de publicaciones de la Universidad de Sevilla, 1999.
30   O. Paz, *Los hijos del limo*, Barcelona, Seix Barral, 1974.
31   N. Vincent-Munnia, *Les premiers poèmes en prose : généalogie d'un genre dans la première moitié du dix-neuvième siècle français*, *op. cit.*
32   Ch. Nodier, *Contes de Charles Nodier*, *op. cit.*, p. 176.
33   *Ibid.*, p. 232.
34   *Ibid.*, p. 233.

fantastique (« Les ombres vont et reviennent, elles me menacent, elles parlent avec colère, elles parlent de Lisidis, d'une jolie petite maison au bord des eaux, et d'un rêve que j'ai fait sur une terre éloignée[35]... »). Ces deux traits transportent le lecteur (toujours le lecteur de l'époque de la publication de cet ouvrage) vers la sphère du poème en prose, si ce n'est pour le texte tout entier, du moins pour les deux parties que nous venons de commenter. Nous trouvons une espèce de *piège* tendu au lecteur, puisque l'on transmet des informations contradictoires concernant l'appartenance générique de l'œuvre.

Dans la section suivante nous aborderons les conséquences qui découlent de ce malaise du lecteur : les difficultés éprouvées lors de la catégorisation du récit auront des répercussions évidentes sur la traduction et l'édition.

CONSÉQUENCES POUR L'APPROCHE DU LECTEUR

La question de l'appartenance générique d'un texte n'est pas sans incidence : le rapport établi entre l'œuvre et le lecteur sera bien différent selon le genre auquel ce dernier doit faire face. Stalloni propose que le choix générique fourni par l'auteur « [puisse], à lui seul, constituer un guide de choix, un élément de jugement esthétique, une manœuvre d'auteur pour hypothéquer le mode de lecture[36] ».

Grosso modo, nous pourrions parler de l'approche « poétique[37] » comme celle qui place le lecteur dans une posture où il « attend » les codes représentatifs du lyrisme traditionnel occidental : l'intimisme, le développement d'événements personnels racontés par la voix de l'auteur et, pour ce qui est de la forme, une certaine remise en question de la mise en œuvre du

---

35 *Ibid.*, p. 231.
36 Y. Stalloni, *Les Genres littéraires*, Paris, Dunod, 1997, p. 7.
37 La perception d'une dichotomie entre « ce qui appartient à la prose » et « ce qui appartient à la poésie » n'est pas nouvelle. Le XXᵉ siècle a beau avoir estompé les frontières entre ces deux mondes, la question était brûlante au XIXᵉ siècle. Nous nous souvenons du témoignage de Bonnet, qui étudie les antagonismes du « bonheur de la création romanesque » et « celui de la création poétique ». H. Bonnet, *Roman et poésie. Essai sur l'esthétique des genres. La littérature d'avant-garde et Marcel Proust*, Paris, Nizet, 1980, p. 10.

récit. Cela serait, pour résumer, les traits principaux de la poésie classique dont nous avons tous hérité. Concernant les aspects formels du texte, il faut parler, évidemment, du vers structuré. León Felipe suggère que le mètre comporte « *unos códigos ineludibles que la tradición literaria ha establecido y que siempre supondrán una ventaja* [...] *frente a los modelos y esquemas del poema en prosa*[38] ». À travers l'effet visuel du vers, le lecteur sera capable de reconnaître au premier coup d'œil un « récit poétique », en déclenchant ainsi l'attitude correspondante et les conséquences que nous venons d'exposer. C'est cet effet visuel qui doit être suscité dans les récits se voulant poétiques, voire lyriques, mais qui ne se réclament pas du vers classique. Les traductions de poésie en prose, les pseudo-traductions du XVIIIe siècle, la prose poétique en général et le poème en prose en particulier ont dû chercher d'autres ressources techniques pour « convaincre » le lecteur de la poéticité des récits, même s'ils s'éloignaient de la tradition poétique.

Le rapport entre *Smarra* et le poème en prose apparaît, comme nous l'avons déjà vu, à travers le traitement particulier du texte (surtout dans le *Prologue* et l'*Épilogue*). Le poème en prose en tant que genre a beau devenir célèbre vers la fin du XIXe siècle[39], à l'époque de la publication de *Smarra* cette typologie générique est encore inconnue. Le manque de repères visuels était, comme nous l'avons déjà observé, le premier obstacle pour faire naître le sentiment poétique chez le lecteur : « Les vers réguliers offraient des signes visibles de poésie : ils inspiraient confiance[40] ». Les traductions et les pseudo-traductions du XVIIIe siècle ont certes préparé le public[41] ; les premiers poèmes en prose, ceux d'Aloysius Bertrand, son *Gaspard de la Nuit*, vont recourir cependant à un découpage du texte en couplets pour rendre visible la différenciation entre ce type d'écriture et celle d'un roman quelconque.

---

38 B. León Felipe, *El poema en prosa en España (1940-1990). Estudio y antología*, Tenerife, Université La Laguna, 1999, p. 13.

39 Théodore de Banville affirme en 1872 que le poème en prose n'existe pas puisqu'« il est impossible d'imaginer une prose, si parfaite qu'elle soit, à laquelle on ne puisse [...] rien ajouter ou rien retrancher » (Th. de Banville, *Petit traité de la poésie française*, Paris, Gallimard, 1872, p. 6). – Néanmoins, il publiera en 1883 *La Lanterne Magique*, un recueil de poèmes en prose : voyons-nous ici un véritable changement d'idéologie ou le désir plutôt de se joindre à la poussée éditoriale du genre ?

40 M. Sandras, *Lire le poème en prose*, Paris, Dunod, 1995, p. 92.

41 « Des traductions en prose d'œuvres poétiques étrangères vont contribuer pour leur part à dissocier dans l'esprit des lettres poésie et forme versifiée ». Y. Vadé, *Le Poème en prose et ses territoires, op. cit.*, p. 21.

Comme nous pouvons l'imaginer, le poème en prose en tant que genre eut une très faible réception même en France jusqu'aux années 1880 : c'est alors que l'on publie les *Illuminations* de Rimbaud (1886) et presque tous les écrivains associés au symbolisme pratiquent le poème en prose (Verlaine, Cros, Trézénik, Banville, etc.). Toutefois, les œuvres de Rabbe, Lefèvre-Deumier, Forneret, Guérin, Bertrand (même les *Petits poèmes en prose* de Baudelaire) furent plutôt ignorées au moment de leur publication : elles n'auront une vraie audience littéraire qu'après l'éclatante réussite de ce genre, vers la fin du siècle. Le public de la première moitié du XIXe siècle était encore « inexpérimenté » en ce qui concerne l'apparition de ressources techniques ou sémantiques habituellement associées au lyrisme dans un cadre prosaïque. Vincent-Munnia témoigne de cette situation et parle ouvertement d'un état de marginalité artistique pour la plupart de ces auteurs, qui sont « fort éloignés des idéaux artistiques et poétiques du romantisme[42] ». Ces textes, au sein de l'éventail générique, développent « un type de poésie qui inscrit la marginalité poétique – des sujets, des registres et des formes d'expression traditionnellement exclus comme apoétiques – dans son espace textuel[43] ».

Charles Nodier participe de cette exclusion artistique. Outre les questions générales associées aux aspects biographiques de Nodier[44], il nous semble évident que *Smarra* a dû subir le même phénomène d'incompréhension générale. Le récit global peut être plus ou moins accepté par le lecteur, puisqu'il se situe dans la lignée des contes fantastiques ou de rêve. Pourtant, le *Prologue* et l'*Épilogue* soulèvent bien plus de problèmes ; confrontés au reste du texte, ils sont perçus par le lecteur comme des sections presque indépendantes. S'ils avaient été publiés de manière isolée, ils auraient pu passer sans doute pour des poèmes en prose, pour les raisons que nous avons déjà évoquées. Les effets de plurivocalisme[45] ainsi que le ton intime, certes lyrique, de bien de sections

---

42 N. Vincent-Munnia, *Les premiers poèmes en prose : généalogie d'un genre dans la première moitié du dix-neuvième siècle français, op. cit.*, p. 306.

43 *Ibid.*, p. 311.

44 Charles Nodier semble avoir toujours été à l'arrière-plan des autres écrivains qui l'entouraient. Pour un approfondissement de cette question, voir G. Zaragoza, *Charles Nodier, biographie*, Paris, Classiques Garnier, 2021.

45 « Le poème en prose semble avoir aménagé un lieu de parole qui, à la différence du poème lyrique, admet des formes de distance et d'hétérogénéité dans le langage ». M. Sandras, *Lire le poème en prose, op. cit.*, p. 149.

dans deux des chapitres[46] les éloignent de la construction « canonique » d'un récit narratif. Comme nous l'avons déjà dit, en 1821 le public était encore inexpérimenté ; les véritables innovations textuelles deviendront réelles vers la deuxième moitié du XIXe siècle. La réception de ce texte a dû être donc bien plus difficile que celle des autres récits de Nodier.

En Espagne, les récits narratifs s'approchant du poème en prose vont apparaître assez tard. Brines suggère que les premières proses intention-nellement poétiques en Espagne sont celles des *Leyendas* de Bécquer[47], dont la publication ne commence qu'en 1858. En ce qui concerne les traductions d'œuvres françaises, nous pouvons prendre comme exemple le recueil le plus célèbre du genre : les *Petits poèmes en prose* de Baudelaire, dont la réception est étudiée par Belotto. Celui-ci confirme que malgré l'apparition de commentaires sur presse à propos de l'auteur et l'arrivée de ces textes en français d'abord, la date de la première traduction comme recueil reste très tardive : 1905[48]. Ce décalage montre, selon nous, la difficulté de réception d'une œuvre à partir de ces caractéristiques. Le public éprouve de vraies difficultés lors de l'assimilation d'une telle configuration artistique, où les repères visuels diffèrent considérablement de l'usage classique ou traditionnel des entités « prose » et « poésie ».

Le rôle du lecteur ne doit pas être négligé ; c'est lui qui détermine, *in fine*, le succès d'une œuvre[49]. Les maisons d'édition seront plus enclines à la (re)publication et à la (re)traduction d'un texte lorsque le grand public montre son intérêt par le biais de l'achat. Le lecteur spécialisé, largement minoritaire, ne peut être ici pris en considération. Si un lecteur quelconque, sans formation spécifique, n'est pas capable d'intérioriser une œuvre donnée, il semble évident que le nombre global des ventes diminuera.

Voilà donc la cause, selon nous, de l'ostracisme évident subi par *Smarra* dans le milieu éditorial espagnol. La différence face à la quantité de traductions/éditions d'autres récits narratifs de l'auteur est trop sensible.

---

46   « Dormez donc ainsi près de moi, le front appuyé sur mon épaule, et réchauffant mon cœur de la tiédeur parfumée de votre haleine. Le sommeil me gagne aussi, mais il des-cend cette fois sur mes paupières, presque aussi gracieux qu'un de vos baisers. Dormez, Lisidis, dormez... ». Ch. Nodier, *Contes de Charles Nodier, op. cit.*, p. 177.

47   L. Cernuda, *Ocnos*, éd. Francisco Brines, Madrid, Huerga y Fierro, 2002, p. 9.

48   J. Belotto Martínez, *La traducción y recepción del poema en prosa en España : Le Spleen de Paris de Charles Baudelaire*, Universidad de Alicante, thèse de doctorat, 2012, p. 168-169.

49   Jauss en arrive à suggérer qu'un texte peut être défini par « l'intensité de son effet sur un public donné ». H.-R. Jauss, *Pour une esthétique de la réception*, Paris, Gallimard, 1994, p. 53.

En prenant globalement les nombres du répertoire de Palacios et Giné : quinze rééditions d'*Inès de Las Sierras*, onze de *La Combe de l'Homme mort*, dix de *Trilby* mais cinq pour *Smarra*, nous considérons que le dépaysement du lecteur quant à l'appartenance générique de l'œuvre n'a pas favorisé la diffusion de celle-ci. Au contraire, l'inclusion du *Prologue* et de l'*Épilogue* dans l'ensemble du récit n'a provoqué que confusion du côté du public et, par conséquent, l'oubli, voire le mépris, de ce conte, ce qui se traduit par un faible intérêt éditorial. Si le public français a été plus tôt préparé aux expérimentations littéraires concernant le mélange de prose et de poésie, le public espagnol a dû attendre, quant à lui, bien plus d'années pour être prêt à recevoir une telle œuvre. De fait, nous voyons deux périodes quant à la publication de *Smarra* : une première époque d'introduction du texte dans le monde hispanophone (les traductions de 1840, 1863 et celle de la presse en 1853) et une deuxième à la fin déjà du XXe siècle et début du XXIe (éditions de 1989 et 2003). Même si nous sommes conscients des conséquences du franquisme dans la littérature en Espagne, nous croyons que l'existence de ces deux périodes répond à des causes bien différentes. Les éditions du XIXe siècle témoignent du goût pour la culture française de la société intellectuelle espagnole de cette époque-là. Toutefois, le vide jusqu'à 1989 semble anormalement long : on a dû attendre jusqu'à la renaissance de la figure de Charles Nodier, ainsi qu'à la reconnaissance des avant-gardes littéraires, pour montrer de nouveau de l'intérêt pour *Smarra*.

CONCLUSION

Tout au long de ces pages nous avons tenté d'élucider les causes de la faible réception de *Smarra* en Espagne. Afin de mieux comprendre la rareté de publication de ce conte dans les maisons d'éditions espagnoles, nous avons essayé de montrer le lien entre l'appartenance générique d'une œuvre et la réception et diffusion de celle-ci.

Smarra participe ainsi des traits formels associés au conte ou à la nouvelle. On y trouve un ensemble de personnages, de repères spatio-temporels et le développement d'une intrigue plus ou moins logique :

tout cela l'éloigne du poème en prose. Pourtant, *Smarra* a été étudié ou mentionné dans beaucoup de travaux consacrés aux poèmes en prose. La prose de *Smarra* est certes poétique en général, mais ce qui intrigue les critiques est la construction du *Prologue* et de l'*Épilogue* de ce conte. Ces parties montrent des caractéristiques formelles, comme nous l'avons noté, se réclamant d'une construction plus poétique que prosaïque. Nous avons indiqué même que, si ces parties avaient été publiées séparément, elles auraient pu constituer de véritables poèmes en prose.

La réception du poème en prose comme genre fut médiocre, même dans son pays de naissance, jusqu'à la fin du XIXe siècle. Les premiers écrivains remaniant leurs textes avec l'ambition avérée de remise en question des caractéristiques habituelles du récit prosaïque (Guérin, Forneret, Bertrand, Rabbe, etc.) furent condamnés à l'ostracisme artistique jusqu'aux années 1880 et l'aube du XXe siècle. Au début du XIXe siècle le public n'était pas encore préparé à ces expérimentations formelles. En conséquence, les écrivains voulant une rénovation de la prose éprouvèrent l'incompréhension totale du lecteur et, dans la plupart des cas, l'oubli éditorial. Le public espagnol, comme nous l'avons montré, affiche une attitude similaire avec des conséquences identiques : la prose poétique pouvait être admise mais les premiers poèmes en prose (ou les récits d'appartenance générique diffuse, en raison de leurs traits formels) furent absolument méconnus.

Smarra, publié pour la première fois en 1821, est arrivé trop tôt pour le lecteur commun : les élans lyriques ou l'illogisme de la narration à la première ou troisième personne, comme l'inclusion d'une deuxième ne furent pas bien compris par le public de cette époque-là. La conséquence directe en est manifeste : le lecteur n'est pas « capable » de comprendre ou d'assimiler l'œuvre, on n'aura donc pas une très grande quantité de ventes. Ce phénomène est exporté en Espagne. On observe la vente de l'édition originale en français au XIXe siècle et de quelques traductions, bien sûr. Néanmoins, ce n'est qu'un phénomène de nouveauté, répondant au goût pour la culture française de la sphère artistique espagnole du XIXe siècle. Hormis cela, la réception de l'œuvre est presque nulle : aucune retraduction, aucune republication de *Smarra* jusqu'à la fin du XXe siècle. C'est à l'ère moderne, après avoir connu le coup d'éclat des avant-gardes, que *Smarra* peut être finalement compris et accepté par le lecteur non-spécialisé.

La traduction et la réception d'une œuvre sont, d'après Belotto[50], des phénomènes spatio-temporels. Le contexte du lecteur varie, ses repères culturels, voire son bagage artistique changent constamment. C'est de là que la nécessité des retraductions et des rééditions est née, puisqu'il sera nécessaire d'*adapter* l'œuvre fréquemment[51]. Nous ne pouvons que souligner l'importance d'un travail de retraduction d'une œuvre comme *Smarra*, stylistiquement précoce et d'une modernité saillante.

Pedro BAÑOS GALLEGO
Université de Murcia

---

50 J. Belotto Martínez, *La traducción y recepción del poema en prosa en España* : Le Spleen de Paris *de Charles Baudelaire, op. cit.*, p. 90.
51 Belotto, citant Chaume et García de Toro, souligne le besoin d'une retraduction toutes les deux ou trois générations. *Id.*

REBÂTIR DES CHÂTEAUX
DE BOHÊME EN ESPAGNE

ou comment j'ai traduit l'un des livres de Nodier

Tout traducteur éprouve à un moment donné la tentation de justifier les infidélités qu'il n'a pu éviter de commettre en voulant traduire une œuvre qui est inséparable de sa langue originale. Tel ne sera pas ici mon propos. Du moins, ce ne sera pas mon dessein primordial. Je préfère raconter une histoire, celle de la traduction espagnole de l'*Histoire du roi de Bohême et de ses sept châteaux* dont je suis le principal, mais non le seul, responsable. C'est que j'y entrevois l'occasion de mettre en lumière les trésors que renferme l'ouvrage de Charles Nodier, mais aussi de retracer sa singulière destinée. En ce sens, raconter les péripéties de *Historia del rey de Bohemia y de sus siete castillos*[1] pourrait bien être une modalité de critique littéraire, une façon de manifester du dedans la qualité et la portée d'une œuvre qui mériterait une bien plus grande reconnaissance que celle obtenue jusqu'à présent dans la république, française ou mondiale, des lettres.

L'origine de cette traduction remonte bien loin. Cela commence vers le début du mois de juillet 1990, lors d'un séjour à Paris où je m'étais rendu pour travailler à ma thèse de doctorat sur Gustave Flaubert. J'aimais, en sortant le soir de la Bibliothèque Nationale, la tête bourdonnant encore des phrases que j'avais passé la journée à lire dans cet attachant temple du savoir, retourner vers mon quartier en flânant sous le soleil d'été. Un jour, m'étant arrêté devant la *Librairie de Cluny* pour fouiller un moment dans les bacs de livres d'occasion à l'extérieur, je suis tombé sur un volume dont le titre ne me disait absolument rien : *Histoire du roi de Bohême et de ses sept châteaux*.

---

1   Ch. Nodier, *Historia del rey de Bohemia y de sus siete castillos*, éd. de F. González Fernández, Oviedo, KRK Ediciones, 2016.

À l'évidence, ce n'était pas la couverture qui avait retenu mon attention, car elle était austère, sévère même, avec pour toute image une reproduction assez floue des veines du bois, en manière de fond, d'où ressortaient, en grandes majuscules blanches tout aussi sobres, le nom de l'auteur, le titre de l'ouvrage et la maison d'édition dans des cadres noirs à bordure blanche. Aujourd'hui encore, cela me produit l'effet d'un avis de décès abandonné sur un cercueil. Rien de bien attirant, donc, en principe. Je ne savais pas encore que les Éditions Plasma avait été fondées par Pierre Drachline, un écrivain corrosif, auteur de bien des ouvrages drôles ou cocasses et de plusieurs anthologies comme le *Dictionnaire humoristique des Surréalistes et Dadaistes*, sinon j'aurais pu m'attendre à trouver dans le livre quelque chose de bien plus amusant que ce que promettait le dehors. C'est sans doute le nom de Nodier – dont j'avais lu avec plaisir quelques années avant *La Fée aux Miettes* et *Smarra* – qui m'a amené à tirer le volume de la caisse des livres où il sommeillait. Mais je dois à la quatrième de couverture de l'avoir ouvert et feuilleter sur place. Pourtant, son apparence n'était guère plus séduisante que celle de la première, car aussi sombre que la tombe où repose un ami.

Depuis, j'ai compris que l'ensemble de la couverture annonçait, si j'ose dire, la couleur, son caractère funéraire faisant écho à la fameuse double page noire de *La Vie et les opinions de Tristram Shandy*, celle que Sterne avait placée à l'endroit de la mort du pauvre Yorick, en manière de dalle sépulcrale. Allusion cryptique, mais sagace à ce célèbre roman rhapsodique où l'un des personnages, Trim, essayait en vain de raconter à son maître, l'oncle Tobie, l'histoire du roi de Bohême et de ses sept châteaux, dont Charles Nodier avait voulu faire comme s'il en poursuivait la narration, justement dans le livre que je tenais entre mes mains. La couverture de l'édition Plasma préfigurait ainsi à sa manière le pastiche que l'on pouvait lire dans le texte de l'intérieur. Mais cela, j'étais encore bien loin de le deviner alors.

Ce qui me poussa à ouvrir le livre de Nodier, ce ne fut donc pas l'aspect ténébreux de la quatrième de couverture, mais plutôt la lecture du texte de présentation qui y figurait. Petit paragraphe étriqué, si concis qu'on aurait dit qu'il avait été écrit à la dernière minute, derniers mots en majuscules, inscrits blanc sur noir, comme à la mémoire d'un livre dont l'auteur même, comme je l'apprendrais quelques temps plus tard, avait fait le deuil avant sa parution :

CONSIDÉRÉ PAR BALZAC, COMME UN DES PLUS GRANDS ROMANS DE LA PÉRIODE ROMANTIQUE, L'*HISTOIRE DU ROI DE BOHÊME ET DE SES SEPT CHÂTEAUX*, PASTICHE FÉROCE DE ROMAN (SANS HÉROS, SANS PERSONNAGES) EST ENCORE DE NOS JOURS UN DES ÉCRITS LES PLUS MODERNES DE LA LITTÉRATURE FRANÇAISE.

On ne saurait porter un jugement plus juste sur le livre de Nodier en moins de mots. C'est aussi ce que l'on attendrait d'une épitaphe. On sent bien ici la marque d'Hubert Juin, responsable de la magnifique introduction du volume et sans doute aussi de la conception de sa couverture. Mais sur le moment, je n'avais pour moi que la perplexité ; j'étais bien surpris de n'avoir jamais entendu parler d'un livre dont Balzac avait fait l'éloge et qui, disait-on ici, était l'un des plus modernes de cette littérature française que j'enseignais depuis peu. Pendant les années à venir j'allais avoir souvent l'occasion de découvrir que je n'étais pas le seul à ignorer son existence.

J'ai donc ouvert le volume, à la première page du roman. Le sujet de ma thèse portait en grande partie sur le fameux incipit de *Madame Bovary*, ce qui n'avait fait qu'accentuer mon penchant à examiner les premières lignes des livres. Le début de Nodier était pour le moins curieux : d'abord, comme dans un manuscrit du Moyen Âge ou dans un conte pour enfants, il était encadré par une illustration en forme d'équerre de charpentier qui montrait plusieurs personnages : un ange brandissant une épée, un individu qui rudoyait un âne et un moine désarçonné, accroché à une branche, à moins qu'il ne le fût à la lettrine « O » qui semblait avoir fleuri en son sein. Car au commencement était un « Oui ! ». Ça commençait raide, sur le vif, sur le mode interjectif, comme un soubresaut. Ça débutait comme ça : « Oui ! quand je n'aurais pour monture que l'âne sophiste et pédant qui argumenta contre Balaam !... ». À peine le parcours entamé, le lecteur restait suspendu tel qu'Absalon. Et il en allait de même pour les phrases suivantes qui, sur plusieurs pages, exploitaient de même cette réticence initiale. À chaque occasion, quand tout se mettait en branle et qu'on était sur le point de s'emballer, on s'arrêtait net, sans parvenir à comprendre de quoi il était question. *Cogitus interruptus*. Et cela était d'autant plus contrariant que le style se révélait de plus en plus pédant et alambiqué.

Un début curieux, certes, mais guère engageant de prime abord, qui poussait même le lecteur à décrocher, et je doute fort, en effet, qu'à lui

seul il m'eût entraîné à acquérir le volume. Heureusement, je me suis
mis alors à le feuilleter à tout hasard. Et tout d'un coup je suis tombé
sur une autre illustration qui a suscité davantage mon intérêt. Non pas
l'image en soi, qui était plutôt insipide – la tête d'un homme grotesque
sortant d'un vasistas – mais le texte qui la précédait et que voici[2] :

> Et s'il me plaît de m'ennuyer ce soir, pensai-je en traversant le carré, n'est-ce
> pas jour de Bouffes et séance à l'Athénée ? D'ailleurs, repris-je
> en
>   descendant
>   les
>   sept
>   rampes
>   de
>   l'escalier.

J'étais maintentant à même de comprendre à quel genre de modernité faisait allusion le texte de présentation. Ça tombait sous le sens. Je
me retrouvais dans le voisinage de Guillaume Apollinaire, confronté à
un calligramme comme les siens, mais composé avec presque un siècle
d'avance. Et ce n'était pas tout. En parcourant au hasard le roman, je
remarquais ici et là de nouvelles illustrations dans des endroits inso-
lites, comme interrompant l'homogénéité du texte, mais aussi des jeux
typographiques et de mise en page de grande originalité, ainsi que des
listes de mots savants ou des phrases en litanie à n'en plus finir. Et plus
je le feuilletais, plus le bouquin me semblait être un bric-à-brac, un de
ces livres excentriques comme je les aime toujours. 35 francs (le prix
figure encore sur la première page de mon exemplaire, écrit au crayon),
ce n'était pas exactement une aubaine, mais il n'était pas question de
rater l'occasion, de me repentir le soir même pour découvrir le lendemain qu'on l'avait déjà vendu. Je l'achetais donc sur le champ, avec un
empressement manifeste, et m'en revenant vers mon appartement rue
Monge, j'étais bien content d'avoir fait une telle trouvaille.

J'ai passé la nuit à le lire, d'un seul trait, ce qui n'était pas du tout
aisé, car il manquait tout à fait d'intrigue et s'avérait fragmentaire,
volontairement décousu, aussi inextricable qu'un labyrinthe, souvent
agaçant. C'était une de ces rhapsodies où il n'y avait pas moyen de
suivre le moindre argument, un roman qui niait de la façon la plus

---

2   Ch. Nodier, *Histoire du roi de Bohême et de ses sept châteaux*, Paris, Plasma, 1979, p. 107.

radicale sa nature romanesque, au point de mettre son lecteur éventuel en déroute. L'incipit ne mentait pas : digression et transgression, à la manière de Sterne, mais tout en renonçant à la progression de l'histoire en zigzag dont le maître irlandais avait le secret. Chez Nodier, quand on croyait être sur la bonne voie, quand un récit commençait à s'étoffer, il s'interrompait soudain et l'on repartait vers une tout autre direction, à moins d'être contraint de revenir au point de départ. Jouant dès le début sur la suspension de la temporalité qui est le propre de l'activité ludique, l'*Histoire du roi de Bohême et de ses sept châteaux* s'apparente en effet à un jeu de société dont les chapitres seraient autant de cases, une sorte de jeu des petits chevaux ou de jeu de l'oie. J'en ressortais tard dans la nuit ébahi, ballotté, déboussolé, étourdi, émerveillé, surtout. Cela faisait penser à l'Oulipo, mais tellement plus extrême, surtout pour son époque. Publié en 1830, ce sacré bouquin révolutionnaire questionnait à lui seul l'image que je m'étais faite jusqu'alors du roman au XIXᵉ siècle.

Pour une trouvaille, c'en était une. Comme j'ai pu m'en rendre compte pendant les mois suivants, plutôt pendant les années suivantes, personne ne semblait connaître le livre de Charles Nodier, excepté bien sûr quelques spécialistes. Il ne figurait pas dans les manuels de littérature et on le nommait à peine dans quelque histoire littéraire. C'était comme si ce livre inouï n'existait pas. Fabuleux, au double sens du terme. De retour chez moi, à la fin de l'été, je l'ai rangé soigneusement sur une étagère, par affinité à côté des volumes de Balzac et de Nerval, mais, emporté par l'inertie académique, je n'ai guère eu le temps alors ni après de me consacrer à son étude, comme je l'avais d'abord souhaité. C'est une conversation avec Concepción Palacios Bernal qui m'a redonné plus d'une décennie après l'envie de m'y mettre vraiment. Nous nous étions rencontrés lors du colloque de l'AFUE (*Asociación de Francesistas de la Universidad Española*), qui, en cette année 2002, avait lieu à Logroño, et je me souviens que pendant une pause entre deux séances, nous en sommes venus à causer de Charles Nodier et de son œuvre. J'avais l'occasion pour la première fois d'échanger quelques propos sur l'*Histoire du roi de Bohême et de ses sept châteaux* avec quelqu'un qui s'y connaissait vraiment, et j'ai bien vite compris que Concha partageait mon admiration pour ce roman excentrique. Nous avons regretté, avec une pointe de consternation, l'oubli dans lequel le livre de Nodier était tombé depuis longtemps en France, et finalement, avant de regagner nos places dans l'amphithéatre, nous avons conclu en riant qu'il mériterait bien d'être traduit à l'espagnol. C'est alors que l'idée a commencé à me travailler.

Traduire l'*Histoire du roi de Bohême et de ses sept châteaux*... Voilà ce que j'avais envie depuis si longtemps de faire sans me l'avouer, mais à présent que je l'avais compris je ne pouvais pas me cacher qu'il s'agissait là d'une véritable gageure. Car, outre les problèmes inhérents à toute traduction, en l'occurence des difficultés lexicales épouvantables, force était de se demander s'il existait quelque chance de trouver une maison d'édition d'humeur à se lancer dans une telle entreprise. J'avais bien l'impression de vouloir construire des châteaux en Espagne. Une telle aventure m'apparaissait même par bien des côtés franchement donqui-chottesque et je n'ignorais pas les risques financiers que pouvait encourir l'improbable éditeur qui serait assez fou pour s'y engager à mes côtés. C'est que l'*Histoire du roi de Bohême et de ses sept châteaux*, comme *Le Songe de Poliphile* que le bibliomane qu'était Nodier affectionnait tant, appar-tient à cette singulière catégorie que Roberto Calasso appelle un livre unique, un de ces livres qui ont été l'objet d'une entreprise éditoriale dont l'issue était incertaine, un de ces livres « qui ont vraiment risqué de ne jamais devenir des livres[3] ». Le roman de Nodier est un modèle si accompli de cette singulière catégorie qu'il a quasiment disparu de la circulation.

Collectionneur et bibliothécaire en chef de la bibliothèque de l'Arsenal, Charles Nodier était très lié à l'éditeur Nicolas Delangle chez qui il avait déjà créé une collection des « Petits classiques français » et publié plusieurs de ses ouvrages. En 1829, tous deux décident de se lancer dans une aventure éditoriale, aussi audacieuse qu'épatante, où il s'agissait d'extraire du livre son essence en profitant des innovations techniques de l'époque. Entreprise collective dès l'origine, donc, que celle de l'*Histoire du roi de Bohême et de ses sept châteaux*, dont Delangle était l'éditeur, Nodier l'écrivain, son ami Tony Johannot le dessinateur et Porret le graveur. Ils sauront tout particulièrement y exploiter la nouvelle invention anglaise de la gravure burinée sur un bois de bout à grain très serré, qui permettait d'insérer les vignettes dans le texte avec une excellente qualité. Celles-ci n'avaient plus désormais nécessairement la fonction de l'illustrer, de le

---

3   « I libri unici erano perciò anche libri che molto avevano rischiato di non diventare mai libri ». Roberto Calasso, *L'impronta dell'editore*, Milan, Adelphi, 2013, p. 16.

rendre plus compréhensible ou attrayant, car en s'intégrant en son sein elles pouvaient entrer en dialogue avec lui. Par sa mise en page, le livre de Nodier se révèle alors comme un plateau où les mots et les images jouent entre eux avec une liberté jamais vue jusqu'alors, en échangeant même leur rôle (telle vignette est un rébus qu'il faut déchiffrer, telle page constitue un calligramme), selon une composition qui répondait à l'écriture désinvolte et au récit fantaisiste de Nodier.

Livre hybride et unique en son genre, véritable chef-d'œuvre typographique, l'*Histoire du roi de Bohême et de ses sept châteaux* est, comme l'avait bien compris Charles Grivel, « l'ouvrage peut-être le plus novateur du premier dix-neuvième siècle[4] ». Mais un tel degré d'innovation a souvent un prix. Les énormes dépenses que la composition d'un livre semblable exigeait ne pouvaient être compensées que par un succès de vente considérable. Hélas, malgré le renom de Nodier, malgré même l'enthousiasme avec lequel Balzac, Hugo et Delacroix accueillirent le roman, il n'attira guère l'attention du grand public, non pas à cause de l'excentricité du récit, mais plutôt, comme l'a remarqué Jacques Dürrenmatt, par ses innovations visuelles qui semblaient alors extravagantes[5]. Le lecteur était en 1830 bien en retard sur son temps, il semble l'être resté pour toujours. À l'heure actuelle, en dépit de ses valeurs artistiques, littéraires et historiques, on chercherait en vain en France l'ouvrage de Nodier chez un libraire. Depuis 1830, on ne compte que cinq éditions en français, la dernière datant de 2007. On ne le trouve même pas dans les collections classiques de Folio ou Garnier, dont bien des livres ont moins de mérite.

Avec de tels antécédents, les possibilités de tomber en Espagne sur un éditeur disposé à publier le roman de Nodier étaient assez maigres. S'il avait intéressé si peu le public français, pourquoi devrait-il en être autrement ailleurs ? Heureusement, le hasard m'est venu alors en aide. Miguel Ángel López Vázquez, ami et collègue, qui avait déjà traduit avec Ángeles González Fuentes plusieurs ouvrages d'Armand Gatti aux Éditions KRK, me signale un jour, en 2013, qu'il avait parlé de moi à son éditeur et que celui-ci aimerait bien faire ma connaissance. J'avais déjà eu l'occasion de parcourir le catalogue de KRK qui, malgré le caractère

---

4   Ch. Grivel, « Nodier : le Tour de Babel », *Romantisme*, n°136, 2007, p. 15.
5   J. Dürrenmatt, « Quand typographie rime avec cacographie (1800-1850) », *Romantisme*, n°146, 2009, p. 52-53.

modeste de la maison, était d'une grande richesse[6], et j'affectionnais tout particulièrement ces livres en format de poche, reliés avec la plus grande élégance et que l'on a tellement de plaisir à tenir en main et encore plus à lire. Je me suis donc rendu quelques jours plus tard au siège de KRK où l'éditeur en chef Benito García Noriega m'a aimablement reçu.

Après les présentations de rigueur, nous nous sommes mis aussitôt à causer littérature, à discuter des auteurs français qu'ils avaient déjà publiés et ceux qu'ils souhaitaient incorporer à leur catalogue. Benito García Noriega avait voulu justement me rencontrer pour m'offrir de traduire le *Journal* de Stendhal, à moins que ce ne fût *Choses vues* de Victor Hugo. Je ne sais plus au juste. Je me souviens seulement qu'il s'agissait d'un projet d'envergure, très attirant, qui portait sur l'un de ces deux illustres écrivains, mais qui réclamait du traducteur un travail de longue haleine que mes recherches universitaires m'empêchaient alors d'entreprendre. Il voyait bien ce que je voulais dire et n'insista pas davantage. Par contre, il était curieux de savoir si j'avais en tête quelque auteur français dont l'œuvre mériterait d'être traduite à l'espagnol. Oui, il y avait bien un livre, un roman que je rêvais de traduire depuis des années, que presque personne ne connaissait, mais qui avait joué un rôle d'importance dans l'histoire du romantisme et plus encore de l'édition. Non, il n'avait en effet jamais entendu parler du livre de Nodier. C'était, lui répondis-je, un roman excentrique, un anti-roman, écrit dans le sillage de *La Vie et les opinions de Tristram Shandy*, c'en était même une sorte de prolongement. Tout en parlant, j'avais remarqué que mon interlocuteur me regardait avec une drôle d'expression depuis que j'avais nommé le roman de Sterne, comme s'il venait d'apprendre quelque chose de réjouissant, un de ces sourires de complicité que j'ai eu par la suite l'occasion de surprendre bien des fois sur son visage. À l'évidence, j'étais en bonne compagnie, je pouvais poursuivre sans souci mon exposition du rôle que j'accordais à l'*Histoire du roi de Bohême et de ses sept châteaux*. Il était faux de croire, comme l'avait souvent assuré Milan Kundera, que la tradition romanesque que Sterne avait amorcée s'était interrompue après *Jacques le Fataliste et son maître*. Bien des écrivains, comme Xavier De Maistre ou Machado de Assis, avaient prolongé, certes avec moins de succès mais dans le même esprit, la voie ouverte par le romancier irlandais. À mon avis, l'*Histoire du roi de Bohême et de ses sept*

---

6   http://www.krkediciones.com/ (consulté le 22.07.2020).

châteaux était justement le chaînon manquant de cette tradition devenue presque invisible. La connaissance de ce livre était à mon sens indispensable pour la compréhension de l'évolution romanesque, et pourtant, même en France, on ignorait dans les faits son existence. Est-ce que je pouvais lui montrer le roman ? Il était curieux d'y jeter un coup d'œil.

Une semaine plus tard, j'étais à nouveau dans le bureau du directeur de KRK, mon exemplaire fané de Plasma à la main. Benito García Noriega avait aussi un livre pour moi en retour, et on ne pouvait plus propice : le *Voyage sentimental* de Sterne que KRK avait réédité en 2006, comme je l'appris à ce moment-là. Nodier frappait à la bonne porte. Pendant que l'éditeur feuilletait l'*Histoire du roi de Bohême et de ses sept châteaux*, s'arrêtant ici et là, contemplant telle illustration singulière, je lui faisais savoir que ce roman avait été conçu comme un livre-exemplaire, comme un volume profitant des nouvelles techniques de l'époque, mais en vue de reproduire paradoxalement l'unicité d'un manuscrit du Moyen Âge. Comme il pouvait le vérifier dès les premières pages, les vignettes étaient littéralement insérées dans le texte, se répondant même d'une page à l'autre ; et les caligrammes et les allusions autoréférentielles contribuaient, parmi bien d'autres procédés, à rehausser la matérialité du livre et mettaient en relief sa condition même d'objet. Du reste, je voulais à ce propos être franc dès le départ ; je ne lui cachais pas que traduire un ouvrage de ce genre, dont seul un fac-similé était recevable, ainsi que le prouvaient ses rares éditions françaises, s'annonçait comme une entreprise bien complexe et délicate, réclamant un travail d'édition collectif particulièrement soigné. « C'est justement ce qui rend l'aventure séduisante », me répondit-il illico en souriant, avant d'ajouter : « C'est un roman qui mérite d'être publié et on va le publier[7] ». Nous étions en partance. Nous étions déjà partis.

Pour l'instant, je devais néanmoins prendre les devants, quitte à être rattrapé plus tard. Je suis rentré chez moi, ravi et frappé du tournant qu'avaient pris soudain les choses. Certes, je me réjouissais de voir s'accomplir ce que j'avais si longtemps souhaité, mais désormais j'étais aussi en proie au souci de me confronter à un projet dont l'accomplissement était semé d'obstacles. Le premier de tous était la

---

7   Par la suite l'ouvrage a bénéficié du soutien du Ministerio de Educación, Cultura y Deportes espagnol.

bigarrure de son style. Pour l'essentiel, l'*Histoire du roi de Bohême et de ses sept châteaux* raconte un voyage imaginaire dans lequel s'embarquent ensemble trois personnages bien distincts, ce qui est non seulement une figuration de l'aventure éditoriale collective dont le livre est l'enjeu, mais aussi l'expression même de la conception hétérogène que Nodier avait de l'âme humaine. Comme il l'expliquait à Jean de Bry, peu avant la parution de son roman dont il craignait déjà la réception, la meilleure idée de « cet énorme fatras polyglotte et polytechnique » était justement d'avoir attribué le rôle principal à trois personnages différents représentant les fonctions de l'intelligence, soit l'imagination, la mémoire et le jugement : « Dans ma spécialité cette trinité mal assortie se compose d'un fou bizarre et capricieux, d'un pédant frotté d'érudition et de nomenclatures, et d'un honnête garçon faible et sensible dont toutes les impressions sont modifiées par l'un et par l'autre[8] ». On l'aura compris : Breloque, don Pic de Fanferluchio et Théodore, c'est lui. Sans doute. Mais un tel clivage risquait de rompre l'unité et de faire du livre une de ces choses d'ordre composite comme la coiffure d'un imbécile dont la compréhension n'allait pas être aisée pour le lecteur et d'autant moins la traduction pour le traducteur.

En effet, je savais bien qu'il ne s'agissait pas d'un de ces livres aisés à traduire dès qu'on s'habitue à leur style particulier, puisqu'ici tout changeait sans cesse. Ce n'était pas seulement le partage du discours entre trois voix dissemblables qui faisait problème, mais la totalité de l'ouvrage dont chaque chapitre avait été rédigé sur un ton, sur un motif et dans un esprit tout à fait différents, de sorte qu'il semblait même préfigurer les fameux *Exercices de style* de Raymond Queneau, fin connaisseur lui-même de l'*Histoire du roi de Bohême et de ses sept châteaux*[9]. Ainsi l'attestent les titres de ses chapitres – invariablement restreints à un substantif unique terminé en -tion, dont la table de matière représente, au dire de l'approbateur fictionnel de la fin, une invention fort utile pour s'exercer au jeu du corbillon – qui semblent constituer un

---

8   Lettre de Charles Nodier à Jean de Bry, 19 décembre 1829 : *Lettres inédites de Charles Nodier à Jean de Bry*, in *Notes d'un curieux* de Bᵒⁿ de Boyer de Sainte-Suzanne, Monaco, Imprimerie du Journal de Monaco, 1878, p. 399-400.

9   « Et d'ailleurs, par-delà l'*Histoire du roi de Bohême et de ses Sept châteaux*, de Nodier, c'est dans *Levana*, de Jean-Paul Richter, et *Tristram Shandy* que l'on trouve les premiers exemples de poésie typographique ». R. Queneau, « Délire typographique », in *Bâtons, chiffres et lettres*, Paris, Gallimard/Folio, 1965, p. 261.

inventaire de figures du discours. Deux des titres désignent justement des tropes (« Dubitation » et « Prétérition ») et d'autres chapitres en font largement usage. Mais ces exercices stylistiques ne répondent à aucun système ou, pour mieux dire, leur système consiste à n'en avoir pas, et, faisant preuve de la plus grande virtuosité, Charles Nodier s'adonne à jouer sur tous les registres en exploitant les différentes possibilités qu'un livre offrait à l'époque.

On se gardera bien de vouloir résumer un livre qui semble n'avoir ni queue ni tête, mais il est néanmoins permis de reconnaître dans ces pages disparates quelques voies narratives, même si elles s'avèrent bien vite sans issues. Il y a d'abord le voyage sentimental à n'en point finir, dans une désobligeance sternienne au système de suspension détraqué, qui sert de canevas. Il y a ensuite l'histoire sentimentale et bucolique de Gervais et Eulalie, fil principal de l'ouvrage qui s'étend de façon discontinue sur plusieurs chapitres pour verser à la fin dans le feuilleton. Et il y a l'histoire du chien de Brisquet, racontée à la manière naïve des *Contes de ma mère l'Oye* par Breloque, qui en est le contrepoids. C'est que Nodier ne cesse de greffer sur ces quelques branches des bourgeons ou des rameaux de tout genre qui donnent au livre son aspect grotesque. On y retrouve alors un récit fantastique (« Damnation »), une amorce de conte onirique de la momie (« Exhumation ») précédée d'une physiologie du rêve (« Précaution » et « Apparition ») ; et, éparpillé sur plusieurs chapitres, un conte satirique dont le héros est un monarque absolu ayant la manie de collectionner des têtes à perruques mécaniques et gouvernant un royaume de Tombouctou qui préfigure par bien des côtés le royaume de Ponukélé des *Impressions d'Afrique* de Raymond Roussel.

Mais toutes ces histoires qui s'achèvent dès qu'elles démarrent, qui s'émiettent à force de bifurquer, semblent souvent n'être que prétextes à évoquer le *Livre*, cet objet de tous les rêves et de tous les cauchemars. Nul hasard à ce qu'une année après sa parution, en 1831, Nodier ait repris dans *Le Bibliomane* le personnage de Théodore pour en faire la victime de sa propre passion pour les éditions rarissimes et les vieux bouquins[10]. *L'Histoire du roi de Bohême et de ses sept châteaux* est un éloge du livre, un ouvrage qui ne cesse de se replier sur lui-même et qui met le volume dans tous ses états, de sorte que les différentes boutures que l'on voit pousser

---

10   Ch. Nodier, *Le Bibliomane*, in *L'amateur de livres*, éd. de J.-L. Steinmetz, Paris, Le Castor Astral, 1993.

se rapportent souvent à sa composition, à sa matière, à son écriture, à ses thèmes, à ses acteurs. Aussi ne manquera-t-on pas d'y rencontrer le langage de la critique littéraire (« Dubitation », « Transcription »), une liste des multiples disciplines graphiques (« Combustion »), les divers métiers de l'édition (« Vérification »), les chiffres d'affaires de la publication (« Insertion »), les sciences du langage (« Annotation ») ou une séance léthargique de l'Académie (française) de Tombouctou (« Installation »), etc. En bref, un enfer lexical.

L'*Histoire du roi de Bohême et de ses sept châteaux* est sans doute un capharnaüm de paperasses, mais d'où émerge une encyclopédie où les diverses sciences de l'époque se devaient d'être convoquées. Dans un livre monstrueux comme celui-ci, l'anatomie comparée et la tératologie sont bien à leur place (« Dentition »), mais il y a aussi la crânologie (« Procréation », « Distinction »), la science vétérinaire (« Équitation », « Imposition »), l'archéologie (« Exhumation », « Opération ») ou les mathématiques (« Numération »), tout cela convenablement soumis au laminoir du pastiche. D'ailleurs, de même que la science de l'époque accordait un rôle essentiel à la nomenclature, Nodier semble être pris d'une sorte de frénésie de l'énumération, mais qui dans son cas est libre de tout souci taxonomique et partant dérisoire. La liste n'a chez lui rien d'un répertoire, elle n'est que fourmillement de noms, comme le montre de manière exemplaire l'éprouvante énumération entomologique du chapitre « Rémunération ».

Rien n'a été, en effet, davantage pénible à traduire que le dénombrement des presque deux cents insectes que le roi Popocambou permet à Mistigri de chasser sur son territoire. Cette longue énumération de diptères et lépidoptères m'a donné un mal fou, car, outre que certains d'entre eux avaient pris depuis d'autres noms, Nodier avait renoncé à suivre la moindre classification par genres ou familles, préférant organiser sa liste interminable d'après la sonorité des noms de ces insectes. Et si ce bourdonnement n'était pas déjà suffisamment épouvantable, son auteur a eu l'amabilité de glisser ici et là des coquilles dans les dénominations et d'en inventer d'autres qui ne correspondaient à aucun insecte. L'inventaire n'était souvent qu'invention, et il fallait donc d'abord vérifier l'existence de la bestiole, chercher ensuite son nom correspondant et le cas échéant lui trouver une adaptation espagnole. Je n'insisterai pas davantage : empêtré des semaines durant dans divers manuels d'entomologie, j'en

avais des démangeaisons et souvent l'impression d'être sur le point de
souffrir la triste destinée de ce pauvre Mistigri que les intrigues de la
cour finirent par condamner à être dévoré par des mouches.

Quand les énumérations dont foisonne le roman ne me causaient
aucun problème de lexique, ce qui arrivait rarement, survenaient des
difficultés de nature musicale. Comme la description de la pantoufle
(« Explication ») ou l'inventaire des cloches et clochettes de la marquise
de Chiappapomposa (« Aberration ») en sont la preuve, Nodier aime
répéter une expression ou une phrase à longueur de page(s), en modifiant uniquement un terme en vue d'obtenir un effet sonore, comme
s'il cherchait à ramener les mots à quelque onomatopée première.
Ainsi, par exemple, la liste de « Dissertation » celle des trente-deux
épithètes du piètre état dans lequel se trouvaient les marionnettes de
Polichinelle renferme un jeu rythmique qu'il n'était guère facile de rendre
en espagnol. C'est qu'il y a chez l'écrivain franc-comtois une poétique
de l'inventaire dont le secret est sans doute à chercher dans le chapitre
« Protestation ». En effet, là où il revendique sa paradoxale nouveauté
grâce à un calligramme – originaire par la forme en syrinx inspirée de
Théocrite, original par son énonciation autoréférentielle – Nodier révèle
le dessein même de son écriture : « Quand de si violentes inversions, je
voudrais torturer les mots ! ». De même qu'à l'autre bout du roman le
passage où l'on raconte que le héros a mis son bas de soie à l'envers se
montre littéralement tête en bas, renversé sur la page, ici le souhait du
narrateur s'accomplit dès qu'il l'énonce. Or, l'inversion de cette tournure,
mallarméenne avant la lettre, méritait d'être rendue avec le plus grand
soin en espagnol, car elle est l'expression emblématique de la tâche que
Nodier tentait d'accomplir dans son livre : disloquer les mots pour les
faire apparaître sous un jour nouveau, leur faire rendre l'âme musicale. Bien que souvent exaspérants, ses inventaires jouent ainsi le rôle
incantatoire d'une litanie qui restitue aux mots leur nature poétique,
qui leur permet de s'affranchir de leur signification pour devenir « de
la musique avant toute chose ».

Par ailleurs, en affichant une telle prédilection, Nodier ne manquait
pas de rendre hommage à Rabelais, véritable maître en la matière, comme
chacun sait, dont l'œuvre regorge d'énumérations, et qui était ici, avec
Cervantes, Swift, Sterne et Diderot, l'un de ses écrivains de référence
indéniable. Il lui doit son esprit parodique, son goût du calembour et

des néologismes, le rôle emblématique du calligramme, ses énumérations, mais aussi sa langue. L'exemple le plus marquant en est le chapitre « Navigation » – dont le titre pastiche le voyage de Pantagruel et ses compagnons à la recherche de l'Oracle de la Dive Bouteille – que Nodier a écrit en une sorte de moyen français et en imitant le style et les tournures caractéristiques de Rabelais. Comme ce passage était déjà difficilement intelligible en son temps, j'ai choisi de mon côté de le traduire en espagnol moyenâgeux, au lieu de celui du xvie siècle qui pour un lecteur hispanique est encore aujourd'hui aisément lisible, afin que ce dernier puisse éprouver une sensation d'égarement et d'étrangeté analogue à celle des français. N'étant pas spécialiste en la matière, la tâche était loin d'être commode, et sans l'aide que m'a prêtée mon collègue Fernando Baños Vallejo, Professeur de littérature espagnole du Moyen Âge, qui a bien voulu réviser et améliorer ma version, je ne serais sans doute jamais arrivé ici à bon port.

Chez Nodier le récit n'est souvent que le résultat d'une règle d'un jeu qu'il invente lui-même. Il partage en ce sens avec Raymond Roussel une conception de la littérature à contrainte dont celui-ci révélerait des années plus tard le procédé dans *Comment j'ai écrit certains de mes livres* et que l'on peut rapprocher aussi de l'Oulipo. Comme on vient de le voir, tout un chapitre du roman de Nodier est écrit à la manière de Rabelais, d'autres dans des styles tout à fait différents et variés ; on y multiplie des listes de phrases construites sur la même formule ; on y compose des calligrammes dont l'image détermine le contenu et la longueur de l'énoncé ; et tout cela – et bien d'autres jeux que je laisse au lecteur la curiosité de découvrir – constitue un roman qui ne cesse de s'interrompre et qui préfigure à bien des égards *Si par une nuit d'hiver un voyageur* d'Italo Calvino. C'est que Nodier s'est imposé la règle d'inventer une contrainte particulière pour chaque chapitre. L'*Histoire du roi de Bohême et de ses sept châteaux* est en ce sens une véritable boîte de jeux littéraires. Et, comme il l'a avoué lui-même, il s'est bien amusé en la fabriquant, sans doute autant que Raymond Queneau en écrivant *Le Chiendent* ou que Georges Perec *La Vie mode d'emploi*. Or, ce genre de littérature pose au traducteur des problèmes qui s'ajoutent à ceux dont il a l'habitude, qui les multiplient même, comme cela est arrivé de façon exemplaire justement aux traducteurs de *La Disparition* de Perec qui, afin d'être fidèles au procédé de Perec, ont été contraints à traduire ce roman en évitant d'employer

la lettre « a », la plus fréquente en espagnol, ce qui a donné *El secuestro*[11].
Traduire l'*Histoire du roi de Bohême et de ses sept châteaux*, c'est aussi un
peu cela : prendre sur soi les contraintes de l'auteur.

Du reste, le traducteur de Nodier doit être toujours sur ses gardes.
D'abord, parce qu'ayant en haine toute uniformité, cet écrivain se
complaît souvent à glisser d'un style ou d'un langage à un autre à
l'intérieur d'un même chapitre ou d'un même paragraphe. Ainsi, dans
le chapitre « Rémunération », après l'inventaire des insectes, le narrateur
adopte imperceptiblement un langage archaïsant qui risquerait de passer
inaperçu. En ce sens, on aurait tort de croire, comme mon exposition
a pu le suggérer jusqu'à présent, que l'hétérogénéité de l'*Histoire du roi
de Bohême et de ses sept châteaux* ne se produirait qu'entre les chapitres,
car il en va tout autrement. Breloque (l'humour et le jeu), don Pic de
Fanferluchio (l'érudition pédante de l'homme de lettres) et le narrateur
Théodore (le sentimentalisme) jouent et voyagent en trio, et le roman
dont ils sont le héros multiple est composé à leur image, comme une
tresse où les styles spécifiques s'entremêlent à tout moment avec ceux
des autres. Aussi n'est-il pas toujours facile de s'y retrouver et moins
encore de s'en sortir.

Le cas le plus évident est sans doute le chapitre « Mystification », là
où Breloque, qui venait de se faire « matagraboliser » le cerveau (toujours Rabelais) par les nomenclatures de Don Pic, décide de prendre
sa revanche en prononçant un discours érudit burlesque où il n'y a
pas moyen en principe de saisir de quoi il est question. En fait, sur le
témoignage du libraire, de l'imprimeur, du pressier, du prote, de la
brocheuse, du censeur, du journaliste et de l'afficheur, on découvre dans
le chapitre suivant « Vérification » que l'objet auquel Breloque faisait
allusion n'était autre qu'un vulgaire tournebroche. L'exposition pédante
avait tourné en devinette, l'érudition stérile en farce, objectivant ainsi la
véritable nature ludique du livre. Car avec des mots et des images qui
échangent leur rôle, l'*Histoire du roi de Bohême et de ses sept châteaux* est
aussi, et peut-être par-dessus tout, un long et complexe rébus, une suite
ininterrompue de charades, de devinettes, d'énigmes, de hiéroglyphes,
d'allusions, qui réclament la participation active du lecteur, mais dont
la complexité risquait de rebuter et même de décourager quiconque.

---

11 G. Perec, *El secuestro*, trad. de Marisol Arbués, Mercè Burrel, Marc Parayre, Hermes
Salceda y Regina Vega, Barcelone, Anagrama, 1997.

Pour traduire un tel livre, il faut donc être prêt à jouer le jeu, à se casser la tête pendant des heures, parfois pendant des journées entières, sur l'une de ces allusions qui grouillent comme des poux à chaque page. On est ici contraint d'avancer très doucement, comme si l'on se frayait chemin au plus profond d'une forêt verbale avec pour tout attirail quelque encyclopédie. Car, comme c'était ici le cas, quand il n'existe aucune édition critique, ni en français ni en aucune autre langue, où consulter les doutes et vérifier les solutions que l'on a trouvées, on ne peut que partir de zéro, en faisant appel tout au plus aux travaux critiques des spécialistes. Cela n'a donc pas toujours été une partie de plaisir. Parfois, quand j'étais accablé de besogne, il m'arrivait de m'identifier à cet individu dont Grandville avait fait le portrait dans *Un autre monde*, qui se cognait la tête sur le logogriphe d'un obélisque. J'ai néanmoins continué à jouer, je me suis laissé prendre au jeu, et très souvent avec joie.

Un jour j'ai compris qu'il était possible de tirer parti du mal que je me donnais à déchiffrer les allusions incalculables de Nodier. Je me suis dit que le lecteur pouvait bien profiter des informations que je glanais au passage. Après consultation auprès de l'éditeur, car l'épaisseur et le coût du livre allaient augmenter considérablement, je me suis donc décidé à ajouter au texte des notes dont la rédaction a été dans une large mesure simultanée à la traduction. Dans les 240 notes – si mon compte est bon – qui résultèrent finalement de ce labeur, on apprend, par exemple, que Nodier ne s'était pas vraiment inspiré du *Tristram Shandy* de Laurence Sterne, mais au contraire de la version française très libre que Joseph Frénais avait faite en 1777, de sorte que l'origine de certaines allusions sterniennes – le calligramme de l'escalier, entre autres – était à chercher dans la traduction et non pas dans la version originale anglaise. Or, en insérant tout cet apparat critique, il ne s'agissait pas de faire étalage des lectures et des connaissances philologiques – don Pic de Fanferluchio s'y suffit parfaitement –, mais plutôt d'offrir au lecteur les pièces lui permettant de jouer avec le plus grand loisir.

La nature éminemment visuelle de l'*Histoire du roi de Bohême et de ses sept châteaux* interdisait de placer en bas de page les notes, parce que cela aurait abîmé la mise en page que Nodier et ses compagnons avaient réalisée avec un tel soin pour rapprocher et identifier autant que possible le texte et ses images. Il nous a semblé que la meilleure place était en fin de chapitre, car le lecteur disposait ainsi de toute la liberté pour lire de son côté le texte, pour en déchiffrer les allusions qui rendaient souvent la compréhension difficile, et si jamais il voulait ensuite vérifier la solution ou si simplement la curiosité le poussait à consulter l'apparat critique, il le trouverait immédiatement, rien que quelques pages plus loin. Il pourrait alors déterminer si le jeu en valait la chandelle ou pas. Il serait aussi en mesure d'apprécier le délicat réseau sémiotique sur lequel repose la jungle verbale aux lianes inextricables et à l'impénétrable feuillage de ce roman. Et puis, ces notes pourraient bien être d'une certaine utilité si par bonheur on en venait un jour à réaliser l'édition critique française, qui se fait attendre depuis bien trop lontemps.

En dépit des apparences, l'*Histoire du roi de Bohême et de ses sept châteaux* est, comme son nom l'indique, une véritable construction. Si la solidité et l'harmonie d'un tel bâtiment peuvent sembler douteuses et si on a l'impression qu'il tombe en ruines à mesure qu'il grimpe démesurément, c'est qu'il tient son modèle des inventions de Piranèse que Nodier admirait si bien qu'il consacra à cet artiste l'un de ses plus beaux contes psychologiques[12]. Il n'y avait pas lieu de publier pour la première fois ce roman en espagnol sans en faire ressortir cette singulière architecture et sans rendre manifeste la place qui lui revient de droit dans l'histoire de la littérature excentrique. Offrir des présentations soignées est d'ailleurs l'un des signes de distinction des Éditions KRK. Une introduction s'imposait donc pour donner au livre sa juste valeur.

Non seulement j'ai voulu y présenter la figure de Nodier au public espagnol, qui risquait de ne pas savoir grand chose sur cet auteur, mais je me suis surtout attaché à mettre en lumière la portée de son œuvre et son héritage : d'une part, sa dette envers les romanciers (Rabelais, Cervantes, Sterne, Diderot) dont il avait suivi les traces tout en cherchant son propre chemin, ainsi que son lien avec les auteurs qu'il avait côtoyés et qui avaient même imité son livre (Balzac, Nerval, Musset, Grandville, etc.). Mais son influence s'étendait bien au-delà, elle atteignait de front non seulement un écrivain comme Raymond Queneau, mais aussi les avant-gardes du XXe siècle, son roman sternien n'étant pas sans rappeler, en effet, le mouvement « Dada ». À ce propos, André Breton avait bien conseillé à Jacques Doucet d'acquérir le roman de Nodier pour sa bibliothèque avec cet argument :

---

12   Charles Nodier, *Piranèse*, Angoulême, Éditions Marguerite Watkine, 2017, p. 18.

Les raisons formelles sont peu nombreuses qui pourraient nous faire retenir un livre romantique. Il en est pourtant un que sa présentation singulière désigne à notre attention. *L'Histoire du Roi de Bohême et de ses sept châteaux*, de Charles Nodier, est un exemple unique de fantaisie typographique alliée à un esprit philosophique voisin de celui même de 'Dada'[13] .

Outre l'appartenance du livre à cette paradoxale « tradition de la rupture », il fallait justement montrer l'originalité de sa typographie, la nouveauté et la fonction de ses illustrations et la conception nodiériste du volume comme objet, ce qui faisait de l'*Histoire du roi de Bohême et de ses sept châteaux* un curieux livre d'artiste. Au bout du compte, ce qui aurait dû être une brève introduction a fini par devenir une sorte d'essai de 168 pages. C'était peut-être excessif, mais la singularité et la richesse du livre, ainsi que son extravagante destinée réclamaient qu'on s'y attarde un peu. Par ailleurs, cette longue exposition prétendait aussi mettre le lecteur en mesure d'apprécier encore mieux à quel point la maison KRK s'était investie pour offrir au public une édition fidèle dans ses moindres détails.

Après presque deux années consacrées à travailler sans répit sur la traduction du roman de Nodier, sur son introduction et ses notes, le moment était enfin venu d'être relayé. Normalement, arrivé à ce stade, le traducteur se sent soulagé, car il est conscient d'avoir terminé le plus gros de sa besogne et il sait qu'il peut abandonner son texte aux professionnels jusqu'au moment où on lui rendra les épreuves à corriger. Mais, dans ce cas, les particularités de l'*Histoire du roi de Bohême et de ses sept châteaux* n'autorisaient pas le traducteur à s'affranchir si vite de toute responsabilité. De commun accord, Nodier, Delangle, Johannot et Porret avaient composé un ouvrage unique où tout était disposé de manière à rendre l'édition à jamais inaltérable. Le jeu typographique incessant d'une extrême précision et diversité, les calligrammes conçus *ad hoc*, les illustrations indissolublement liées à un espace du texte auquel elles se rapportent par le fond et par la forme et, enfin, les références au livre même, à sa matérialité ou à la page spécifique que nous sommes en train de lire, tout cela, comme je l'ai déjà suggéré, interdit la réalisation d'une édition de l'*Histoire du roi de Bohême et de ses sept châteaux* autre qu'un fac-similé. Comment traduire alors un livre semblable sans compromettre

---

13   André Breton, *Lettres à Jacques Doucet. 1920-1926*, éd. d'É.-A. Hubert, Paris, Gallimard, 2016, p. 115-116.

sa spécificité, sans le dénaturer ? Toute traduction est par définition un pis-aller, mais dans un cas comme celui-ci la différence de longueur des phrases et des paragraphes d'une langue à l'autre constituait un écueil incontournable. Éditer ce livre en espagnol obligeait à l'adapter à un autre format tout en respectant la composition de l'original autant que possible. L'enjeu était d'envergure et la mission délicate ; voilà sans doute la raison qui poussa Benito García Noriega, sous le pseudonyme de Jerónimo Barallobre, à prendre lui-même l'affaire en main. L'autre motif, sans doute le plus profond, c'est qu'il ne voulait pas manquer l'occasion de s'amuser avec un livre semblable. Car l'*Histoire du roi de Bohême et de ses sept châteaux* est le livre dont rêve tout véritable éditeur.

Pendant plus de deux mois, nous nous sommes donc retrouvés une fois par semaine dans son bureau des Éditions KRK. Dorénavant, mon rôle allait se réduire à indiquer les lieux du texte sensibles et à suggérer tout au plus des solutions. Nous avons ainsi travaillé à la mise en page coude à coude, sans jamais perdre l'humour, dans l'intention d'adapter, au possible, la composition originale au format de la collection « Tras 3 letras ». Bien auparavant, Benito García Noriega avait acquis de son côté un exemplaire de l'édition originale de 1830 de l'*Histoire du roi de Bohême et de ses sept châteaux* afin d'en reproduire les illustrations avec la suffisante qualité, contrairement sur ce point à l'édition de Plasma. Car ce sont de superbes miniatures que celles du roman de Nodier dont il est souvent indispensable de distinguer les moindres détails pour en saisir toute l'originalité et le rôle, comme cela arrive, par exemple, dans « Exhibition ».

Ce chapitre, uniquement constitué par une sorte de tableau renversé à la verticale, comme si on l'avait posé contre un mur, attend tout d'abord d'être tourné en angle droit pour en révéler l'image. Bien avant l'avènement des avant-gardes, Nodier avait su rendre ainsi manifeste le rôle actif que réclame toute œuvre artistique de la part de son lecteur. Pour lui, la littérature était d'abord un geste, un contact sensible avec la matérialité du livre. Point d'interprétation véritable sans toucher et sentir l'étoffe solide du texte. Le sens passe en premier par les sens. D'ailleurs, en tournant le livre de cette manière, on mime le déplacement mental nécessaire pour saisir le sens allégorique de l'illustration. Dans ce tableau inversé, les images ne sont pas à leur place : sur la prétendue toile on découvre un dédale de noms abstraits (SCIENCE, MYSTIFICATION, etc.)

ou concrets (réels : PANTOUFLE ou imaginaires : ENDRIARGUE) dont les figurations minuscules correspondantes, allégoriques ou pas, sont cachées dans le cadre même. Pour jouer au jeu de l'identification des mots et des images auquel nous convie Nodier, il faut donc que la gravure soit reproduite avec le plus grand soin en sa finesse et son encrage.

Mais il ne suffisait pas d'offrir des illustrations de qualité, il fallait également les mettre à l'endroit convenable. Je ne parle pas de celles qui sont insérées entre deux paragraphes, aujourd'hui si courantes, qui constituaient pourtant alors toute une nouveauté dans le monde du livre illustré, mais de ces autres qui jouent dans le roman un rôle plus inventif. Nodier et ses compagnons ne s'étaient pas bornés à employer le nouveau procédé de gravure de façon mécanique, ils avaient cherché à l'exploiter au maximum, en essayant d'en tirer toutes les possibilités. Le cas le plus exemplaire – et qui donnera une idée de l'attention avec laquelle a dû s'employer l'éditeur dans la mise en page – apparaît au troisième chapitre, « Convention », où l'on introduit les deux personnages qui vont accompagner Théodore dans son voyage.

En dépit du titre, rien n'est moins conventionnel que cette présentation, car sur la page de gauche l'illustration du pédant don Pic de Fanferluchio – entouré à terre par un tas de bouquins et portant la longue tunique de Dante, auquel il a emprunté l'attitude et les traits – est littéralement emprisonnée dans le discours érudit, régulier, rhétorique et superlatif avec lequel il est ici décrit. Comme aurait pu dire le maquettiste de Delangle Frères, le texte « habille » tout à fait les contours de l'image du savant ; et comme les phrases sautent même par dessus la figure de don Pic en fracturant les mots pour se poursuivre de l'autre côté de la page, comme s'il n'y avait rien au milieu, il a fallu configurer tout le paragraphe, l'ajuster, pour imiter le même effet. Mais ce n'était pas tout. L'autre page, celle de droite, est entièrement consacrée à Breloque, son compagnon antithétique, un être grotesque, burlesque et bouffon. Joyeux drille, qui ne cesse de gambader en toute liberté, ainsi que nous l'apprend le texte, il était naturel que son illustration vienne après son portrait verbal sans être gêné aux entournures. Le voilà donc là, sans aucune attache, libre de tout texte à gauche ou à droite, à sauter et danser. Il fait même plus. Don Pic et lui étant désormais complémentaires, malgré leurs différences manifestes, ils ne pouvaient qu'enfreindre toutes les conventions réalistes et se faire signe d'une page à l'autre : le magister en levant la main gauche avec autorité, le farceur la droite avec insouciance. Tout ce jeu complexe a été méticuleusement pris en compte en composant notre version, au point que même l'angle que trace la ligne imaginaire qui relie les mains des deux compagnons est quasiment le même que celui de la version originale.

Comme l'avait bien remarqué André Breton, l'une des principales richesses de l'*Histoire du roi de Bohême et de ses sept châteaux* est sa fantaisie typographique. Et c'est aussi ce qui a rendu notre tâche plus complexe et lente au cours de cette étape de l'édition. Ce qui distingue le mieux le livre, en effet, c'est son incessante variation typographique, qui fait que d'un chapitre à l'autre la composition des paragraphes ne cesse de changer et la forme et la taille des caractères de varier, souvent avec une fonction expressive et humoristique évidente. Par exemple, dans le chapitre « Déclaration », le narrateur revendique son honnêteté en disant que s'il l'avait voulu il aurait pu cacher sa dette envers Sterne en modifiant un peu le titre de son roman, ce qui aurait donné l'un des trois titres qu'il offre ensuite, écrits chacun dans un style typographique particulier. En ce sens, la page de titre et la fausse page de titre – qui arrive trente-cinq pages plus loin comme pastiche – apparaissent comme une sorte de manifeste du livre entier, chacune des lignes étant composée en caractères bien distincts. Tout le livre est fait à cette sauce et il nous a fallu suivre page à page les moindres détails pour essayer d'en reproduire tous ses jeux typographiques.

Et puis, Nodier aimait insérer des caractères extravagants au milieu d'autres plus communs, ce qui obligeait à prêter une attention particulière pour les repérer. Il en a donné lui-même la formule dans le chapitre « Protestation » où il revendiquait son originalité, comme nous l'avons vu, au moyen d'un calligramme en forme de syrinx de Théocrite, mais aussi en y insérant le mot NOUVEAU écrit avec une typographie en relief frappante. Or, ce calligramme nous a donné bien du travail pour une autre raison ; j'avais traduit le texte de mon côté en calculant que chaque ligne diminue un peu par rapport à la précédente afin d'obtenir un paragraphe ayant la forme originale d'une flûte de pan, mais je n'avais pas prévu qu'en passant mon texte au format de la collection tout allait être modifié et que de ma syrinx il ne resterait rien. J'ai donc dû retraduire le passage sur place pour trouver le moyen d'emboîter les mots dans des lignes décroissantes. Pour un peu je me serais pris pour un oulipien.

On aura remarqué que le roman de Nodier fait un usage presque permanent de l'autoréférence ; il ne cesse de parler de lui-même, de reproduire comme dans un miroir l'acte même de l'écriture et de la composition du livre, du début jusqu'au bout. La fin en est d'ailleurs un cas exemplaire qui nous a contraint à réaliser une curieuse adaptation dont l'évocation fermera mon récit. Le chapitre « Solution » dévoile que le château auquel Théodore et ses compagnons sont arrivés est celui de Kœnigsgratz, mais la rhapsodie a été si peu divertissante que Breloque se dispose à raconter une nouvelle historiette. Mais alors, juste au moment de commencer, là, à la page 387, un doigt fatidique se lève pour l'arrêter. Ce doigt, « c'était tout simplement celui de mon libraire, qui ne m'a donné que trois cent quatre-vingt-sept pages de *cavalier vélin* blanc à remplir, et qu'un encrier de vingt centilitres à vider, pour parfaire cet œuvre inutile de suffisance et d'oisiveté qu'on appelle vulgairement un livre ». On ne connaîtra jamais cette histoire qui s'interrompt avant de commencer et avec elle le reste des aventures de nos trois voyageurs. Dans un livre-objet semblable la narration ne pouvait prendre fin que pour cause matérielle. Ici, le roman se replie sur lui-même comme le bas de Théodore, l'écriture et l'édition ne sont qu'une seule et même chose. Aussi pour être fidèle également sur ce point à l'esprit du roman, dans *Historia del rey de Bohemia y de sus siete castillos* le narrateur a-t-il été contraint de prendre la parole à la page 531 pour accuser son éditeur de ne lui avoir donné que cinq cent trente et une pages de papier bible pour écrire son livre.

Oui, le moment est donc enfin venu de s'arrêter là, même si je ne sais plus très bien comment finir. Sur mon bureau, près de mon ordinateur, il y a mon exemplaire de l'édition Plasma qui m'accompagne depuis déjà trente ans. Le volume a pris un coup de vieux, surtout après toutes les lectures, consultations et vérifications que je lui ai infligées. Mais, en dépit de cette usure, il demeure solide comme un tombeau. De l'autre côté, à gauche, se tient *Historia del rey de Bohemia y de sus siete castillos*, presque aussi neuf que le jour où, radieux, j'ai été le chercher au siège de KRK.

Je me souviens du plaisir que j'avais éprouvé alors, sous le regard attentif de mon éditeur, à le débarrasser de son emballage plastique, à en sentir l'odeur du neuf, à le feuilleter en m'arrêtant çà et là pour en contempler les superbes illustrations. Sur le fond noir de la couverture ressortait un morceau du *Jeu universel de l'industrie humaine*, un jeu de l'oie de 1814 qui nous avait semblé pouvoir exprimer assez bien l'esprit du roman de Nodier. Non seulement, l'*Histoire du roi de Bohême et de ses sept châteaux* était un jeu composé d'autres jeux, mais, avec ses sauts en avant et en arrière, avec ses 63 cases (ses 58 chapitres officiels, auxquels il fallait ajouter ceux de la « Correction » et de l'« Approbation », ainsi que les deux pages de titre et l'index, tous aussi burlesques que le reste du roman), le livre avait la structure même du jeu de l'oie. Et puis, sur ce même fragment de la couverture, à la case 9 on pouvait reconnaître Polichinelle – l'une des figures emblématiques du roman – et aux cases 60, 61 et 62 trois imprimeurs en caractères, un graveur et un imprimeur en taille douce, dont la réunion constituait une belle allégorie de la farce livresque de Nodier. Je découvrais aussi à ce moment-là que ce jeu de l'oie industriel et comédien avait été reproduit en entier dans toute sa splendeur et en noir et blanc dans les pages de garde. On n'avait omis aucun détail. Je sais même que nous étions à la fin de décembre 2016, puisque l'achevé d'imprimer est daté du 5 décembre, jour, comme on l'indique ici, « *en que se cumple un siglo de la fundación del Cabaret Voltaire, cuna de movimiento dadaísta* ». Tout se tenait, tout s'était déroulé à la perfection.

J'ai alors songé au sort de l'*Histoire du roi de Bohême et de ses sept châteaux*. Je savais que Charles Nodier n'entrerait probablement jamais à la Pléiade, mais j'avais la conviction que d'une certaine façon cette édition espagnole réparait un tort. Si ce n'était pas un livre de la Pléiade, ce volume que je tenais dans les mains avec un tel plaisir en avait au moins la facture, sa reliure soignée, son papier bible, sa large jaquette, sa tranchefile, son signet, son format même. Et je me suis dit que si Nodier le bibliomane avait eu l'occasion de feuilleter cet ouvrage, de le toucher et sentir, d'en examiner les illustrations, il aurait aimé le ranger soigneusement dans sa bibliothèque.

Francisco GONZÁLEZ FERNÁNDEZ
Université d'Oviedo (Espagne)

LES TRADUCTIONS ESPAGNOLES
DE *LA COMBE DE L'HOMME MORT*

La réputation de Charles Nodier en Espagne a été traditionnellement liée à trois aspects principaux de sa vie et de son œuvre : le prestige de sa figure culturelle en tant que bibliothécaire de l'Arsenal, sa bibliomanie et sa contribution à la littérature fantastique. Par rapport à ce dernier point, comme le répertoire des traductions de son œuvre élaboré par Palacios y Giné[1] le montre bien, les éditions en espagnol des textes fantastiques de Nodier sont parues assez tôt et, même si leur nombre reste toujours modeste – comparé à celui des œuvres d'autres grands noms du Romantisme français – leur parution a été constante jusqu'à nos jours, pendant une période longue de quelque deux cents ans.

Dans l'ensemble de la vaste production fantastique de l'auteur, nous avons choisi de considérer de plus près la fortune de ses récits brefs, contes ou nouvelles[2], parus souvent dans des publications périodiques avant d'être repris en recueil, laissant volontairement de côté les grands titres, comme *Smarra*, *Trilby* ou *Inès de Las Sierras*, pour focaliser notre attention sur des textes à la célébrité plus réduite.

Le travail de compilation de Palacios y Giné consigne une demi-centaine de récits traduits en espagnol et publiés tant dans des recueils collectifs ou consacrés à l'auteur, qu'en volume indépendant ; il met en évidence la fortune particulière de certains titres, ainsi que l'évolution de l'intérêt porté par les éditeurs aux différentes œuvres. On peut ainsi constater, par exemple, que les textes qui composent *Infernaliana* ne connaissent de version espagnole que plus d'un siècle après leur création,

---

1   C. Palacios Bernal et M. Giné Janer, *Traducciones españolas de relatos fantásticos franceses, de Cazotte a Maupassant*, Barcelona, PPU, 2005.

2   Sur l'imprécision terminologique concernant le récit bref au XIXᵉ siècle, voir R. Godenne, *La nouvelle française*, Paris, PUF, 1974.

même s'ils semblent avoir connu par la suite un plus grand succès que d'autres histoires, plus classiques[3].

D'après Trancón[4], les premiers récits de Nodier publiés par la presse périodique espagnole, quoique sans nom d'auteur, ont été *Inès de Las Sierras*, en 1839[5], et *Smarra o los duendes de la noche*, en 1853[6]. Quelques années plus tard, et toujours sans nom d'auteur ni de traducteur, paraîtront dans le *Seminario Pintoresco Español*[7], trois textes extraits des *Contes de la veillée*[8] : *La hermana Beatriz. Leyenda* (décembre 1854[9]), *La gruta del hombre muerto* (mars 1855[10]) et *Bautista Montauban. Cuento* (avril 1855[11]). Cette sélection est sans doute limitée et, par ailleurs, assez significative de l'esprit littéraire espagnol de l'époque, toujours prudent – pour le moins – à l'égard des nouvelles idées esthétiques venant de l'Europe et en particulier de France[12] : une légende religieuse illustrant la miséricorde de la Sainte Vierge, une histoire de damnation diabolique et un conte sur un innocent visionnaire ; trois histoires inquiétantes à raconter dans les veillées du soir, qui seraient autant

---

3   Il nous semble significatif, à cet égard, que les titres actuellement disponibles en format numérique et en libre accès, dans des sites comme le blog thématique *El espejo gótico* ou le site de livres audio Albalearning, appartiennent surtout à ce recueil.

4   M. Trancón, *La literatura fantástica en la prensa del Romanticismo*, Valencia, Institució Alfons el Magnànim, 2000.

5   *El Entreacto* (n° 22, juin).

6   *La Ilustración*. Le texte est illustré de gravures dont l'auteur n'est pas indiqué.

7   Le directeur de cette revue fut, entre 1846 et 1855, Ángel Fernández de los Ríos, fondateur et responsable aussi de *La Ilustración* entre 1849 et 1857.

8   Dans son « Avertissement », l'éditeur explique que, même s'ils ont été « écrits à de longues distances, dispersés de toutes parts, […] ils se rattachent néanmoins dans leur variété multiple à un fond de sentiments et de pensées » et qu'il a suivi la volonté et les indications de l'auteur lui-même pour utiliser ce nom de contes *de la veillée*.

9   Numéros 49 (3 décembre) et 50 (10 décembre).

10   Numéro 12 (25 mars).

11   Numéros 13 (1er avril), 14 (8 avril) et 15 (15 avril).

12   Le fondateur de la revue, Ramón Mesonero Romanos y avait bien exprimé sa réticence à l'égard des lettres françaises contemporaines (Trancón, *op. cit.*). Ainsi, comme David Roas le signale à juste titre, même si la libéralisation de la politique éditoriale à la mort de Ferdinand VII et le développement des publications périodiques permirent la diffusion du conte fantastique romantique en Espagne, l'accueil de la critique ne fut pas toujours si favorable que celui du public, et la force de la censure imposa la préférence pour des récits folkloriques et merveilleux susceptibles d'avoir un rôle moralisant. (D. Roas, « La crítica y el relato fantástico en la primera mitad del siglo XIX », *Lucanor. Revista del cuento literario*, vol. 14, 1997, p. 79-102, URL : http://www.cervantesvirtual.com/obra-visor/ la-critica-y-el-relato-fantastico-en-la-primera-mitad-del-siglo-xix/html/48546838-f5c1-11e1-b1fb-00163ebf5e63_7.html, (consulté le 31/03/20).

de manifestations d'un fantastique « convenable » (moralisant), plus proche du merveilleux religieux que d'un frénétique outré ou d'une inquiétante étrangeté existentielle.

Ces trois récits connaîtront par la suite de nouvelles éditions et traductions, et leur auteur sera toujours cité et reconnu comme maître d'un fantastique romantique qui, avec un certain retard, triomphera aussi chez les lecteurs espagnols. Ce sont les différentes éditions du deuxième de ces contes que nous avons choisi de considérer de plus près, dans le but d'observer à quel point le texte original de Nodier aurait subi une évolution dans sa présentation aux lecteurs espagnols, de la main de ses traducteurs et éditeurs, le long d'un siècle et demi.

Notre choix a été déterminé par le fait qu'il s'agit de l'un des récits brefs de Nodier qui a connu le plus grand nombre d'éditions en espagnol, et dont la diversité des traductions est mise en évidence par les différences dans le titre même de l'œuvre. Cependant, aucune étude n'a encore été consacrée à l'analyse comparative de ces traductions, qui devrait nous permettre, non seulement de considérer les différentes solutions proposées pour le changement de code linguistique, mais aussi – ce qui nous semble particulièrement intéressant – de constater les modifications subies par le texte et leur éventuelle influence sur l'effet de lecture, un élément clé du genre fantastique.

La Combe de l'Homme mort[13] fut publié pour la première fois en 1833 dans *Le Salmigondis. Contes de toutes les couleurs*[14]. Une erreur dans le titre figurant à la table des matières a provoqué l'ajout, dans la deuxième édition (1841), d'une note de Nodier expliquant le titre « de cet opuscule que M. Quérard a intitulé mal à propos *La* tombe *de l'homme mort* ». Cette note sera par la suite reprise dans l'édition des *Contes de la veillée* (1844) et c'est sa reproduction dans le texte du *Seminario Pintoresco Español* qui nous fournit la piste sur la source immédiate du texte traduit. L'explication de l'auteur sur la signification du terme *combe* ne semble pourtant pas avoir été toujours considérée par son premier traducteur en espagnol, qui s'est permis d'en faire une interprétation métonymique, situant la *grotte* à la place de l'accident géographique où elle se trouve.

---

13   Pour des raisons d'économie, nous utiliserons par la suite l'acronyme LCHM pour désigner le récit.

14   Tome I, Paris, P. Fournier éditeur, 1833, p. 1-25.

La liste des éditions espagnoles[15] du conte nodiériste compte huit versions différentes, dont certaines ont connu plusieurs rééditions. Nous choisissons de les numéroter pour les identifier de la sorte par la suite :

1. *La gruta del hombre muerto*, Seminario Pintoresco Español, n° 12, 25 mars, 1855, 91-94. Sans nom d'auteur ni de traducteur.
2. *El valle del muerto*, Cuentos fantásticos de Carlos Nodier ; versión castellana de Nicolás María Martínez, Barcelona, Imprenta Económica de José A. Olivares, 1863, 171-182.
3. Charles Nodier, *El valle del muerto*, Antología de cuentos de la literatura universal, Barcelona, Labor, 1953[16], 806-811. Traduction de Pilar López Brea. Sélection de textes et notes de Gonzalo Menéndez Pidal et Elisa Bernis. Précédé d'un essai de Ramón Menéndez Pidal. Réédité en 1955, 1958 et 1969.
4. Charles Nodier, *El valle del muerto*, La Hora XXV al servicio del médico, n° XXXI, diciembre, Barcelona, Talleres de *La Vanguardia Española*, 1959, 55-66. Cette publication périodique n'indique pas le nom du traducteur, mais nous avons pu constater qu'elle se limite à reproduire celle de Pilar López Brea, tout en introduisant de petites modifications (que nous signalerons par la suite). En plus, elle contient une brève présentation de l'auteur, dans la section « *Nuestra portada* » (p. 54).
5. Charles Nodier, *El valle del hombre muerto*, Antología de cuentos de terror, Vol. I : *De Daniel Defoe a Edgar Allan Poe*, Madrid, Alianza Editorial, 1963, 131-145. Sélection et traduction de Rafael Llopis Paret. Réédité en 1981, 1982, 1985, 1994, 1997, 2000 et 2004.
6. Charles Nodier, *El valle del hombre muerto*, El ladrón de cadáveres y otros relatos, Barcelona, Saturno, 1968, 43-56. Le traducteur, dont nous n'avons pas pu confirmer l'identité (le site Términus Trántor[17] indique qu'il s'agit de Gonzalo Pontón), se limite à adapter légèrement la traduction de Rafael Llopis.

---

15 L'adjectif indiquant la langue et non la nationalité, nous laissons en marge la traduction en catalan de Felip Cavestany : « La vall de l'homme mort : novel-la » Barcelona, Quaderns Literaris, 1935.
16 Nous indiquons la date de la première édition du volume, même si nous avons pu constater que le récit de Nodier ne figurait pas dans le volume consulté de l'édition de 1953. N'ayant pas eu accès à la deuxième édition, le texte que nous avons utilisé correspond à celle de 1958.
17 URL : https://www.ttrantor.org/VolPag.asp?volumen=ELDCADAVERES, (consulté le 03/04/20).

7. *La quebrada del hombre muerto*, Charles Nodier, *Cuentos visionarios*, Madrid, Siruela, 1989, 119-136. Traduction de Javier Martín Lalanda. Introduction (« *El sueño, la luz y el ángel* ») de J. Martín Lalanda et Luis Alberto de Cuenca, 9-13.

8. Charles Nodier, *El valle del hombre muerto*, *Relatos cortos de fantasmas*, Madrid, M.E, 1997, 121-137. Sélection de Carter Scott. Traducteur non indiqué. Volume réédité en 1999 et 2004 par Edimat, sous un nouveau titre : *Fantasmas*.

Un premier coup d'œil sur cette liste nous permet de repérer quelques aspects significatifs concernant LCHM. Tout d'abord, comme la plupart des récits fantastiques de Nodier, ce conte n'a été traduit et diffusé en Espagne qu'après la mort de son auteur. De plus, aucune nouvelle traduction n'a été faite au XXI⁰ siècle et, dans les vingt dernières années, le texte n'est paru que dans la réédition de deux anthologies dont il fait partie. C'est surtout le long du XX⁰ siècle que le récit a suscité l'intérêt des éditeurs, qui l'ont inclus surtout dans des recueils thématiques, à côté des grands noms du fantastique occidental, et, pour deux fois – séparées par plus de cent ans – dans des volumes consacrés exclusivement au conteur Nodier.

Notre objectif n'est pas de trouver les raisons qui expliqueraient la fortune particulière de ce récit – par opposition au reste – au-delà des Pyrénées, mais il nous semble évident que l'atmosphère inquiétante, la tension narrative et la fin rassurante (malgré l'horreur, le triomphe du diable implique la punition du coupable) sont autant d'atouts pour gagner la faveur et de la critique et du public, ainsi que pour assurer la survie du texte, en marge de la crédulité ou le scepticisme des lecteurs.

L'analyse détaillée des textes et la comparaison des différentes traductions révèlent cependant les traces d'une modification du texte au fil des différentes versions, qui ne pourront pas manquer d'avoir des effets sur leur lecture. Nous présenterons ainsi les résultats de cette analyse comparative, organisés, pour plus de clarté, autour de plusieurs axes.

LE TITRE

Nous avons déjà signalé la confusion produite, lors de la première édition du texte, par ce mot, *combe*, que Nodier lui-même savait particulier : dans sa note de la deuxième édition, il ironise sur son exclusion du Dictionnaire parce que désignant une réalité qui n'existe pas à Paris[18]. Provenant du bas latin médiéval et d'origine probablement gauloise, le mot n'a pas d'équivalence directe en espagnol[19], ce qui pose une difficulté évidente aux traducteurs.

Dans la première version du texte, le choix métonymique du mot *gruta*, privilégiant l'endroit particulier sur l'espace géographique, provoque pourtant un double contresens : non seulement dans la description initiale du pays, *La gruta del ermitaño*[20] ne désigne pas le logis du reclus mais la gorge en bas de la route, de plus, l'inclusion de la note de l'auteur expliquant la signification du mot *combe* ne fait pas sens si elle est appliquée au mot *gruta*.

Par la suite, la plupart des traducteurs du conte préféreront le recours à l'hypéronyme *valle*, qui – quoique moins précis – n'introduit aucune connotation particulière dans cette carte de présentation du récit qu'est le titre. Une seule exception, cependant : Martín Lalanda (7) choisit un terme plus spécifique, *quebrada*, désignant aussi un accident géographique particulier, assez semblable, quoique pas tout à fait identique[21], à la *combe*.

D'autre part, il faut signaler la simplification du complément déterminatif introduite dans 2, et reprise dans 3 et 4 : la signification reste la même, mais la plupart des traducteurs préfèrent respecter le choix de l'auteur, plutôt que l'économie linguistique, et maintenir le substantif : *hombre muerto*.

---

18   En effet, le terme ne sera inclus dans le *Dictionnaire de l'Académie Française* qu'à partir de la 8ᵉ édition (1932).

19   Le *Diccionario geológico* de Jorge Dávila Burga (Arth Grouting, Callao, 2011) inclut le nom français et son adaptation en espagnol, tous deux comme appellation technique d'un accident particulier : « *Comba o Combe.- Son valles excavados a lo largo de los ejes de los anticlinales y en sus valles se pueden observar las secuencias litológicas a manera de estructuras homoclinales* ».

20   D'ailleurs, à la fin du texte cette dénomination est transformée en « *la gruta del solitario* ».

21   Le *Diccionario geológico* (*id.*) définit le terme *quebrada* comme « *valle relativamente estrecho y de corto recorrido* », et en fait l'équivalent du français *gorge*.

LES NOTES

Nous avons déjà signalé le fait que le *Seminario Pintoresco Español* reproduit la note explicative de Nodier sur le titre[22], même si elle perd toute sa pertinence du moment que le mot *combe* n'apparaît plus dans la version espagnole[23]. C'est sans doute la raison pour laquelle cette note de l'auteur ne sera plus reprise dans les éditions successives du texte, même pas lorsque le titre français est indiqué en bas de page (avec le nom du traducteur et l'année de publication de l'original) dans 7. Cette version, de plus, est la seule à contenir une note du traducteur, dans laquelle il s'adresse directement aux lecteurs, d'un ton assez complice, pour souligner encore la filiation diabolique du personnage de Papelin et son équivalence avec le *Perico Botero* de la tradition espagnole[24].

Par ailleurs, aucune des éditions espagnoles du conte ne reproduit la note ajoutée par l'éditeur des *Contes de la veillée* pour expliquer la tradition des *reclus* en France.

LES SUPPRESSIONS DE TEXTE

Quoique les versions espagnoles soient, en général, assez respectueuses du texte original français, nous avons pu constater que certains passages, plus ou moins longs, ont été supprimés dans certains cas, avec des effets plus ou moins significatifs sur le résultat final.

---

22 Voir : P. S. Méndez Robles, « Nodier dans la revue *Semanario Pintoresco Español* », dans ce volume, p. 113

23 La présence dans cette note du mot *combe* et les références aux lieux parisiens offriraient par contre, des pistes aux lecteurs sur l'origine du texte, dont l'auteur n'est pas indiqué.

24 *"En castellano, la traducción de Colas Papelin sería la de "Perico Botero". Mas como, sin duda, el lector es más avisado que las jóvenes del séquito de la señora Huberte, he optado por no revelar hasta el final el sentido del nombre del protagonista del cuento, quien, a pesar de su filiación diabólica, es presentado aquí con los atributos propios del goblin, folleto, lutin o duende, recordándonos al personaje principal de Trilby, otro de los cuentos de Nodier."* (N. del T., p. 135).

Les suppressions les plus importantes correspondent à la première version du conte, dans laquelle deux longs paragraphes ont été omis, malgré leur signification. D'un côté, la description de la tenue vestimentaire de Colas Papelin a été complètement éliminée, de sorte qu'on ôte au lecteur des pistes importantes pour identifier la condition surnaturelle du personnage, présenté sous les attributs d'un lutin. Et pourtant, dans la scène finale, l'une des filles, Catalina, l'appelle bien *el maldito del justillo rojo* (« le malin au juste-au-corps rouge »), même si aucune information sur les vêtements qu'il portait n'avait été préalablement fournie au lecteur.

Cette incohérence est d'autant plus significative que ce commentaire de Catalina apparaît juste après la suppression aussi de l'évocation faite par deux de ses compagnes – Cyprienne et Maguelonne – de leurs rencontres préalables avec le lutin ; de sorte que les témoignages de la simplicité et la crédulité des femmes, auxquels Nodier semble se complaire, sont significativement moins importants dans la version espagnole.

En plus de ces deux passages, le traducteur s'est permis aussi de raccourcir certaines phrases, supprimant des éléments dont la valeur principale est de renforcer le caractère et l'attitude des personnages : les préventions de Toussaint sur la servante qui devrait apporter à manger aux hommes (« la plus mûre et la plus rechignée qu'il y ait, si faire se peut, et pour cause ») ; le geste pieux (« se signant ») de dame Huberte, lorsqu'elle affirme la volonté de Dieu ; le mouvement qui souligne l'inquiétude de Pancrace (« s'agita sur sa sellette ») ; le commentaire burlesque de Papelin sur le son des cloches (« Ou les oreilles me tintent, murmura Colas Papelin, ou voilà le branle des matines ») ; et l'inclusion des prières dans les activités de purification de la cuisine.

On pourrait chercher l'explication de ces réductions du texte dans les limitations imposées par l'édition en périodique du récit. Cependant l'insertion d'une illustration représentant Louis XI, roi de France, qui renvoie à une section antérieure de la revue et qui occupe bien plus de place que les passages supprimés, semble contredire cette possible justification.

Quoiqu'il en soit, c'est à nouveau dans une édition en revue qu'on retrouve la suppression significative d'un fragment du texte : si la version parue dans *La Hora XXV* reprend la traduction faite par P. López six ans auparavant, elle en omet un fragment correspondant à la fin du récit d'Huberte sur la vie de l'ermite et à la tentative frustrée de Chouquet de quitter les lieux pour éviter qu'elle continue à raconter[25].

De plus, elle reproduit les quelques petites suppressions qui existaient dans l'édition antérieure[26] : l'ironique « Mon doux maître » adressé par Papelin à Chouquet, la référence à la position du chapeau de celui-ci (« rabattu »), et les prières utilisées par les femmes pour purifier la cuisine après le départ des étrangers.

De petits détails ont été aussi omis dans la version 6 : « *El cielo oscure-cido* [dès le matin] *por una llovizna helada y sibilante*[27] – *hojas secas azotadas* [en tourbillons] *por el viento*[28] – *Pancracio se mesó la barba* [s'agita sur sa sellette][29] ». Les raisons de ces modifications ne sont pas évidentes, mais elles peuvent dériver d'un désir d'alléger le texte, vu que le traducteur se permet aussi d'éliminer quelques parties du discours qui, ne contenant pas d'information significative, ajoutent pourtant de petites touches à la peinture des personnages : le commentaire rassurant de Toussaint (« Quand il n'y en aura plus, il y en aura encore[30]… »), l'image qui sert à représenter les jeunes filles apeurées (« en se pressant les unes aux autres, ainsi que de petites fauvettes prises au nid[31] ») et les cajoleries de Papelin à Huberte (« Ô ma respectable hôtesse[32] ! »).

---

25 Le passage entre « C'est pourquoi cette vallée… » et « d'une si belle et instructive narration ». (p. 60).

26 Mise à part la suppression du passage signalé, le texte n'introduit que deux petites variantes à la traduction de Pilar López : le changement d'aspect du verbe dans une comparaison (le râle de Chouquet *pareció* - passé simple, à la place de *parecía*, imparfait - *un rugido* ; et, dans une interprétation assez libre et peu évidente, la singulière tenue vestimentaire de Papelin ne lui donnerait pas l'air d'un *hijo del pueblo* (« enfant du commun »), mais un air de famille avec le vieil homme : *hijo del anciano*.

27 Ch. Nodier, *El valle del hombre muerto, El ladrón de cadáveres y otros relatos*. Barcelona, Saturno, 1968, 43-56, page 43.

28 *Ibid.*, page 44.

29 *Ibid.*, page 52.

30 Ch. Nodier, *La Combe de l'Homme mort, Contes de la veillée*, Paris, Charpentier, 1850, 239-254, page 242.

31 *Ibid.*, page 245.

32 *Ibid.*, page 249.

LES NOMS PROPRES

Il est bien connu que la pratique de traduire les noms propres des auteurs littéraires est restée habituelle en Espagne jusqu'à la deuxième moitié du XIXe siècle. Ainsi donc, après avoir été ignoré dans la première édition, l'auteur du conte sera, dans l'édition de 1863, *Carlos* Nodier, avant de récupérer par la suite son nom d'origine.

Dans le cas des personnages, la plupart des versions – à l'exception de 7 – suivent ce même critère d'adaptation et les noms propres sont généralement traduits, même si les solutions choisies ne sont pas toujours identiques, surtout lorsque les noms sont rares ou inusités en espagnol.

C'est ainsi que les noms des femmes sont habituellement remplacés par leurs équivalents espagnols ; mais *Julia* se substitue à *Juliana* dans 1, et le particulier « Maguelone » est conservé dans la plupart des cas, quoiqu'à l'orthographe changeante – *Maguelonne* (4, 5, 6), *Maguelonnes* (8) – ou il devient *Magalona* (2) et *Magdalena* (1), encore dans le même texte (2).

Quant aux noms masculins, *Santos* est l'équivalent habituel de « Toussaint », mais N. M. Martínez (2) préfère le plus littéral, et pas usité, *Todos Santos*. Plus problématique semble être le nom de son père, « Tiphaine », dont la forme française est conservée par la plupart des traducteurs, ou bien remplacée par *Tifanio* (2) ou même *Teófilo* (1).

Ainsi donc, le critère sur la traduction des noms propres des personnages est loin d'être définitif, non seulement au fil des années, mais aussi à l'intérieur d'un même texte où, comme nous l'avons signalé, *Tiphaine, Maguelonne* – et même *Toussaint* (3) – coexistent avec *Huberta, Anastasia, Pancracio* ou *Cipriana*[33]. Même J. Martín Lalanda (7) contredit son choix de conserver les formes françaises par l'introduction de *Escolástica*.

Finalement, en ce qui concerne les toponymes, on n'en trouve que deux, au tout début du texte, indiquant la localisation de la route qui longe la combe. Le premier, « Bergerac », n'a pas de traduction en espagnol, et il apparaît en français dans les différents textes. Cependant, pour le second, les traducteurs du XIXe se refusent à conserver « Périgueux » et le transforment respectivement en *Periguex* (1) et *Perigeaux* (2).

---

33 L'ajout de l'accent typographique indique la traduction du prénom dans le cas de [Ni]colás Papelin (2, 3, 4 et 8).

INTERPRÉTATIONS, ERREURS ET IMPRÉCISIONS

Si la traduction d'un texte implique toujours l'intervention de son auteur par des choix sur la forme, visant à la reproduction fidèle de la signification, il arrive aussi que des erreurs d'interprétation se produisent, donnant lieu à de sensibles modifications du texte, plus au moins perceptibles à la lecture du seul texte traduit. Voici les plus significatives que nous avons pu repérer dans les différentes versions.

– Le narrateur situe son histoire à la « forge de Toussaint Oudard, le maréchal-ferrant », une profession que les différents traducteurs interprètent, plus ou moins librement, en fonction probablement de la réalité familière à leurs lecteurs : la première traduction, littérale, le fera *mariscal herrador* (1), même si le villageois ne semble avoir aucune fonction militaire ; et il assumera ensuite une deuxième profession dans 2 : *herrador y albéitar*[34]. Plus tard, dans 5 et 6, il deviendra *herrero* (forgeron), peut-être parce qu'il travaille à la forge (*forja*), transformée parfois en *taller* (5, 6).

– Les parémies et les expressions idiomatiques posent souvent un véritable enjeu au traducteur qui se doit de garder la signification tout en conservant la valeur phraséologique de l'énoncé. Dans le texte qui nous occupe, les personnages de Nodier utilisent des proverbes et des dictons populaires que les traducteurs transposent en espagnol de façon plus ou moins adroite.

C'est le cas du « Quand il n'y en aura plus, il y en aura encore... », adressé par Toussaint à sa mère, après lui avoir demandé de servir à manger à ses amis. Dans la première version, le traducteur a recours à un dicton populaire qui, tout comme le français, sert à exprimer la confiance en l'avenir du personnage : *Cuando no quede nada, Dios proveerá*. Pour sa part, López (3 – 4) introduit aussi une sorte d'expression populaire, mais dont le sens reste quelque peu paradoxal : *Cuanto más se bebe, más cunde*. Le reste de ses traducteurs (à l'exception de 6, qui, tout simplement, supprime cette phrase) préfèrent dépouiller l'énoncé de sa valeur parémiologique pour renforcer la détermination de l'hôte :

---

34 Ce nom d'origine arabe sert encore à désigner le vétérinaire dans certaines régions d'Espagne.

Cuando se acabe, aún habra más (2), *Cuando se termine, sacaré más aún* (5), *Y cuando se acabe, se podrá sacar más* (7) ou même *En el momento en que se acabe, indicámelo, que iré a sacar algo más* (8).

Plus complexe est le problème posé par le discours de Colas Papelin lorsqu'il veut se présenter comme un familier des Oudard : se disant valet d'écurie, il cherche à affirmer son amitié avec Toussaint se servant d'une expression dont il signale explicitement la valeur idiomatique : « car entre le palefrenier et le maréchal, il n'y a, comme on dit, que la main ». Cette référence au célèbre dicton qui souligne la confiance entre égaux (*De marchand à marchand, il n'y a que la main*) a été réorientée, dans la plupart des cas, de façon à exprimer le rapport de proximité physique, et donc d'égalité ou de familiarité, faisant recours à des expressions habituelles pour indiquer la courte distance, marquée soit par la main, *un palmo de distancia* (5, 6, 8) ou par le pied, *un paso* (2, 3, 4) ; ou même soulignant la marche en parallèle : *van parejos* (7). Cependant, le traducteur de la première version a préféré maintenir la référence originelle à la poignée de main – supprimant pourtant l'allusion à la popularité de l'expression – ce qui rend le commentaire de Papelin plutôt confus, voire incohérent, puisque l'allusion au contrat de confiance n'est pas très pertinente dans le cas des métiers cités : *Porque entre el palafrenero y el herrador no hay nada como la mano* (1).

– D'autre part, nous voudrions citer les différentes versions d'une expression qui nous semble bien condenser l'esprit du conte : l'exclamation « Diable ! », par laquelle Papelin souligne le récit d'Huberte sur le reclus. Le choix de cette interjection pour exprimer la surprise n'est pas innocent, bien entendu, mais il faut bien aux traducteurs conserver sa signification tout en assurant la pertinence de son emploi. Ainsi donc, la traduction littérale de 1 (*¡Diablo !*) ne sera reprise que par Llopis (5). Autrement, elle sera remplacée par un synonyme équivalent – *¡Demonio !* (2, 3 et 4) – ou par le pluriel *¡Diablos !* (7), des formes plus habituelles pour le lecteur moderne. Cependant, la dernière version récupère une expression assez démodée pour invoquer le diable (*¡Por Belcebú !*). Pour sa part, le traducteur de 6 choisit de sacrifier toute valeur significative en faveur de l'expressivité, faisant recours au populaire *¡Caramba !*, une expression habituelle à l'époque, mais qui reste pourtant peu usitée de nos jours.

– L'intervention du traducteur devient manifeste aussi dans quelques occurrences – plutôt anecdotiques dans tous les cas – où les versions espagnoles introduisent de petites modifications de perspective dans l'expression des faits.

Ainsi donc, la plainte posée par Chouquet, surpris « qu'on reçoive de pareils garnements en si honnête maison » déplace son objectif de l'individu à ses actes dans 3 et 4, faisant que le voyageur critique la conduite impolie de son interlocuteur au lieu de sa condition : *« parece mentira – añadió entre dientes – que se reciban* tales groserías *en una casa tan honrada ».*

D'autre part, la liste des supposés tours du petit diable que les filles évoquent après le départ des voyageurs serait plus réduite dans 8, puisque, incompréhensiblement, Maguelone s'y fait elle-même responsable de la farce du lutin : « *mientras* enredo *maliciosamente el pelo de nuestras cabras.* »

Il faut signaler aussi l'interprétation particulière de la menace que Papelin lance à Chouquet, lorsque celui-ci refuse d'écouter Huberte raconter l'histoire du Reclus qu'on trouve dans quelques-uns des textes espagnols. Ignorant l'allusion à l'anecdote évoquée plus haut par l'ancien étudiant à Cologne (« si ce n'est celle-là, ce sera la mienne »), certains traducteurs préfèrent souligner l'assurance du jeune homme : « *Si no es vuestro gusto, es el mío* » (1), « *Pues si no es por vos, entonces por mí* » (7), et même sa connaissance personnelle des faits qu'il veut lui faire apprendre : « *En el caso de que ella se niegue a contarlo, yo ofreceré mi versión.* » (8)

– Les références culturelles ne jouent pas un rôle significatif dans ce récit, et les versions espagnoles reproduisent, sans besoin d'explication ultérieure, tant l'allusion à la rhétorique de Guillaume (ou *Guillermo*) Fichet qu'au « tombeau », des Trois Rois de la cathédrale de Cologne. Cependant, dans 8, l'identification de la Châsse des Rois Mages est bien moins évidente, dû à la simple suppression de l'article défini, qui rend les reliques tout à fait anonymes : « *por detrás de las tumbas de tres reyes* ».

Certes, les maladresses n'abondent pas dans les traductions que nous considérons, mais nous voudrions quand même signaler quelques cas d'interprétations pour le moins singulières :

Tout d'abord, le recours à la phraséologie pour décrire la partie de la tête de maître Chouquet dépourvue de cheveux dans 1 (*lisa como la palma de la mano*) implique, non seulement la suppression de la référence spécifique à la brûlure, mais surtout la perte de la connotation diabolique de l'originel « comme si le feu y avoit passé[35] ».

---

[35] *Op. cit.*, page 252.

De même, les termes espagnols utilisés dans les différentes versions pour traduire l'odeur « de bitume et de soufre » à l'intérieur de la grotte après le crime sont assez variés et plus ou moins susceptibles d'évoquer des connotations infernales. Celles-ci sont assurées par la présence, dans tous les cas, de l'*azufre*, mais il sera plus évident pour un lecteur espagnol d'associer le diable à la *pez* (1) qu'au *betún* (2, 3 et 4), à l'*alquitrán* (5, 6 et 8) ou encore au plus moderne *asfalto* (7). Car, même s'il s'agit d'une même substance de base, ces différents termes sont associés aux divers emplois de celle-ci, et les deux derniers évoqueraient sans doute plus facilement une autoroute que l'enfer.

Finalement, le lecteur espagnol pourrait facilement être surpris par l'emploi que font les femmes de *madera* (bois) *consagrada* pour purifier la cuisine (dans 1 et 2). On pourrait penser à la présence d'une éventuelle coquille dans le texte français (« bois » pour « buis ») comme probable justification de ce choix, mais le fait que celle-ci n'apparaisse dans aucune des éditions consultées invalide cette hypothèse, tout en rendant la responsabilité du choix aux seuls traducteurs.

LA VOIX DU CONTEUR :
DESCRIPTIONS, AMBIANCE, TON

Après avoir repéré toutes les variations entre les huit versions espagnoles du conte, nous pouvons constater que les différences fondamentales vont bien au-delà de quelques choix ponctuels et qu'elles concernent surtout le mode et le ton général de la narration. C'est par l'emploi de certains mots ou expressions particulières, par la modalisation du discours, ou même par l'introduction de quelques petites modifications personnelles, que les différents traducteurs essaient de toucher les lecteurs afin de les impliquer dans cette histoire inquiétante. Ainsi donc, sans pour autant modifier l'intrigue, les différentes traductions présentent des conteurs dont la voix sonne différemment, visant sans doute un lecteur dont les attentes et les habitudes de lecture se transforment au fil des années.

Ces différences se manifestent de façon évidente dès le début même du récit, lorsque le narrateur décrit le paysage de la combe sous l'orage du soir, une scène destinée à créer l'ambiance inquiétante propre à ces histoires de veillée.

Les auteurs des deux premières versions, parues au XIXᵉ siècle, en plein essor du Romantisme en Espagne, n'hésitent pas à transposer les longues tirades du texte de Nodier d'un style syntaxique plutôt lourd, chargé de constructions impersonnelles ou de *gerundios*[36] et orné de termes destinés à renforcer, tant que possible, le caractère terrible de la scène : *espesa selva* (1)*, bruma pesada y tormentosa* (1)*, tan hórridos lamentos* (2)*, el estruendo de los árboles* (2)*, todos estos ruidos aumentaban la confusión y el espanto* (1)...

Cependant, les traductions du XXᵉ siècle, tout en respectant le texte originel, présentent une syntaxe plus légère, préférant les participes aux subordonnées relatives, et une terminologie toujours précise mais plus adaptée aux usages de la norme contemporaine : *gran bosque* (3, 4, 5, 6, 7)*, llovizna helada y sibilante* (5, 6)*, lamentos espantosos* (5)*, el crujido de los árboles* (5, 6, 8)*, era algo espantoso de oir* (7) ...

Un cas particulier : le narrateur de la dernière version se permet non seulement de renforcer la modalisation par l'ajout de qualificatifs – *más amplio y salvaje* (« plus étendue »), *más angostos y retorcidos* (« bien plus étroits ») – mais aussi d'amplifier encore la syntaxe par le libre développement des images : *a todo aquel que se atrevía a abandonar su casa* (« des voyageurs »), *como lo haría un gran gigante moribundo o un ejército de ancianos quejumbrosos, que al sentirse heridos mortalmente, suplicaran una ayuda que nadie fuera capaz de brindarles* (« comme la voix d'un enfant qui pleure ou d'un vieillard blessé à mort qui appelle du secours »). Jusqu'au point de clore la scène par une anticipation tout à fait personnelle : *Todo aquel fragor se diría que había sido organizado por el mismo diablo* (« cela était épouvantable à entendre »).

Pareillement, les descriptions des deux voyageurs suivent de près le texte français, mais le choix des termes utilisés pour désigner les traits physiques et les éléments de la tenue des personnages varient d'une version à l'autre, dans le but sans doute de faciliter la compréhension des lecteurs peu familiarisés avec les modes vestimentaires d'un autre temps. Ainsi donc, le « juste-au-corps noir à aiguillettes » que porte Pancrace Chouquet est *« un corpiño negro con herretes »* (1) ou *« un justillo*

---

36 L'emploi de cette forme non personnelle du verbe en espagnol est propre à un style archaïsant, habituel dans le discours juridique ou administratif.

negro de agujetas » (2) avant de devenir, pour les lecteurs du siècle suivant, « *un jubón negro de herretes* » (*acuchillado* pour 7), et sa paire de guêtres de cuir « bouclées en dehors » est décrite comme « *polainas de cuero con su hebilla* » (1), « *rizadas hacia afuera* » (2), « *cerradas exteriormente* » (3, 4), « *con vueltas* » (5, 6), « *vueltas hacia afuera* » (7) ou « *provistas de vueltas* » (8).

De sa part, Colas Papelin – dont la description a été entièrement supprimée dans la première version, comme nous l'avons signalé plus haut – couvre le sommet de sa tête d'« *un casquete de lana, una especie de bonete* » (« espèce de bonnet ») qui avait été d'abord « *un casquetillo, especie de solideo* » (2), puis un « *gorrillo, especie de toca* » (3, 4).

Les formes de traitement utilisées par le nain pour s'adresser à Chouquet sont aussi adaptées au ton général du discours, tout en conservant l'ironie qui accompagne son excès de politesse.

Ainsi donc, la présentation par les superlatifs « très-illustre et très-révérend » est littéralement reproduite comme « *muy ilustre y muy reverendo señor* » (1, 5 et 6), ou adaptée à l'aide du suffixe dans 2 « *ilustrísimo y reverendísimo señor* » ; mais l'expression est simplifiée par la suppression du superlatif dans 3 et 4 (« *ilustre y reverendo señor* ») ou, à l'opposé, reformulée librement dans 8 : « *muy celebrado y digno de respeto señor* ». De sa part, la forme « maître » est transposée par les anciennes formes *maese* (2) et *Mestre* (3 et 4) ou actualisée par *maestro* (1, 5 et 6) ou même le plus moderne *profesor* (7 et 8).

Dans le cas de Papelin, l'archaïque et péjoratif « malotrou[37] » est actualisé par des équivalences variées qui, outre la bassesse morale et sociale – *canalla* (1), *malsín* (2), *patán* (5, 6 et 7) – soulignent aussi la misère vestimentaire – *andrajoso* (3 et 4) – ou même le vice de la paresse : *haragán* (8).

---

37 Curieusement, l'ancienne forme *malastrugo*, à l'étymologie commune avec le « malotrou » français et inusitée à l'époque des traductions, sert à désigner le diable dans la *Vida de San Millán* de Gonzalo de Berceo (XIIIᵉ siècle).

CONCLUSION : TRADUCTION ET LECTURE

Après avoir étudié en détail le texte des huit éditions en espagnol de LCHM, nous avons pu constater que, même si les traducteurs respectent toujours l'essence du texte de Nodier, sans qu'on puisse parler en aucun cas d'adaptation, les différences entre les textes sont souvent significatives, de sorte qu'il est possible de tracer le fil d'une certaine « évolution » dans la façon de traduire, aux inévitables conséquences sur l'acte de lecture.

Cette évolution serait liée aux transformations subies par la propre pratique de la traduction au fil des années, mais aussi à la nécessité de s'adapter à des lecteurs d'époques bien différentes.

C'est ainsi que les deux premières versions, éditées au XIXe siècle, à une date proche de l'édition originelle du récit, présentent une traduction qu'on pourrait qualifier de « littérale » : en dépit des suppressions de texte signalées plus haut, les auteurs de ces traductions se tiennent à la lettre du texte français, même si cela peut donner lieu à quelque maladresse ou provoquer un certain alourdissement de la syntaxe, auquel le lecteur de l'époque serait par ailleurs bien habitué.

Vers la moitié du XXe siècle, la version réalisée par Pilar López Brea pour l'anthologie de Menéndez Pidal (reprise par les éditeurs de *La Hora XXV*) introduit une conception plus « classique » de la traduction, faisant attention à la précision du lexique, mais aussi à la souplesse du discours, dont le style soigné se veut pourtant proche du récit « conté », cherchant à produire un effet d'inquiétude chez le lecteur.

Le passage vers la « modernisation » du texte est marqué par la traduction faite par Rafael Llopis en 1963 : tout en conservant rigoureusement la signification, il évite les mots anciens et les expressions « vieillies », les remplaçant par des formes aussi précises, mais plus familières au lecteur contemporain. La syntaxe lourde des premières versions en a complètement disparu, mais on maintient quand même un certain ton ancien, qui situe le récit dans le cadre de son temps. Citons en exemple la construction haber + pronom enclytique, assez démodée, dans le cri enthousiaste de Papelin : « ¡Helo *por fin cogido !* ».

Quant au texte publié par Siruela en 1989, les intentions des responsables du recueil, J. Martín Lalanda et L. A. de Cuenca, sont clairement indiquées dans le texte d'introduction, intitulé « *El sueño, la luz y el ángel* ». Les auteurs y justifient l'inclusion dans le volume de certains récits au fantastique plus traditionnel que visionnaire – LCHM, entre autres – dont ils soulignent le « *delicioso* » humour noir de la narration. Pour reproduire cet effet et séduire le lecteur par le charme du récit, le traducteur agit donc en conteur contemporain, utilisant un discours souple et fluide, qui évite toute expression complexe ou archaïque, mais conservant intacte sa valeur poétique.

Si la traduction de Martín Lalanda peut sembler assez « personnelle », pour avoir cherché à actualiser la narration en vue de garantir l'effet de lecture chez le public contemporain, l'auteur de la dernière traduction se permet d'aller encore un peu plus loin et de s'approprier le récit pour en offrir une version bien plus libre et personnelle.

Contrairement à la tendance observée dans les éditions antérieures, la narration redevient moins souple et le discours s'alourdit par le libre ajout d'épithètes et d'amplifications visant à « noircir » le texte de Nodier et à renforcer l'effet d'horreur. L'humour noir y est sacrifié à la création d'une atmosphère inquiétante et terrible, soulignée par l'accumulation de mots chargés de connotations et de sonorités, dont l'intensité est renforcée par la multiplication des épithètes et la libre modalisation : *el inmenso bosque* (« la grande forêt »), *más amplio y salvaje* (« bien plus étendue »), *más angostos y retorcidos* (« bien plus étroits »), *los mugidos enloquecidos de los establos* (« des mugissements venus des étables »)…

Dans cette dernière version, la voix du conteur enveloppe donc le lecteur, cherchant à le plonger dans une ambiance d'inquiétude et dans l'horreur de la damnation diabolique[38]. Il semblerait que le traducteur ait voulu s'appliquer le discours sur la rhétorique qu'il fait tenir à Papelin, simplifiant et reformulant son commentaire sur les cours de Chouquet à Cologne, jusqu'au point de lui faire affirmer le contraire de l'original : *Falta el aspecto oscuro, ése que contiene la moraleja. Por cierto, usted acostumbraba a hacer lo mismo en sus clases, ya que recuerdo cómo os ahorrasteis el final del maestro Guillermo Fichet.* (« Il manque une péripétie, un dénouement

---

38　Nous avons déjà signalé comment le traducteur n'hésite pas même à suggérer de sa propre initiative le caractère diabolique de l'orage qui accompagne l'arrivée des voyageurs : *todo aquel fragor se diría que había sido organizado por el mismo diablo.*

et une moralité dont vous ne nous auriez pas fait grâce sur les bancs quand vous preniez la peine de nous expliquer péripatétiquement les rhétoriques de maître Guillaume Fichet[39] »).

La moralité serait ainsi contenue dans la partie obscure du récit et par conséquent, même s'il s'agit de la traduction la plus récente, réalisée au seuil d'un nouveau millénaire, le texte semble vouloir récupérer le ton, à la fois sombre et exemplaire, des histoires populaires de terreur.

L'analyse comparative des traductions en espagnol de LCHM nous a donc permis de constater une évolution dans le ton général du récit, marqué par les choix et les interventions des auteurs des différentes versions. Sans qu'on puisse nullement parler d'adaptations, on peut affirmer que les textes présentent des variantes, plus ou moins subtiles, visant à adapter le récit aux lecteurs contemporains pour garantir l'effet d'inquiétude propre au fantastique par le renforcement de ces touches d'horreur, de comique ou de poésie que Nodier avait adroitement mis dans son conte.

Inmaculada ILLANES ORTEGA
Universidad de Sevilla

---

39 *Op. cit.*, page 248.

NODIER DANS LA REVUE
SEMINARIO PINTORESCO ESPAÑOL

Romancier, poète, dramaturge, journaliste, critique, essayiste, Charles Nodier est un écrivain exceptionnel et kaléidoscopique du romantisme. Mais, même si ce caractère divers de son œuvre est indiscutable, le bibliothécaire de l'Arsenal reste associé surtout à sa facette de « conteur » d'histoires. En 1837, un Nodier déjà âgé, avouait dans la préface de ses *Contes en prose et en vers* la prédilection qu'il avait eue pour le genre bref tout au long de sa vie :

> Depuis plus de cinquante ans que je subis l'ennui de la vie réelle, je n'ai trouvé aux soucis qui la dévorent qu'une compensation de quelque valeur ; c'est d'entendre des Contes ou d'en composer soi-même. Aussi, en sage dispensateur de mon temps, ne me suis-je guère occupé d'autre chose, et si j'avais été plus libre, j'en aurais fait davantage[1][...].

Mais nous ne pouvons oublier non plus que Nodier est reconnu comme l'un des précurseurs du fantastique en France. Il est donc un « conteur » d'histoires de filiation fantastique[2] principalement, dans lesquelles il « nous confie, à travers la diversité de ses inventions, ses rêves juvéniles, ses hantises, enfin ses aspirations à la sagesse et à la vérité mystique[3] ».

Ce Nodier qui donne naissance dans ses fictions brèves à un fantastique romantique enraciné dans les traditions et légendes populaires est le point de départ de ce travail, où nous essaierons d'analyser sa réception dans la revue espagnole *Semanario Pintoresco Español*, un exemple parmi d'autres de la présence de l'auteur français dans la presse espagnole dix-neuviémiste.

---

1   Ch. Nodier, *Œuvres complètes.* XI : *Contes en prose et en vers*, Genève, Slatkine Reprints, 1998, p. I [réimpression de l'édition de Paris, Renduel, 1837].

2   Le fantastique entendu dans son cas d'une manière assez vaste et même diffuse comme il en ressort de son essai « Du fantastique en littérature ». Cf. Ch. Nodier, « Du fantastique en littérature », in *Œuvres complètes*, Genève, Slatkine Reprints, vol. V, p. 69-112 [réimpression de l'édition de Paris, Renduel, 1832].

3   P.-G. Castex, *Le Conte fantastique en France, de Nodier à Maupassant*, Paris, Corti, 1987 [1951], p. 123.

L'inventaire de Giné et Palacios[4] des traductions espagnoles des récits fantastiques de Nodier met en évidence qu'il est un auteur traduit à partir des années 1830 et que le rythme des versions a eu une régularité intermittente depuis le XIXe siècle jusqu'au XXIe siècle[5], que ce soit en tant que récits indépendants, en volumes consacrés entièrement à lui ou en anthologies générales. D'après ce travail, les premiers récits de Nodier qui sont traduits en Espagne sont parmi ses textes fantastiques les plus célèbres, comme *Smarra ou les démons de la nuit* et *Trilby ou le lutin d'Argail*, traduits tous les deux au début des années 1840, une vingtaine d'années après leur première publication en France. Mais le cas le plus frappant est celui d'*Inès de Las Sierras*, dont le thème espagnol qu'il développe peut expliquer qu'en 1839, seulement deux ans après l'édition originale française, il y ait déjà une traduction en volume[6] et que ce soit l'un des récits de Nodier les plus traduits en Espagne jusqu'à nos jours[7].

En ce qui concerne la présence de Nodier dans la presse espagnole au XIXe siècle, cette perspective de recherche offre d'intéressantes possibilités

---

4   M. Giné et C. Palacios, « Traducciones de obras de Charles Nodier », in *Traducciones españolas de relatos fantásticos franceses, de Cazotte a Maupassant*, Barcelona, PPU, 2005, p. 29-45.

5   Roas affirme que « *Charles Nodier tuvo el honor, junto a Hoffmann, de ser el autor fantástico más vertido durante la primera mitad del siglo* XIX *(y, por tanto, el más leído). Podemos encontrar versiones españolas de once de sus relatos fantásticos, lo que supone una cantidad nada despreciable, puesto que, como ha demostrado Castex, la producción fantástica de Nodier (en todas sus variantes [...]) se compone de veinte obras. Por lo tanto, el lector español contó con la traducción de la mitad de la obra fantástica del autor francés* » (D. Roas Deus, *La recepción de la literatura fantástica en la España del siglo XIX*, Universidad Autónoma de Barcelona, Tesis Doctoral, p. 170). En tout cas, le travail de Giné et Palacios montre cependant que le nombre des traductions espagnoles augmente considérablement à partir du XXe siècle et que c'est aussi dans ce siècle que sont traduits pour la première fois des textes comme *Histoire d'Hélène Gillet*, *Jean-François les Bas-Bleus* ou *Lydie ou la Résurrection*, qui étaient restés inédits en Espagne au XIXe siècle.

6   Ch. Nodier, *Inès de Las Sierras*, Manuel Saurí, Barcelona, 1839. – Avant l'année 1839, Montesinos signale cependant l'existence d'autres traductions espagnoles parues dans la capitale française : *Juan Sbogar*, Paris, Imp. de Smtih, 1827 ; *El pintor de Salzburgo*, *Las meditaciones del claustro*, Paris, Hamonière, 1830 ; *Teresa Ober*, Paris, Pillet, 1830. Il y ajoute une version sans nom de l'auteur d'*Inès de Las Sierras*, parue en 1838 dans la *Revista Europea*, IV, p. 226 (J. F. Montesinos, *Introducción a una historia de la novela en España en el siglo XIX, seguida del esbozo de una bibliografía española de traducciones de novelas, 1800-1850*, Madrid, Castalia, 1980, p. 227). L'année de publication et la référence de la revue espagnole fournies par Montesinos ont été corrigées après par Trancón Lagunas (M. Trancón Lagunas, *La literatura fantástica en la prensa del romanticismo*, Valencia, Institució Alfons El Magnànim, 2000, p. 56, 253) et Roas Deus (*La recepción de la literatura fantástica en la España del siglo XIX, op. cit.*, p. 765) : *Revista Europea*, tome I, 1837, p. 226-227, 140-161.

7   Voir dans ce volume, G. Zaragoza, « *La presente novelita española* », p. 169.

encore peu explorées. À l'exception des références ponctuelles à Nodier et à quelques traductions de ses œuvres au XIXe siècle qu'on peut rencontrer dans des études générales comme celle de Montesinos[8], de Roas Deus[9] ou de Trancón Lagunas[10], nous n'avons pas trouvé de travaux qui abordent d'une manière spécifique la réception de l'auteur français dans les revues espagnoles. Une prospection superficielle des fonds de l'hémérothèque numérique de la Bibliothèque Nationale Espagnole[11] nous a révélé pourtant une présence de Nodier dans la presse espagnole du XIXe siècle et les premières décennies du siècle suivant qui nous fait supposer qu'une recherche plus exhaustive pourrait donner des résultats significatifs. Ainsi, aux traductions déjà répertoriées dans les travaux cités ci-dessus, nous pouvons ajouter ces autres traductions, toutes anonymes, de textes fantastiques, à l'exception de la fable *L'Homme et la fourmi*[12] :

Inès de Las Sierras o el Castillo de Ghismondo por Carlos Nodier, dans *La Carta*, 1847[13].

---

8   Cf. J. F. Montesinos, *Introducción a una historia de la novela en España en el siglo XIX, seguida del esbozo de una bibliografía española de traducciones de novelas, 1800-1850, op. cit.*

9   Cf. D. Roas Deus, *op. cit.*

10   Cf. M. Trancón Lagunas, *La literatura fantástica en la prensa del romanticismo, op. cit.* – Dans cet essai, Trancón Lagunas fait mention de ces quelques traces de Nodier dans la presse espagnole romantique : « *En 1837* [*Revista Europea*, tome I, p. 226-227, 140-161], *se publicó "Inès de Las Sierras" de Charles Nodier, sin el nombre de su autor ni de su traductor. De 1844* [*El Laberinto*, tome I, n° 9 mars, p. 113-114], *data una biografía de este autor en la que se realiza un panegírico con motivo de su muerte. De sus obras se cita en especial Smarra, una de sus piezas fantásticas más representativas. Contrapone el articulista la fantasía de Nodier a la escuela fantástica de Chateaubriand y Saint Pierre, a la que considera descriptiva y pintoresca. En 1853* [*La Ilustración*, août n°s 232, p. 319-320 ; 233, p. 327-328 ; 234, p. 331 ; 235, p. 338], *se publicó "Smarra o los duendes de la noche", acompañada de grabados fantásticos que ilustran algunos pasajes tenebrosos de la obra ; y, en 1857* [*La Ilustración*, tome IX, n° 427 mai, p. 178-179], *aparecieron publicadas "Las noches del lago"* » (M. Trancón Lagunas, *op. cit.*, p. 56). L'inventaire des traductions des récits fantastiques nodiéristes fait par Roas Deus coïncide avec celui de Trancón Lagunas (D. Roas Deus, *op. cit.*, p. 765-766). En ce qui concerne Montesinos, à l'exception de la traduction de *Smarra ou les démons de la nuit* de 1853, ce critique avait déjà repéré les versions répertoriées par Trancón Lagunas (*cf.* J. F. Montesinos, *op. cit.*, p. 90, 227). Tout en reconnaissant le caractère superficiel de sa recherche dans la presse, Montesinos s'attendait à la possibilité très réelle d'y rencontrer d'autres traductions des récits brefs de Nodier.

11   URL : http://www.bne.es/es/Catalogos/HemerotecaDigital/, consulté le 10/09/2020.

12   Nous avons trouvé aussi une traduction anonyme d'un texte fantastique de Nodier au Mexique : « *Trilby o el duende de Argail* por Carlos Nodier », *Diario oficial del gobierno mexicano*, 1846, n°s 87 (26/05/1846) à 94 (02/06/1846).

13   N°s 285 (29/11/1847) à 309 (28/12/1847).

Lydie o la resurrección por Charles Nodier, dans *La Discusión*, 1858[14].
El hombre y la hormiga (Apólogo primitivo) por C. Nodier, dans *La Guirnalda*, 1876[15].
La hada de la migajas por Carlos Nodier, dans *La Justicia*, 1895[16].

Quant aux travaux ou articles de type critique parus dans la presse, au-delà de références ponctuelles à Nodier, dans notre recherche nous avons rencontré quelques pages consacrées à l'auteur français dans un article de Menéndez y Pelayo sur les origines du romantisme français, publié dans plusieurs numéros de *La España Moderna* en 1890 et 1891[17] ; dans cette même revue, en 1907, Pardo Bazán n'oublie pas Nodier non plus dans sa vaste étude « *La literatura moderna en Francia*[18] » ; et finalement, la revue *Vida intelectual* publie en 1908 la traduction du volume 5 de l'œuvre du critique danois Georg Brandes *Les Grands courants littéraires au XIXe siècle*[19], où un chapitre complet est consacré à Nodier[20].

---

14 Nᵒˢ 757 (12/08/1858) à 766 (22/08/1858). Dans la première livraison, la rédaction du journal annonce à ses lecteurs que la traduction a été faite par l'une de ses abonnées : « *Debemos a la amabilidad de una de nuestras apreciables suscritoras, la señorita doña Carolina M... la siguiente traducción de un precioso cuento de Carlos Nodier, con el cual amenizaremos unos cuantos días esta sección de nuestro periódico* ».

15 Nᵒˢ 1 (05/01/1876) et 2 (20/01/1876).

16 Nᵒˢ 2.653 (04/06/1895) à 2.701 (28/07/1895).

17 M. Menéndez y Pelayo, « *Estudios sobre los orígenes del romanticismo francés* », *La España Moderna*, tome XXIII, novembre 1890, p. 133-203 ; tome XXIV, décembre 1890, p. 130-176 ; tome XXV, janvier 1891, p. 39-108. – Dans la dernière livraison de janvier 1891, sous-titrée « *Los iniciadores : Mad. de Staël, Chateaubriand y sus respectivos grupos* », Menéndez y Pelayo y attribue à Nodier un rôle décisif au sein de l'école romantique française : « *Nodier fue, a la vez que un precursor del romanticismo, uno de sus colaboradores y aliados más asiduos : cuando viejo, lo mismo que cuando joven, marchó siempre á la vanguardia de la escuela. [...] Tanta variedad de aptitudes, una curiosidad tan inquieta, un espíritu tan abierto, una gran bondad de alma y una sencillez casi infantil, convirtieron a este cuentista bibliómano, deliciosamente enamorado de las musarañas, en ídolo de la juventud romántica, desde Víctor Hugo hasta Alfredo de Musset* » (*op. cit.*, p. 105).

18 C'est une longue collaboration de l'écrivaine espagnole qui se poursuit de manière inter-mittente du nᵒ 132 (décembre 1899) au nᵒ 241 (janvier 1909). Dans l'article du nᵒ 218 (février 1907), « *La literatura moderna en Francia. II. Fin del Romanticismo. – El lirismo evoluciona y predomina el elemento épico, histórico y social. – El mundo de la Comedia humana* », p. 79-88, Pardo Bazán fait référence aux conteurs romantiques et situe Mérimée à leur tête, mais elle estime qu'il ne serait pas juste d'ignorer d'autres auteurs comme Nodier, Gozlan ou Janin.

19 Ce volume 5 porte sur *L'École romantique en France*.

20 Cf. J.-C. Polet (dir.), *Auteurs européens du premier XXe siècle. 1 : De la drôle de paix à la drôle de guerre 1923-1939*, Bruxelles, De Boeck et Larcier, 2002. – D'après les données fournies par Régis Boyer dans cette anthologie (p. 209), l'œuvre de Brandes a été traduite en

De manière plus générale, nous avons constaté aussi dans notre enquête l'intérêt de la presse espagnole pour un événement comme la mort de l'auteur français en 1844[21] et sa succession à l'Académie Française[22]. Dans les pages des journaux, il y a aussi de nombreuses références, la plupart de type publicitaire, à l'apparition des traductions en volume de ses œuvres. Dans le n° 902 (30/08/1841) du *Constitucional* on peut lire ce petit compte rendu d'une traduction des *Proscrits* :

> *LOS PROSCRITOS. Novela escrita en francés por Carlos Nodier y traducida al español por D. M. A. Nos abstendremos de prodigar elogio alguno a la obra que ofrecemos al público, en atención a que el mayor que puede tributársele es el nombre de su autor y el titulo que la acompaña. Solo diremos que son Los proscritos una de aquellas producciones que honran en extremo a la imaginación que las produjo ya por la elegancia de su escrito, ya también por contener frases, que solo pueden explicarse por un corazón que esté experimentando los vaivenes de la fortuna, cual acontecía con el que es objeto de esta obrita. Así pues nos atrevemos a recomendar su lectura, persuadidos de que las desgracias de un proscrito de 20 años interesarán tanto como sus virtudes* [...] (p. 4).

Ce journal indique aussi les librairies barcelonaises où l'on en peut faire l'achat. De son côté, *La Nación*, dans son n° 1.110 (22/02/1853) présente *La Torre maldita* comme « *la novela de más crédito de Nodier* » dans la section « *Libros divertidos*[23] ». Dès 1920 jusqu'aux premières années de la décennie suivante, des journaux comme *El Sol*, *El Imparcial*, *Nuevo Mundo*, *Cosmópolis*, *La Época*, *El Globo*, *Castilla*, *La Voz* et *Luz* annoncent la publication de traductions de récits de Nodier dans des maisons d'édition comme Calpe (collection « *Universal* »), Mundo Latino

---

français en 1902 par A. Topin sur une traduction allemande : *Les Grands courants littéraires au XIX* siècle : L'École romantique en France*, Paris, A. Michalon, 1902. Nous pensons que la traduction espagnole publiée en 1908 dans *Vida intelectual* a pu être faite à partir de cette traduction française récente de 1902. C'est une traduction anonyme et elle s'intitule « *La Escuela romántica en Francia* » (*Vida Intelectual*, tome III, 1908). Le chapitre consacré à Nodier occupe les p. 161-171.

21 Dans des journaux comme *El Corresponsal* (n°s 1.654, 03/02/1844 ; 1.655, 04/02/1844 ; 1.656, 05/02/1844), *El Heraldo* (n° 505, 03/02/1844), *Gaceta literaria y musical* (n° 24, 10/02/1844), *El Laberinto* (n° 8, tome I, 16/02/1844), voir à la fin de ce volume.

22 Dans *El Corresponsal* (n°s 1.662, 11/02/1844 ; 1.665, 14/02/1844 ; 1.696, 16/03/1844 ; 1.701, 21/03/1844 ; 1.702, 22/03/1844), *La Posdata* (n° 647, 16/02/1844), *El Heraldo* (n° 546, 22/03/1844). Au Mexique *Diario del Gobierno de la República Mexicana* (n° 3.223, 19/04/1844) se fait l'écho de la même nouvelle.

23 Nous pensons que c'est la traduction de 1847 de Juan Antonio Escalante, Madrid, Álvarez, repérée par Montesinos, *op. cit.*, p. 227.

ou celles parues dans la collection « *Cuentos y novelas* » de la *Revue Littéraire*, qui à partir de 1929 et jusqu'aux années 1960 a publié en Espagne presque 2000 titres étrangers traduits, à raison d'une œuvre par semaine[24].

Les allusions à la distribution éditoriale des traductions abondent aussi[25].

Finalement, l'approche de la presse espagnole nous révèle que l'intérêt hispaniste pour l'œuvre de Nodier et les circonstances de sa vie se prolonge au-delà de son vivant et dépasse même les frontières chrono-logiques du XIXe siècle. Ainsi, peut-être par un regain de popularité, grâce aux traductions qui sont publiées en ces années-là par des maisons d'édition comme Calpe, aux alentours des années 1930 des conférences sur Nodier à l'Institut Français de Madrid sont annoncées par *El Heraldo* (n° 12.803, 11/02/1927) :

> *Disertación del Sr. Lapiane en el Instituto Francés. El Sr. Lapiane habla de la tertulia romántica de Charles Nodier, en el Arsenal, en París. Charles Nodier después de haberse dedicado a estudios de orden científico sobre Historia Natural, publicó varias obras clásicas de literatura francesa, y personalmente firmó algunas novelas, poesías, y, sobre todo, varios cuentos muy conocidos en Francia. Pero antes de todo, debe su fama al salón que fundó en 1824, y donde recibía a los principales autores románticos. Era bibliotecario del Arsenal, y en su casa se juntaban todos los domingos literatos como V. Hugo, Alfred de Vigny, Alfred de Musset y otros. Ayudó mucho con sus consejos a sus amigos, y contribuyó con su influencia al éxito del nuevo movimiento romántico* (p. 3).

Et par *El Sol* aussi (n° 5.395, 08/12/1934) :

---

24 Voici quelques-uns des textes traduits auxquels fait référence la presse de ces années-là : *El hada de la migajas, Inès de Las Sierras, Trilby o El duendecillo de Argail, Recuerdos de juventud, La novena de la candelaria, La señorita de Marsan*, collection « *Universal* » de Calpe ; *Inès de Las Sierras*, Mundo Latino ; *La señorita de Marsan, Trilby o El duendecillo de Argail*, collection « *Cuentos y novelas* » de *Revue Littéraire*.

25 Le *Diario de Madrid*, dans son n° 1.800 (29/02/1840) annonce que dans la librairie de la veuve de Razola on peut acheter « *El pintor de Saltzbourg, o diario de las emociones de un corazón doliente*, por Carlos Nodier, autor de los *Proscritos* ». Le même journal, dans son n° 33 (03/12/1843) fait savoir que dans la librairie de Monsieur Ignacio Boix on peut acquérir *Inès de Las Sierras* et on précise que son argument est entièrement espagnol. *La Discusión*, du n° 1.497 (19/12/1883) au n° 1.572 (15/03/1884) faisait savoir à ses lecteurs que le journal offrait aux nouveaux abonnés plusieurs ouvrages étrangers, dont *Inès de Las Sierras*.

EL SR. LAPIANE EN EL INSTITUTO FRANCÉS. El primer autor de « novelas cortas » de la época romántica es Charles Nodier, figura sumamente interesante por el carácter novelesco y aventurero de su juventud mezclada indirectamente en la epopeya de la revolución francesa y agitada por las vicisitudes del encarcelamiento y las persecuciones. También tiene interés aquel tipo literario por el impulso que dio al movimiento romántico naciente en las famosas familiares recepciones que daba en el Arsenal, donde había sido nombrado bibliotecario. Y por fin, Nodier cautiva al lector moderno por su obra caprichosa, inagotable, que mariposea constantemente desde las preocupaciones científicas, filológicas, históricas, hasta los más altos temas del arte y de la poesía. Sus cuentos tienen un matiz de fantasía irreal, algunas veces sombría y misteriosa, como en « Jean Sbogar » o « Inès de Las Sierras » (esta última inspirada por un viaje que hizo en Cataluña), otras veces elegante y graciosa al estilo de Shakespeare, como en Trilby o en la deliciosa « Fée aux Miettes », y algunas veces recordando el humorismo de un Sterne. Es, en definitiva, el « Jefe del partido legitimista de la "féerie" francesa » (p. 4).

Revenons aux traductions de Nodier dans la presse espagnole dix-neuviémiste : parmi les données peu précises que Montesinos apporte dans son travail de 1980, il fait référence à la publication anonyme en 1855 d'une traduction de *La Combe de l'Homme mort* de Nodier dans le *Semanario Pintoresco Español*, sous le titre *La gruta del hombre muerto*[26]. Une vingtaine d'années après, Roas Deus a précisé et complété cette référence de Montesinos, car la revue espagnole avait publié deux autres traductions de textes nodiéristes fantastiques sans nom d'auteur : *Légende de sœur Béatrix* et *Baptiste Montauban ou l'Idiot*[27]. Donc, les trois traductions identifiées dans le *Semanario Pintoresco Español* sont :

La hermana Beatriz. Leyenda, 1854, n° 49, 3 décembre, p. 387-389 ; n° 50, 10 décembre, p. 394-396[28].

---

26 J. F. Montesinos, *op. cit.*, p. 90, 227.

27 D. Roas Deus, *op. cit.*, p. 765-766. – Trancon Lagunas a repéré aussi les trois traductions du *Semanario Pintoresco Español*, mais, celles-ci ne portant pas le nom de l'auteur, elle ne les a pas identifiées comme appartenant à des textes nodiéristes (*c.f.* M. Trancón Lagunas, *op. cit.*, p. 275-276).

28 Palacios Bernal a identifié une traduction antérieure de ce texte apparue dans *La Revista Peninsular* en 1838, juste une année avant sa première publication en France : « *ocupa las páginas 227-246. La revista se encuentra en la BN de Madrid con la signatura Z-3726, siendo tomo único. Fue publicada en Madrid por la Imprenta de la Compañía tipográfica* » (C. Palacios Bernal, « ¿Zorrilla lector de Nodier ? En torno a *Margarita la tornera* y *La Légende de Sœur Béatrix* », in M. Bruña Cuevas, M. G. Caballos Bejano, I. Illanes Ortega, C. Ramírez Gómez, A. Raventós Barangé (coords.), *La cultura del otro : español en Francia, francés en España*, Sevilla, Universidad de Sevilla, 2006, p. 579-588).

La gruta del hombre muerto, 1855, n° 12, 25 mars, p. 91-94.
Bautista Montauban. Cuento, 1855, n° 13, 1ᵉʳ avril, p. 100-101 ; n° 14, 8 avril, p. 107-108 ; n° 15, 15 avril, p. 115-116.

C'est sur la présence de ces trois versions dans le *Semanario Pintoresco Español* que nous porterons notre attention. Le fait de rencontrer trois récits de Nodier traduits dans une revue qui mise sur la culture et la littérature nationales constitue une circonstance exceptionnelle. Le fait que les textes choisis par la revue ne soient pas les plus célèbres de l'auteur français nous paraît aussi un aspect qu'il faut analyser. Et finalement, il ne faut pas oublier que le *Semanario Pintoresco Español* est l'une des publications périodiques les plus significatives en Espagne au XIXᵉ siècle[29].

Le *Semanario Pintoresco Español* constitue un précieux témoignage de la vie culturelle de son époque et une précieuse source aussi pour les historiens de la littérature. Cela explique que, depuis le début du XXᵉ siècle, il ait fait l'objet de beaucoup de monographies et articles spécifiques et que sa référence ait été incontournable dans de nombreuses études plus générales portant sur le mouvement romantique, la presse dix-neuviémiste ou les formes brèves en Espagne. Pour la consultation de cette bibliographie, nous renvoyons au catalogue dressé dans l'une des dernières publications consacrées à la revue qui nous occupe, *La Narrativa breve en el Semanario Pintoresco Español (1836-1857)*, éditée par Monserrat et María Jesús Amores[30]. Les premières études apparaissent au début du XXᵉ siècle[31], mais c'est à partir des années 1990 que les approches du *Semanario Pintoresco Español* deviennent particulièrement abondantes, coïncidant avec sa digitalisation[32].

---

29   Pour Trancón Lagunas, le *Semanario Pintoresco Español*, son rival *El Museo de las Familias* (1843-1867) et le *Museo Universal* (1857-1869) « *forman la trilogía de revistas más importantes del siglo hasta la revolución del 68* » (M. Trancón Lagunas, *op. cit.*, p. 66).

30   M. Amores et M. J. Amores, *La Narrativa breve en el Semanario Pintoresco Español (1836-1857)*, Bellaterra, Universidad Autónoma de Barcelona, 2016, p. XI-XIII, XXVI-XXXI.

31   G. Le Gentil, *Les Revues Littéraires de l'Espagne pendant la première moitié du XIXᵉ Siècle*, Paris, Librairie Hachette, 1909.

32   Consultable dans l'hémérothèque électronique de la Bibliothèque Nationale d'Espagne (BNE). URL : http://www.bne.es/es/Catalogos/HemerotecaDigital/. – Parmi les études les plus récentes, Amores (M. Amores et M. J. Amores, *La Narrativa breve en el Semanario Pintoresco Español (1836-1857)*, *op. cit.*, p. XI) souligne comme une monographie incontournable celle Rubio Cremades parue en 2000 : E. Rubio Cremades, *Periodismo y Literatura : Ramón de Mesonero Romanos y el « Semanario Pintoresco Español »*, Alicante, Universidad de Alicante, 2000.

D'après les données fournies par Amores, dans la vingtaine d'années de publication du *Semanario Pintoresco Español* (03/04/1836-20/12/1857) y ont été publiés deux cent quatre-vingt-un contes espagnols et quatre-vingt-huit contes traduits ou adaptés[33]. La disproportion entre la présence de littérature étrangère dans la revue par rapport à celle de la littérature nationale est évidente. Ce décalage ne surprend pas, dans une publication dont le fondateur, Ramón Mesonero Romanos, était l'un des défenseurs les plus passionnés d'une littérature nationale et critiquait l'invasion déchaînée de textes traduits ou adaptés. C'est Mesonero Romanos qui propose la célèbre définition de l'Espagne comme une « *nación* traducida » dans les pages de sa revue, en 1842, l'année où il en quitte la direction :

> *La manía de la traducción ha llegado a su colmo. Nuestro país, en otro tiempo tan original, no es en el día otra cosa que una nación traducida. Los usos antiguos se olvidan y son reemplazados por los de otras naciones ; nuestros libros, nuestras modas, nuestros placeres, nuestra industria, nuestra leyes, y hasta nuestras opiniones, todo es ahora traducido. Los literatos, en vez de escribir de su propio caudal, se contentan con traducir novelas y dramas extranjeros ; los sastres nos visten a la francesa ; los cocineros nos dan de comer a la parisiense ; pensamos en inglés ; cantamos en italiano y nos enamoramos en gringo [...]*[34].

Rubio Cremades conclut que cette méfiance de Mesonero Romanos envers la littérature étrangère a fait que, pendant sa période de directeur de la revue (1836-1842), les chroniques concernant les nouvelles traductions et la traduction de textes dans ses pages, aient été presque nulles[35]. On peut même observer que certains auteurs éveillaient particulièrement

---

33 M. Amores et M. J. Amores, *op. cit.* – Cette monographie fait l'inventaire chronologique des contes espagnols et des contes traduits ou adaptés apparus tout au long de l'existence de la revue, chaque entrée étant accompagnée d'une analyse. La fiche de chaque texte est consultable aussi sur le site web (URL : http://gicesxix.uab.es/presentacion.php) que le groupe de recherche responsable du volume entretient (*Grupo de investigación del cuento español del siglo XIX* - GICES XIX, Universidad Autónoma de Barcelona). L'introduction qui ouvre le travail d'Amores nous a servi ci-dessous comme repère pour notre présentation du *Semanario Pintoresco Español*.

34 R. Mesonero Romanos, « *Las traducciones o emborronar el papel* », *Semanario Pintoresco Español*, n° 29, 17/7/1842, p. 228. – Pour une révision d'autres opinions comme celle de Mesonero Romanos contraires aux traductions, cf. J.-R. Aymes, « *Las opiniones acerca de las traducciones en la prensa española de los años 1823-1844* », in F. Lafarga, C. Palacios, A. Saura (éds.), *Neoclásicos y románticos ante la traducción*, Universidad de Murcia, 2002, p. 35-58.

35 E. Rubio Cremades, « *Las traducciones en la prensa literaria : el Semanario Pintoresco Español* », in F. Lafarga et L. Pegenaute (éds.), *Traducción y traductores, del Romanticismo al*

des soupçons et qu'il n'y aura un changement de tendance qu'à partir
du moment où Mesonero Romanos sera remplacé dans la direction :

> *Respecto a los géneros narrativos el* Semanario Pintoresco Espanol *muestra espe-*
> *cial prevención por el relato histórico, por las traducciones y difusión de las novelas*
> *de W. Scott. Muestra también su disconformidad con las obras debidas a G. Sand,*
> *Balzac y Dumas, pues ninguna de ellas se muestra perfecta ante los ojos de Mesonero*
> *Romanos. A raíz del cese de Mesonero como director del Semanario, los juicios críticos*
> *adversos se truecan en elogiosas palabras, pues se conceptúa de forma distinta la obra*
> *de estos escritores. A partir del año 1843 G. Sand, A. Dumas, V. Hugo y E. Sue son*
> *los escritores más leídos y admirados según el* Semanario Pintoresco Espanol[36].

Malgré l'opposition de Mesonero Romanos à la littérature étrangère et
les conséquences signalées par Rubio Cremades, une évidence se dégage
de l'inventaire d'Amores : vingt-sept textes traduits y apparaissent
répertoriés jusqu'à l'année 1843 où Gervasio Gironella prend le relais de
Mesonero Romanos. Ce chiffre, pour une revue dont le directeur n'était
pas suspect de sympathiser avec tout ce qui arrivait de l'autre côté des
Pyrénées, témoigne de la dépendance culturelle dans laquelle a vécu le pays
jusqu'à l'arrivée de la génération de 1870 et l'éclosion du roman réaliste.

En tout cas, après l'étape de Mesonero Romanos, Amores et Rubio
Cremades confirment une période d'ouverture progressive de la revue
aux influences extérieures à partir de 1843. Mais ce n'est qu'à partir de
l'année 1846 que se produit la véritable « *regeneración*[37] » avec la direction
de Francisco Navarro Villoslada (janvier-juin 1846) :

> *El material noticioso referido a traducciones a partir del año 1843 es, en verdad, copioso.*
> *Durante los años 1843, 1844 y 1845 no sólo aparecen en el* Semanario Pintoresco
> *informaciones sobre las traducciones de obras extranjeras, sino que también incluye tra-*
> *ducciones de Manzoni, Mattison o Pfeffeb, entre otros. Sin embargo, el mayor número*
> *de referencias, noticias y análisis de obras traducidas se producirá durante el año 1846,*
> *cuando Navarro Villoslada asume la dirección literaria del* Semanario. *[...] Sin*
> *embargo, lo realmente interesante en el específico campo de la traducción se encuentra en*
> *las sucesivas* Crónicas *literarias insertas en el* Semanario, *especialmente las correspon-*
> *dientes al año 1846 por su alto porcentaje de obras reseñadas provenientes del francés*[38].

Realismo. Actas del Coloquio Internacional celebrado en la Universitat Pompeu Fabra (Barcelona,
   11-13 de noviembre de 2004), Berne, Peter Lang, 2006, p. 391-406.

36   E. Rubio Cremades, *id.*, p. 400-401.

37   Amores utilise ce terme pour décrire l'évolution décisive qui se produit dans la politique
   de gestion de la revue.

38   E. Rubio Cremades, *op. cit.*, p. 403-404.

La « *regeneración* » sera définitivement confirmée juste après dans l'étape la plus significative de la revue, celle où la publication est dirigée par un homme d'esprit libéral, Ángel Fernández de los Ríos (juillet 1846-1855) :

> *Por su parte, el espíritu liberal del director* [Ángel Fernández de los Ríos] *resultó determinante para que en las páginas del* Semanario *se apreciase cierto giro editorial en lo concerniente a la novela francesa y en especial a la novela social, puesto que durante los años de su dirección se valoraron positivamente las obras de Sue y se buscaron, como reclamo para nuevos abonados, las suscripciones a folletines franceses*[39].

Comme l'on pouvait s'y attendre pour un travail de ce type, l'inventaire d'Amores présente une casuistique très variée[40]. Une partie considérable des textes, pour lesquels l'identification a été impossible, a été classée par les auteurs comme traductions à partir des pistes fournies par l'édition du récit en question[41]. Très souvent la traduction espagnole ne porte ni le nom du traducteur, ni celui de l'auteur, et le titre ne laisse pas deviner la source, car sa traduction s'éloigne du titre original ou le texte traduit est seulement un fragment d'une œuvre majeure. Dans certains cas, l'identification du texte original est possible, mais pas celle de son auteur, car ces textes traduits dans la revue espagnole sont publiés à l'origine dans la presse étrangère de façon anonyme. Tenant compte de ces difficultés de recherche dans la presse, les versions identifiées en totalité ou partiellement dans le travail d'Amores nous offrent un panorama général des nationalités auxquelles se sont intéressés les directeurs successifs du *Semanario Pintoresco Español* : on rencontre dans ces pages des traductions d'auteurs allemands[42], britanniques[43], nord-américains[44], irlandais[45],

---

39 M. Amores et M. J. Amores, *op. cit.*, p. VIII-IX.
40 Les critères adoptés pour la sélection de textes sont expliqués par les éditrices dans l'introduction de l'ouvrage, ceux-ci étant assez généraux : « *Para su catalogación hemos adoptado un criterio muy general, pues consideramos cuento aquel texto breve narrativo en prosa. [...] Este margen laxo en la definición facilita el análisis de narraciones que cabalgan entre dos géneros : el artículo de costumbres y el cuento, el ensayo de historia y el cuento histórico o la novela y el cuento. En ocasiones las fronteras son difusas y ocurre que algunas narraciones que aparecen con el subtítulo de cuadro de costumbres, anécdota histórica, o novela deben estimarse cuentos* » (M. Amores et M. J. Amores, *id.*, p. XIV).
41 Ce n'est pas le cas de Nodier dont, comme on l'a indiqué ci-dessus, les trois textes traduits étaient identifiés au complet à partir de la thèse de Roas Deux en 2000 (*op. cit.*).
42 August von Kotzebue, Gottfried Bürger, Christian Schubart, Luisa Bracmann.
43 Charles Dickens, Joseph Addison, Thomas Percy.
44 Washington Irving, Nathaniel Hawthorne.
45 Thomas Moore, Gerald Griffin.

italiens[46], dans certains cas, le français étant la langue internationale au XIXᵉ siècle, traduits de manière indirecte à partir d'une version française. En ce qui concerne les auteurs français, en plus de Nodier, on y trouve de grands écrivains comme Honoré de Balzac (*El Verdugo*) et Théophile Gautier (*Le Chevalier double*) et d'autres, aujourd'hui presque ou tout à fait méconnus, comme Eugène Scribe (*Guido et Ginebra ou la peste de Florence*, livret d'opéra), Jules Lecomte (fragment d'*Études maritimes. De quelques animaux apocryphes et fabuleux de la mer*), Joseph Lavallée (*Les Deux Galiciens*), Louis Viardot (« L'Amour », chapitre de *Scènes de Mœurs arabes*), Jacques Collin de Plancy (*Le Prince d'un jour*), Octave Féré (*Une Veillée Normande*), Pierre-Michel-François Chevalier, dit Pitre-Chevalier (*Sans feu-ni-lieu*), Charles-Philippe de Chennevières-Pointel, dit Jean de la Falaise (*Les Bergeries*), Alphonse Karr (*La Main du diable*) ou Joseph Méry (*Ulric d'Anduze*).

Pour ce qui concerne les trois traductions de Nodier, on a vu ci-dessus que celles-ci apparaissent dans le *Semanario Pintoresco Español* dans les années 1854 et 1855, lors de l'étape la plus progressiste de la revue sous la direction d'Ángel Fernández de los Ríos. Il y a donc un décalage évident d'une vingtaine d'années entre leur première publication en France et les versions de la revue espagnole. L'édition de Castex des *Contes* de Nodier[47] précise pour chaque texte sa première publication :

Baptiste Montauban ou l'Idiot, dans *Le Conteur, recueil de contes de tous les temps et de tous les pays*, Charpentier, 1833, p. 221-257.

La Combe de l'Homme mort, dans *Le Salmigondis, contes de toutes les couleurs*, tome XI, Fournier, 1833, p. 1-25.

Légende de Sœur Béatrix, dans la *Revue de Paris*, octobre 1837, p. 277-293.

Entre la date de ces premières publications et l'année 1854 où apparaît la première traduction de Nodier dans le *Semanario Pintoresco Español*, celle de *Légende de Sœur Béatrix*, Castex identifie deux autres éditions françaises :

---

46 Giovanni Boccaccio, Fabio Campana.
47 Nodier, *Contes*, éd. de P.-G. Castex, Paris, Garnier, 1961.

L'édition des *Œuvres complètes* de Nodier en treize volumes chez Renduel entre 1832 et 1837, dont le tome XI, publié en 1837, contient *Baptiste Montauban* (p. 109-138) et *La Combe de l'Homme mort* (p. 225-250).

L'édition de Charpentier, en sept volumes, publiée à partir de 1850, dont le volume de 1853 intitulé *Contes de la Veillée* comprend *Légende de Sœur Béatrix* (p. 75-97), *La Combe de l'Homme mort* (p. 219-234) et *Baptiste Montauban* (p. 325-342).

Nous nous demandons quelle en a été ou quelles en ont été les éditions de référence pour le *Semanario Pintoresco Español*. Pour la traduction de la *Légende de Sœur Béatrix*, Amores[48] ne cite pas le texte français original. Pour *La Combe de l'Homme mort*, l'édition française identifiée est celle publiée chez Fournier en 1833 (*Le Salmigondis, contes de toutes les couleurs*). Et finalement l'édition de Charpentier de 1833 (*Le Conteur, recueil de contes de tous les temps et de tous les pays*) y est signalée comme la source originale de la traduction de *Baptiste Montauban*.

Nous pensons pourtant que l'édition française à partir de laquelle les trois récits nodiéristes du *Semanario Pintoresco Español* ont été traduits est celle des *Contes de la Veillée* de l'année 1853 chez Charpentier. C'est une note en bas de page inclue dans *La Combe de l'Homme mort* pour expliquer le signifié du mot « combe » dans le titre qui nous a conduit à cette conclusion[49]. Dans la première édition de 1833 du *Salmigondis, contes de toutes les couleurs* l'explication de la note initiale est celle-ci :

> *Combe* est un mot très français qui signifie une vallée étroite et courte, creusée entre deux montagnes, et où l'industrie des hommes est parvenue à introduire quelque culture. Il n'y a pas un village dans tout le royaume où cette expression ne soit parfaitement intelligible ; mais on l'a omise dans le Dictionnaire, parce qu'il n'y a point de *combe* aux Tuileries, aux Champs-Élysées et à l'île Louviers[50].

---

48 M. Amores et M. J. Amores, *op. cit.*, p. 445-446, 454, 455-456.

49 L'auteur de la note est soit Nodier lui-même, soit quelqu'un qui lui adresse ainsi un clin d'œil amical. Nous remercions Georges Zaragoza de nous avoir apporté cette précision sur la paternité de la note.

50 Ch. Nodier, *La Combe de l'Homme mort*, in *Le Salmigondis, contes de toutes les couleurs*, tome XI, Paris, Fournier, 1833, p. 1. – Dans cette édition la note est attribuée à l'imprimeur (*sic* « Note de l'imprimeur »). Quant à la référence à l'île Louviers, celle-ci était le long de la Bibliothèque de l'Arsenal dont Charles Nodier était le bibliothécaire : « De nos jours [1992], le canal qui passait près de l'Arsenal a été comblé, de sorte que l'île Louviers

Tandis que dans les deux éditions suivantes de Renduel (1837) et
de Charpentier (1853) la référence « à l'île Louviers » est remplacée par
« au Luxembourg » :

> *Combe* est un mot très français qui signifie une vallée étroite et courte,
> creusée entre deux montagnes, et où l'industrie des hommes est parvenue
> à introduire quelque culture. Il n'y a pas un village dans tout le royaume
> où cette expression ne soit parfaitement intelligible ; mais on l'a omise dans
> le Dictionnaire, parce qu'il n'y a point de *combe* aux Tuileries, aux Champs-
> Élysées et au Luxembourg[51].

Dans la traduction du *Semanario Pintoresco Español* la note maintient
la référence « au Luxembourg » :

> Combe *es una palabra eminentemente francesa que significa un valle estrecho y
> corto abierto entre dos montañas y en las que la industria de los hombres ha llegado
> a introducir algún cultivo. No hay una aldea en todo el reino donde esta voz no
> sea inteligible ; pero se ha omitido en el Diccionario, porque no hay* Combes *en las
> Tullerías, en los Campos Elíseos y en el Luxembourgo*[52].

Ce petit détail de l'allusion « au Luxembourg » nous fait donc affirmer
que le texte français d'origine pour la traduction de *La Combe de l'Homme
mort* n'est pas celui publié chez Fournier en 1833. Les éditions utilisées
par le traducteur anonyme de la revue étant donc postérieures à celle
de Renduel (1837) ou de Charpentier (1853), nous sommes persuadés
que la probabilité est plus élevée pour la dernière, car les traductions
du *Semanario Pintoresco Español* ont dû être faites toutes les trois à partir
du même volume français, alors que l'édition Renduel n'en comprenait
que deux (*Baptiste Montauban, La Combe de l'Homme mort*). La proximité
chronologique entre la date de publication de l'édition de Charpentier en
1853 et celle de la première traduction apparue dans la revue (la *Légende
de Sœur Béatrix*, en 1854) est un autre indice pour penser que la direction

---

n'existe plus. La Préfecture de Paris en occupe à peu près l'emplacement », Georges
Zaragoza, *Charles Nodier, biographie*, Paris, Classiques Garnier, 2021, p. 238.

51   Ch. Nodier, *La Combe de l'Homme mort*, in *Œuvres complètes*, tome XI, Paris, Renduel, 1837,
      p. 225. Ch. Nodier, *La Combe de l'Homme mort*, in *Contes de la Veillée*, Paris, Charpentier,
      1853, p. 219. L'édition Renduel ne précise pas la paternité de la note ; celle de Charpentier
      corrige l'édition Fournier de 1833 et signale Nodier comme l'auteur (*sic* « Note de
      Nodier »).

52   C. Nodier, *La gruta del hombre muerto*, *Semanario Pintoresco Español*, nᵒ 12, 25/03/1855,
      p. 91.

de la revue, ou l'un de ses traducteurs collaborateurs, auraient pu acquérir un exemplaire récent des *Contes de la Veillée* et ont décidé d'offrir aux lecteurs espagnols les trois récits qui y ont été finalement traduits.

Cela nous incite à poser la question des raisons qui expliquent la sélection de ces trois textes dans le volume des *Contes de la Veillée*. Nous croyons que c'est un choix motivé par le type d'histoires et de personnages qu'on y rencontre, car, véhiculant un message moralisateur, ils cadrent parfaitement avec l'idéologie du *Semanario Pintoresco Español* dont le premier numéro s'ouvre sur une introduction qui établit ses objectifs : « *Escribimos, pues, para toda clase de lectores y para toda clase de fortunas ; pretendemos instruir a los unos, recrear a los otros, y ser accesibles a todos*[53] ». Les principes qui guident la ligne éditoriale de la revue espagnole sont donc le divertissement et l'instruction d'un lectorat pluriel. Cette dernière finalité didactique du *Semanario Pintoresco Español* est précisée quelques lignes après :

> [...] *procuraremos no desatender la moral pública y privada, cuyo ejercicio práctico une a los hombres en sociedad, y cuyo conocimiento es tan importante para inspirar al pueblo aquella rectitud de juicio, aquella solidez de principios, sin los cuales no puede haber tranquilidad ni ventura. Los deberes religiosos y civiles ; la tolerancia, el amor al trabajo, la probidad en los tratos, el desinterés y la modestia, todas las virtudes en fin, que forman el hombre verdaderamente honrado, y que generalizadas en la multitud, imprimen el carácter peculiar de las naciones*[54].

Les trois histoires de Nodier renfermaient des éléments moralisateurs qui les rendaient très appropriées à la poursuite du programme éditorial du *Semanario Pintoresco Español*, programme qui se maintient dans ses idées essentielles au-delà de la première direction de Mesonero Romanos, même dans l'étape la plus progressiste de Fernández de los Ríos[55] où les traductions qui font l'objet de cette étude se situent.

Baptiste Montauban nous présente un garçon marqué par une personnalité bizarre qui rappelle les personnages de *Jean-François les Bas-Bleus*

---

53 *Semanario Pintoresco Español*, n° 1, abril 1836, p. 5.
54 *Id.*
55 « [...] *a pesar de todas estas vicisitudes el* Semanario *mantiene siempre una línea editorial invariable. Todos los textos insertos en la revista que sirven de introducción o de coda dirigidos a los lectores abundan en la idea dieciochesca de "instruir deleitando", llamando la atención sobre el interés moralizador de sus artículos y narraciones y el propósito de enseñar y formar a los lectores con sus textos sobre un sinfín de materias* » (M. Amores et M. J. Amores, *op. cit.*, p. X).

et de Michel dans *La Fée aux Miettes*. Baptiste ayant grandi avec la fille d'un propriétaire terrien de l'entourage, pour éviter que l'amour ne naisse entre les deux jeunes gens, le voisin lui interdit de revoir sa fille au moment de l'adolescence, mais cette décision arrive trop tard, car apparemment Baptiste s'est déjà épris de la jeune fille. Depuis lors, il vit avec sa mère dans une humble maison isolée au milieu de la nature campagnarde, étant devenu un être solitaire et introverti, très ingénu, et doué d'un pouvoir mystérieux qui lui permet de communiquer avec les animaux. Baptiste connaît une triste fin, car il finit par se suicider dans la rivière. Castex a souligné les implications religieuses qui se cachent dans ce récit :

> Comme saint François d'Assise, il apprivoise les oiseaux, et « on croirait que les oiseaux le comprennent, à la facilité avec laquelle ils s'en laissent prendre ». Cette disposition naturelle, qui s'allie à une rare limpidité d'âme, semble le signe d'un don céleste. [...] Mais nous pensons aussi à la puissance impérieuse qui, chez le Christ, émane de la douceur même[56].

Pour ce qui est de la *Légende de Sœur Béatrix*, son titre même nous annonce déjà le ton religieux d'une histoire que Nodier nous présente comme un récit folklorique transmis par l'hagiographe Bzovius : une religieuse qui quitte le couvent pour vivre un amour charnel finit dans la mendicité après qu'elle a été abandonnée pas le chevalier qui l'avait décidée à franchir la clôture du couvent. Finalement, la vie lui offrira une deuxième opportunité, car, quand elle revient au couvent dans des conditions déplorables, personne ne la reconnaît et elle découvre que, par une intervention miraculeuse, les autres religieuses ne se sont pas aperçues de son absence pendant le temps qu'elle a été à l'extérieur, car la Vierge a occupé sa place. Donc, ayant obtenu le pardon divin, Sœur Béatrix peut récupérer sa vie antérieure consacrée à la dévotion de la Vierge.

La Combe de l'Homme mort est un récit « imprégné de satanisme[57] » qui nous rappelle les conséquences néfastes d'un pacte diabolique. En 1561, le jour de la Toussaint, sur la route de Bergerac au Périgueux, deux voyageurs égarés et fatigués à cause du mauvais temps font une pause dans une forge qui se trouve à proximité d'une combe[58] et qui fait office

---

56 P.-G. Castex, *op. cit.*, p. 156.
57 *Id.*, p. 157.
58 Ci-dessus nous avons reproduit la note où Nodier explique le signifié de ce mot qu'il affirme être intelligible partout : « une vallée étroite et courte, creusée entre deux montagnes,

d'auberge pour les étrangers de passage. Ces deux personnages sont le docteur Pancrace Chouquet et un valet d'écurie, un nain d'apparence inquiétante, diabolique, qui s'appelle Colas Papelin. Ce dernier demande à la vieille femme Huberte, la mère du forgeron, de leur raconter l'histoire qui donne à l'endroit le nom de « la Combe du Reclus ». Pancrace Chouquet se montre réticent, mais il est obligé par Colas Papelin d'écouter le récit. Huberte raconte que cent ans auparavant un jeune et riche seigneur, connu sous le nom d'Odilon, était arrivé au pays et s'était installé sur un rocher du précipice qui longeait la combe. Il y avait fondé un ermitage où il vivait complètement isolé, mais, en dévot qu'il était, il aidait beaucoup les voisins et avait apporté une grande prospérité à la région. Déjà âgé, l'ermite s'était laissé accompagner par un jeune homme qui, après avoir essayé de lui voler son argent, l'avait assassiné en 1531, le jour de la Toussaint, juste trente ans auparavant. L'homme homicide avait disparu mystérieusement, apparemment grâce à un pacte signé avec le diable, retrouvé sur un bout de papier sur la scène du crime. D'après ce pacte l'assassin avait pu échapper en acceptant de mourir trente ans après. Le délai accordé par le diable ayant expiré, le lendemain Pancrace Choquet est trouvé mort. On découvre ainsi qui était le meurtrier d'Odilon et à partir de ce moment la combe est appelée la « Combe de l'homme mort ».

Cette histoire, celle de *La Combe de l'Homme mort*, présente deux comportements opposés, l'un exemplaire – celui de l'ermite – et un autre condamnable, car dénaturé par l'ambition démesurée et le pacte infernal – celui de son assassin. En définitive une histoire qui, comme celle de *Baptiste Montauban* et celle de la *Légende de Sœur Béatrix*, présente le type de moralité aimé par le *Semanario Pintoresco Español*.

Nous avons laissé pour la fin de ce travail ce qui concerne les caractéristiques traductologiques des versions nodiéristes du *Semanario Pintoresco Espagnol*, parce que ce n'est pas un aspect qui se prête à obtenir des résultats excessivement intéressants, les trois traductions étant en général assez fidèles aux textes originaux. Nous n'y avons pas rencontré de manipulations qui compromettent l'utilisation du qualificatif « traduction » et qui puissent nous incliner, comme cela arrive fréquemment

---

et où l'industrie des hommes est parvenue à introduire quelque culture » (Ch. Nodier, *La Combe de l'Homme mort*, in *Contes de la Veillée, op. cit.*, p. 219).

dans beaucoup d'autres cas au XIXᵉ siècle, à les considérer comme des adaptations ou des recréations. Cela dit, nous signalerons quand même deux distorsions qui ont attiré notre attention.

Le titre *La Combe de l'Homme mort* devient dans la version espagnole *La gruta del hombre muerto*. À l'intérieur du texte le procédé appliqué est le même et le nom primitif de la combe qui y apparaît, «Combe du Reclus», est traduit par «*Gruta del solitario*». Le mot «combe» a été donc traduit par «*gruta*», substituant ainsi à la référence originale et plus générale à la vallée étroite et courte, la référence plus concrète à la grotte où l'ermite a construit sa demeure dans le précipice qui entoure la vallée. On pourrait se demander si la traduction choisie pour «combe» est pertinente ou si elle serait améliorable, mais, une fois que le traducteur a pris la décision de ne pas maintenir le terme français original, ce qui ne serait pas acceptable, c'est le maintien dans la traduction de la note où Nodier expliquait le signifié du mot «combe[59]».

Quant à la *Légende de Sœur Béatrix*, le traducteur a supprimé une partie importante du texte original, retenant seulement ce qui constitue le noyau central de l'histoire de la religieuse. Le récit de Nodier s'ouvre sur une longue digression où celui-ci réfléchit sur les récits légendaires religieux comme matière dont la littérature n'a pas tiré profit. Toute cette partie a été éliminée, ainsi que la référence à l'hagiographe Bzovius que Nodier présente, avant l'histoire de Sœur Béatrix comme la source dont il s'est servi pour son récit et qu'il cite aussi à la fin du texte. La raison de cette élision est bien évidente : le traducteur a voulu épargner au lecteur la partie du récit qu'il considérait comme moins intéressante, mais la conséquence est un appauvrissement flagrant de la version française.

Après notre petite aventure de prospection de Nodier dans la presse espagnole dix-neuviémiste, et plus précisément dans le *Semanario Pintoresco Español*, nous avons une impression finale claire : il y a encore un grand travail à faire pour découvrir la véritable portée de sa présence en Espagne. Il est évident que l'activité journalistique du XIXᵉ siècle, très agitée en Espagne comme en France, offre d'immenses possibilités

---

59   Voir dans ce volume, I. Illanes Ortega, «Les Traductions espagnoles de *La Combe de l'Homme mort*», p. 93

de recherche et nous espérons que notre travail encouragera d'autres approches qui contribuent à compléter peu à peu le panorama de la réception de l'un des auteurs incontournables du romantisme français.

Pedro S. Méndez Robles
Université de Murcia

DE L'*HISTOIRE DE THIBAUD DE LA JACQUIÈRE*
À *EL MERCADER DE LEÓN*[1]

Pasar del Neoclasicismo al Romanticismo
es pasar del mundo de las ideas al de los
sentimientos[2].
CASALDUERO, *Espronceda*, Madrid,
Gredos, 2ᵉ éd., p. 79.

En septembre 1833, un ouvrage intitulé *El Desván de los Duendes o breve y escogida colección de cuentos de espíritus, aparecidos, duendes, fantasmas, vampiros y demonios*, a été publié à Madrid à l'Imprimerie de la Calle del Amor de Dios nº 14 (Bibliothèque nationale, nº de catalogue VC/2727/32) traduit, tel que le mentionne la couverture, d'un ouvrage français – ce qui nous permettrait d'admettre *a priori* qu'il s'agisse d'un seul ouvrage – par Don Eustasio de Villaseñor y Acuña, professeur de mathématiques à Madrid. Ce traducteur, comme il est indiqué sur la quatrième de couverture, est également l'auteur, parmi d'autres[3], de deux

---

1   Cet article a été présenté comme communication dans le colloque célébré à Murcia du 3 à 5 avril 2001 et publié dans le volume *Neoclásicos y Románticos ante la traducción*, Publications de l'Université de Murcia, 2002, p. 437-450. L'article faisait partie du Projet BXX2000-1096 financé par le Ministerio de Ciencia y Tecnología. C'est moi qui traduis en respectant tout à fait l'article tel qu'il fut rédigé.
2   « Aller du néoclassicisme au romantisme, c'est aller du monde des idées à celui des sentiments ».
3   Nous pouvons lire : « En la misma librería de Sojo se venden las siguientes obritas del propio autor : *Arte de callar, principalmente en materia de religión*, 1 tomo ; *Derecho público de la Francia en materia de regencia*, un cuaderno ; *Lecciones de Geografía según el estado actual de dicha ciencia*, un cuaderno ; *Lecciones de gramática castellana*, un cuaderno ; *El emigrado francés, ó memorias que pueden servir para la historia de todas las revoluciones*, un tomito ». La seule référence à Villaseñor y Acuña, puisqu'il n'est cité ni par J. I. Ferreras (*Los orígenes de la novela decimonónica (1800-1830)*, Madrid, Taurus, 1973) ni par Montesinos (*Introducción a una historia de la novela en el siglo XIX*, Madrid, Castalia, 1980, 4ª ed) se

traductions françaises : *Zulbar y la hormiga*, un roman indien dont il ne mentionne pas l'auteur qui n'est autre que Florian, auteur largement connu depuis les dernières années du siècle précédent[4], la seconde étant *La Marquesa de Pontignac*, roman traduit du français.

Quelques années plus tôt, en 1822, a paru en France *Infernaliana*, un ensemble d'histoires publiées sous le nom de Charles Nodier[5]. Qu'est-ce que les deux œuvres ont en commun ? L'auteur français est presque inconnu en Espagne. Ferreras[6] cite trois traductions de Nodier imprimées à Paris entre 1827 et 1830 que Montesinos[7] précise comme étant celles de *Juan Sbogar*, *El pintor de Salzburgo* suivi de *Las Meditaciones del Claustro* et *Teresa Ober*. Il y ajoute jusqu'en 1850 et publiées en Espagne celles d'*Inès de Las Sierras* (1838 et 1839), *El pintor de Salzburgo* (1839 et 1840), *Los proscritos* (1841), *Trilby o el duende d'Argail* (1842) et *La torre maldita* (1847)[8]. L'activité

trouve dans le *Diccionario general de bibliografía española 1862-1881* de Dionisio Hidalgo, publié à Madrid, en 7 volumes, qui reprend dans le sixième volume, page 415, le nom d'Eustasio de Villaseñor y Acuña comme auteur de l'*Arte de callar* et *Derecho público de la Francia en materia de regencia*, les deux œuvres énumérées dans la quatrième de couverture de *El Desván de los duendes*.

4   Gaspar Zavala y Zamora, sous le titre de *Novelas nuevas*, avait traduit quatre de six récits de Florian. Mais il n'a traduit ni *Zulbar*, *nouvelle indienne* ni *Valérie*, *nouvelle italiennne* (voir mon article « Acerca de la traducción de las *nouvelles* de Florian a finales del siglo XVIII », in M. Boixareu y R. Desné (dir.), *Recepción de autores franceses de la época clásica en los siglos XVIII y XIX en España y en el extranjero*, Madrid, UNED, 2001). Cependant, je n'ai trouvé aucune trace de ces traductions. Concernant Florian, Montesinos (*id*, p. 195) mentionne une traduction de 1835 : « *Zulbar y la hormiga*, novela indiana, traducida del francés por Don Jerónimo Ferrer y V. ».

5   Nous avons consulté l'édition originelle *Infernaliana*, *publié par Charles N*** à Paris par Sanson et Nadau, en 1822. *Les Aventures de Thibaud de la Jacquière*. *Petit roman* occupe les pages 95-111. Il existe une édition de 1966 avec prologue d'Hubert Juin, publiée à Paris par Belfond dans la collection Poche club fantastique qui ajoute une histoire à la première édition. Il s'agit de « Le revenant et son fils ». Cet ensemble de récits a été traduit entièrement par Agustín Izquierdo (*Infernaliana*, Madrid, Valdemar, col. Tiempo cero, 1988 et postérieurement dans la même maison d'edition, Col. Club Diógenes, 1997). Il existe une traduction antérieure, *Infernaliana*, *anécdotas, novelas breves, novelitas y cuentos sobre aparecidos, espectros, demonios y vampiros*, de Hugo Acevedo, publiée à Buenos Aires, Editorial Brújula en 1968.

6   *Ibid.*, p. 88.

7   *Ibid.*, p. 227.

8   Nous trouvons d'autres traductions au XIXe siècle qui sont postérieures, presque toujours de récits isolés. *La Torre maldita* (Novela escrita en francés por Carlos Nodier y vertida al castellano por Juan Antonio Escalante, Madrid, Manuel Álvarez, 1847) ; *La Novena de la Candelaria*, Madrid, Imprenta a cargo de D.G. Alhambra, 1855 ; *Una hora o la ilusión* (Coruña, Establecimiento tipográfico de Puga, 1863 ; *El pintor de Salzburgo* (Coruña, Imprenta y Esterotipia de V. Abad, 1883) ; *Inès de Las Sierras*. *Bautista Montauban*,

littéraire, savante et critique a été bien intense chez Nodier. Ces traductions représentent donc une partie insignifiante d'une production certainement intéressante de l'auteur dans la première moitié du XIXe siècle.

Cependant, comme nous l'avons dit, il y a très peu de traductions attestées de Nodier au cours de la période considérée, même s'il est prévisible que certaines pourraient avoir été reproduites dans les périodiques de l'époque.

Les paratextes de ces deux compilations sont bien significatifs : *El Desván de los Duendes o breve y escogida colección de cuentos de espíritus, aparecidos, duendes, fantasmas, vampiros y demonios* pour la traduction espagnole et *Infernaliana, ou anecdotes, petits romans, nouvelles et contes sur les revenants, les spectres, les démons et les vampires*[9] pour l'ouvrage français.

Récit bref et histoire fantastique[10] sont les principaux ingrédients des recueils puisque tous les deux utilisent en effet la terminologie de « conte » pour répondre à l'ensemble de la publication. Cependant, les dénominations génériques à cette époque-là sont ambiguës tant en France, où il existe aussi le terme « nouvelle », qu'en Espagne ; légende, romance, histoire, épisode, anecdote ou conte, s'entremêlent. La traduction espagnole n'est pas un ouvrage isolé : il y a pendant ces années des recueils de textes traduits comme *Cuentos de duendes y aparecidos*, publié à Londres en 1825 et traduits par José Urcullu ou *Horas de invierno*, traduit par Ochoa en 2 vol. en 1836-1837. Malgré ces compilations, le récit bref vit et se transmet sur les pages des périodiques, comme cela a été mis en évidence par Baquero Goyanes[11].

Barcelona, Biblioteca del siglo XIX, 1890 ; une seule compilation dans ce siècle de récits de Nodier sous le titre *Cuentos fantásticos de Carlos Nodier*, versión castellana de Nicolás María Martínez, Barcelona, Imprenta económica a cargo de José A. Olivares, 1863. Il faudra attendre le XXe siècle pour trouver des traductions des récits les plus connus de l'auteur (*El hada de las migajas*, Barcelona, P. Vances, Imprenta clásica española, 1920 ; *Lydia. Francisco Columba*, Madrid, Clape, 1923 ; *Trilby. El duendecillo de Argail*, Madrid, Calpe, 1923 ; *Inès de Las Sierras*, Madrid, Calpe, 1923 ; ces denières traduites par J.J. Morato. À partir de ces dates nous trouvons très peu de rééditions ou compilations (par exemple celle de *Cuentos visionarios*, Ediciones Siruela, de 1989). Quelques œuvres de Nodier ne sont pas encore traduites.

9 Le titre en son entier apparaît seulement à la page 9, après l'avertissement de l'auteur et non sur la couverture du livre.

10 Ce n'est pas le but de cet article d'établir une discussion sur la littérature fantastique et sur les récits qui pourraient être qualifiés ainsi. La terminologie étant ambiguë (fantastique, terreur, surnaturel, mystérieux, merveilleux …) chaque récit doit être considéré dans sa singularité.

11 Voir *El cuento español. Del Romanticismo al Realismo*, C.S.I.C., Madrid, 1992.

Revenons aux œuvres. Toutes deux commencent par un prologue de l'auteur dans lequel il les justifie et, surtout, le choix de la thématique. Eustasio de Villaseñor défend dans son Prologue, précédé d'une épigraphe en français de La Fontaine (« C'est là tout mon talent, je ne sais s'il suffit »), une tradition constante et régulière des revenants. Il insiste sur le fait que la question des apparitions intéresse la morale publique, qu'elles peuvent exercer « une influence très saine sur les consciences », même si « en matière d'apparitions il y a, comme dans beaucoup d'autres, de grandes raisons de douter et pas mal de contradictions ». Les illusions, la tromperie et la fascination, comme nous allons le constater par la suite, ne sont pas négligées dans cette introduction lorsqu'il s'agit de juger des apparitions. Enfin, dans ce prologue, il mentionne les auteurs qu'il a consultés pour sa compilation, soulignant dans le dernier paragraphe : « Par conséquent (ce travail) ne ressemblera à aucune de ces rhapsodies, connues sous le nom de *Manual de brujos y hechiceros*, ni *Fantasmagoriana* (je souligne la ressemblance avec le titre de Nodier) et d'autres titres, qui méritent aussi peu d'estime que de réputation ». De son côté, Nodier écrit également, ce qui est pratique courante pour lui, un « Avertissement » dans lequel il se montre plus ironique, s'étonnant des superstitions et croyances d'autrefois, car, commente-t-il, et cela constitue une différence fondamentale par rapport à la présentation de l'œuvre espagnole, « tout ce qu'on peut dire et écrire sur ce sujet, n'a aucune authenticité et ne mérite aucune croyance ». Il cite de même certaines de ses sources (trois seulement : Langlet-Dufresnois, Calmet et *Les Mille et une nuits*, par rapport aux seize de Villaseñor) mais il insiste sur le fait qu'« un grand nombre sont de notre imagination ». Cette œuvre, contrairement à la traduction espagnole, offre une conclusion très nette qui invalide les croyances superstitieuses[12].

Malgré ces similitudes paratextuelles évidentes, les œuvres dans leur ensemble diffèrent par quelques aspects que nous allons envisager.

---

12   « Mais comme il est reconnu et démontré que les morts ne peuvent revenir, et qu'il n'y a jamais eu de revenants, à plus forte raison, doit-on être assuré qu'il n'y a ni vampires ni spectres, qui aient le pouvoir de nuire. Remarquons en finissant que les personnes d'un esprit un peu solide n'ont jamais rien vu de cette sorte, que les apparitions n'ont effrayé que des villageois ignorants, des esprits faibles et supersticieux. – Pourquoi Dieu, qui est clément et juste prendrait-il plaisir à nous épouvanter, pour nous rendre plus misérables ? » (*Infernaliana*, 1822, p. 236-237).

El desván de los duendes se compose de 49 histoires, quelques-unes d'une certaine extension quoique brèves, d'autres sont de simples dialogues, anecdotes, conseils ou rêves se déroulant presque toutes dans les temps antiques, qui occupent environ une demi-page chacune (étant donné que le livre se compose d'un total de 87 pages avec 49 histoires, la brièveté de nombre d'entre elles est évidente). Même en tenant compte de la thématique des apparitions des morts, nous ne sommes pas en présence d'histoires terrifiantes, et, en effet, certaines d'entre elles peuvent nous sembler plaisantes. C'est ce qui arrive avec «*La Mona*» histoire dans laquelle le spectre se révèle être un singe qui s'habille avec les vêtements de sa défunte maîtresse; ou cette autre où le fantôme n'est rien d'autre qu'un fou qui a pu se débarrasser de ses liens et fait peur comme s'il était un spectre («*El loco desatado*»).

L'œuvre de Nodier comprend 34 histoires[13] qui apparaissent, plusieurs fois, précédées d'un sous-titre générique : «conte noir», «nouvelle», «petit roman», «anecdote», plus proches dans le temps (il n'y en a aucune de thématique classique par exemple) et globalement plus longues.

En principe, on pourrait penser à un ouvrage unique traduit en espagnol car les traductions sont abondantes à l'époque romantique, surtout les traductions d'œuvres françaises, bien que les titres ne soient pas nécessairement identiques, ce qui n'est pas particulièrement dommageable si nous considérons des exemples comme celui des *Liaisons dangereuses* publié sous le titre de *La presidenta de Turbel* malgré l'existence d'une traduction espagnole – *Las amistades peligrosas* – parue à Paris en 1822.

Il se trouve que la question a une double réponse. *El Desván de los duendes* n'est pas une traduction complète d'*Infernaliana*. Seulement une partie dans la mesure où, dans l'œuvre de Villaseñor, certaines histoires semblent traduites du texte français bien que déguisées sous un autre titre. Ce sont les suivantes : «*El muerto degollado*» (p. 42) qui ne correspond qu'à la moitié de l'histoire de Nodier, «Vampires de Hongrie» (p. 27-30); «*El libro baylando*» (p. 43-44), traduction littérale de «L'esprit du château d'Egmont, anecdote» (p. 65-68); «*Convite de los diablos*»

---

13 Dans l'édition de 1822, le sommaire de matières est erroné. «Le revenant et son fils» ne s'y trouve pas, mais le récit apparaît dans le volume. En plus, quatre histoires du sommaire représentent des histoires racontées aux mêmes interlocuteurs pendant un voyage. «Le voyage» sert de cadre pour les trois autres «Le Cheval sans fin. Conte noir», «La Maison enchantée. Conte plaisant» et «Le pacte infernal. Petit roman». Sur 34 histoires, 16 sont caractérisées du point de vue générique.

(p. 40-41) qui reproduit « Histoire d'une apparition de Démons et de Spectres, en 1609 » (p. 71-75) ; « *Remordimientos que causan las guerras injustas* » (p. 66-68) est une histoire semblable à celle développée dans « Spectres qui vont en pélerinage » (p. 76-79). Le phénomène n'est pas majoritaire, au sein d'un ouvrage si riche en récits. Cependant, il convient de leur adjoindre une cinquième histoire, celle sur laquelle nous avons travaillé et qui donne le titre à notre article.

« Les Aventures de Thibaud de la Jacquière, petit roman », sous-titre de l'auteur, occupe les pages 95-111 d'*Infernaliana*. Dans *El Desván de los duendes*, il y a une histoire (p. 73-83) intitulée *El Mercader de Leon*, divisée en deux chapitres « *Historia de Teobaldo de la Jacquiere* » et « *Historia de Orlandina del Castillo de la Sombre* » qui n'est à première vue et onze ans plus tard, que la traduction de « Les Aventures de Thibaud de la Jacquière ».

Mais revenons à *Infernaliana* car l'œuvre dans son ensemble présente des difficultés en termes de paternité. Nodier fait apparaître sur la couverture qu'il est celui qui publie l'ouvrage : « Publié par Ch. N ***[14] », et à cela s'ajoute l'ambiguïté de l'auteur dans son prologue, citant, comme nous avons précédemment commenté, certaines de ses sources.

Bien que l'un des premiers spécialistes de Nodier, Jean Larat, ne doute pas de cette paternité[15], il estime néanmoins que l'auteur envisage pour *Infernaliana* comme modèle une publication anonyme parue en 1812, *Fantasmagoriana ou recueil d'histoires d'apparitions, de spectres, revenants, fantômes ... etc.*, traduit de l'allemand par un amateur[16]. Tel que Juin l'évoque, auteur du prologue d'une édition récente d'*Infernaliana*, « c'est en 1822, une année fort triste pour lui (son fils Amédée est mort), que

---

14 Deux ans avant, en 1820, Nodier fait de même lorsqu'il publie *Lord Ruthwen ou les Vampires* dont le titre tout entier est *Lord Ruthwen ou les vampires, roman de C.B. publié par l'auteur de Jean Sbogar et de Thérèse Aubert* ; cet acronyme correspond à un auteur presque inconnu appelé Cyprien Bérard, Nodier étant l'éditeur (Voir D. Sangsue, « Nodier et le commerce des vampires », *Revue d'Histoire littéraire de la France*, n° 2, 1998, p. 231-245). On pourrait penser que Nodier est le compilateur d'une œuvre d'auteurs très divers.

15 J'ajoute cette note qui ne se trouve pas dans le texte original de 2002, car l'article de Jacques-Remi Dahan, publié en 2009, (« Infortunes des initiales, ou Charles Nodier mystifié », *Dérision et supercherie dans l'œuvre de Charles Nodier*, Actes du colloques de Dole, 18 octobre 2008, Dole, La Passerelle, 2009, p. 69-94), tend à prouver d'une manière assez indubitable qu'on ne doit pas attribuer la paternité d'*Infernaliana* à Nodier.

16 Voir : P.-G. Castex, *Le conte fantastique en France de Nodier à Maupassant*, Paris, Corti. 7ᵉ réimpr., 1987, p. 134.

Charles Nodier écrit et publie *Infernaliana* ». « Écrit est un bien gros mot, et qui demande examen[17] ». En effet, selon l'aveu de l'auteur lui-même, un groupe d'histoires appartient manifestement à Augustin Calmet, à Nicolas Langlet-Dufresnois[18] et à *Les Mille et une nuits*. Castex, dans son édition des *Contes* de Nodier[19], confirme que bon nombre des histoires appartiennent « presque mot pour mot » aux auteurs cités. Cependant, concernant le récit de Thibaud de la Jacquière, il semble que Nodier soit intervenu directement dans, au moins, l'état final de ce récit.

Juin conclut également que la paternité de Nodier est évidente, entre autres raisons parce que Nodier a l'habitude de se masquer. Et dans d'autres histoires, il essaie de cacher sa véritable paternité, se présentant comme un traducteur. *Smarra* est sous-titré « Songes romantiques traduits de l'esclavon du comte Maxime Odin par Ch. Nodier ». Le titre original de *Souvenirs de jeunesse* était celui de *Mémoires de Maxime Odin*. Certes, l'auteur français tout au long de sa longue vie littéraire a aimé ce jeu de masques, d'insinuations, de pastiches et de plagiat, d'ambiguïtés dans les titres et dans la paternité des œuvres.

Ces questions inquiètent d'ailleurs Nodier, qui a rédigé en 1828 l'essai *Questions de littérature légale. Du plagiat, de la supposition d'auteurs, des supercheries qui ont un rapport aux livres. Ouvrage qui peut servir de suite au dictionnaire des anonymes et à toutes les bibliographies*[20]. Divisé en 24 chapitres, avec de nombreux exemples, l'ouvrage se termine par une critique ouverte de toutes ces pratiques (plagiat, suppléments, pastiches, changements de titre, intercalations, faux manuscrits, cession, vol, auteurs présumés). Nodier lance une critique ouverte contre les écrivains

---

17 Ch. Nodier, *Infernaliana*, éd. de Hubert Juin, Paris, Belfond, 1966, p. 17.
18 De Calmet (*Dissertation sur les apparitions des Anges, des Démons et des Esprits et sur les Revenants et les Vampires de Hongrie, de Moravie et de Silésie*, Paris, De Bure, 1746) cinq histoires : « Le Trésor du diable », « Vampires de Hongrie », « Le Vampire Arnold-Paul », « Histoire d'un Broucolaque » et « Histoire d'une damnée qui revint après sa mort » ; de Langlet-Dufresnois (*Recueil de dissertations anciennes et nouvelles sur les Apparitions, les Visions et les Songes*, Avignon-Paris, Jean-Noël Leloup, 1752) quatre : « Histoire de l'esprit qui apparut à Dourdans », « Histoire d'une apparition de démons et des spectres », « L'Esprit du Château d'Egmont » et « Jeune fille flamande étranglée par le diable ».
19 Ch. Nodier, *Contes*, éd. de P.-G. Castex, Paris, Garnier, 1961, p. 80.
20 La première édition est de 1812, publiée à Paris par Barba et sans nom d'auteur. La 2ᵃ est celle que nous mentionnons, publiée à Paris en 1828, dans l'imprimerie Grapelet et avec, cette fois-ci, le nom de son auteur, dédiée à son ami Weiss, bibliothécaire à Besançon : « je me suis contenté d'indiquer certains des délits dont l'exemple se renouvelle le plus souvent dans l'histoire littéraire ».

dévoués à l'utilisation de ces pratiques frauduleuses. Mais il s'intéresse aussi au style, sauvegardant ainsi un plagiaire quand pour lui le texte en question a la grâce ou le charme d'un bon style. Il a également des notions positives sur les pastiches. Une œuvre supérieure rend impossible une imitation valable. Cependant, le plagiat d'un bon écrivain sur un mauvais est licite parce que la société « en retire l'avantage de jouir de quelques beautés qui resteraient ensevelies dans un auteur inconnu, si le talent d'un grand homme n'avait daigné s'en parer[21] ».

La raison de la référence à cet essai de Nodier s'explique, non seulement par les sources très directes d'*Infernaliana*, mais aussi parce que trois ans avant la publication de Castex, Caillois, en 1958, publie pour la première fois une partie du roman *Manuscrit trouvé à Saragosse* de l'auteur polonais mais de formation française Jean Potocki (1761-1815). Cette œuvre, exemple classique d'un roman à tiroirs, se compose de 47 journées au cours desquelles le protagoniste Alphonse Van Worden, arrivé en Espagne en qualité de capitaine de la garde wallonne, va courir une série d'aventures à caractère initiatique. Au cours des deux années qu'il a passées dans les *Alpujarras*, plusieurs personnes lui ont raconté l'histoire de leur propre vie avec des narrations dans lesquelles d'autres personnes interviennent, qui, à leur tour, ont raconté des histoires, et ainsi de suite jusqu'à ce qu'on atteigne une cinquième mise en abîme. Ainsi, pendant la dixième journée, le protagoniste trouve dans la bibliothèque un volume véridique du xviiᵉ siècle publié à Hambourg[22], ouvert au début d'un chapitre qui raconte l'*Histoire de Thibaut de la Jacquière* suivie de l'*Histoire de la gente Dariolette du châtel de Sombre* qui ne sont que celles que nous avons citées comme étant de Nodier.

Chronologiquement, l'histoire racontée par Potocki le dixième jour du *Manuscrit trouvé à Saragosse* semble antérieure au récit de Nodier. En effet, ceux qui ont étudié l'œuvre du polonais assurent que les dix premières journées ont été publiées à Pétersbourg sous forme de placards.

---

21 *Id*. p. 7.
22 Il s'agit de *Grösseste Denkwürdigkeiten der Welt oder so genandte Relationes curiosae* de Eberhard Werner Happel publié à Hamburg en 1687 en 8 volumes. L'histoire de La Jacquière se trouve dans le troisième avec le titre « Die stinckende Buhlschafft », repris par René Radrizzani dans l'édition consultée du *Manuscrit trouvé à Saragosse* publié par Corti en 1990 (1ª ed. 1989). Cette référence se trouve dans la page 116, note c. L'histoire complète occupe les pages 108-116.

Par la suite, et jusqu'en 1847, il n'existe pas une édition complète en polonais et elle ne sera traduite en français qu'en 1989[23]. Nodier connaissait-il ce texte ? On pourrait penser qu'il en était ainsi. Grand bibliophile, amoureux des livres rares, des éditions spéciales, l'actualité devait être à portée de sa main. Caillois, contrairement à Castex ou Juin, pense que Nodier reprend la version de Potocki et non les précédentes desquelles ce dernier s'était inspiré. Mais on peut aussi penser que tous deux s'abreuvaient à une source commune[24].

On retrouve donc trois textes du XIXe siècle, très proches en date, deux français et un espagnol, qui trouveraient leur source dans une seule du XVIIe siècle. Dès lors, à partir duquel le traducteur espagnol a-t-il travaillé ? Quelles différences y a-t-il entre les trois ? Nous essaierons d'apporter des réponses à ces questions.

L'histoire raconte les aventures de Thibaud ou Teobaldo de la Jacquière, un jeune homme dépensier et séducteur qui a été confiné dans sa ville, Lyon, de laquelle son père est prévôt, pour essayer de l'amener à une vie saine. Lors du banquet de bienvenue, Teobaldo évoque le diable et sa fille, la diablesse, pour qu'elle devienne son amante, dans un toast qu'il répète plus tard en présence d'amis. Une jeune femme apparaît et notre protagoniste la courtise pour la faire tomber dans ses filets. La jeune femme seule et sans défense raconte son histoire : son existence s'est déroulée dans la seule compagnie d'une gouvernante sourde, d'une femme de ménage grossière et d'un vieux concierge aveugle, isolée dans les confins d'un château où un monsieur lui rendait visite une fois par an ; un jour il la mène à Lyon, juste à côté de la maison de Teobaldo. Orlandina, c'est le nom de la jeune femme, raconte une histoire naïve jusqu'à ce qu'elle atteigne une sorte de cabane où les deux jeunes entrent. À l'intérieur, opulence et gourmandises les attendent. Puis vient le moment de l'amour. Mais Teobaldo découvre dans le lit une forme

---

23 Tous les avatars de la publication de cette œuvre sont repris dans l'édition consultée. En Espagne la première traduction de *El manuscrito hallado en Zaragoza* est de Carmen Rius, publiée à Barcelone par Tabes en 1968. La seule étude localisée est celle de Nathalie Bittoun-Debrruyne, « La visión de España en el *Manuscrit trouvé à Saragosse* de Jean Potocki » en J. Pont (dir.), *Narrativa fantástica en el siglo XIX (España e Hispanamérica)*, Milenio, Lleida, 1997, p. 41-61. Des thèses sur Potocki ont été défendues à Valence et à Lleida.

24 Préface de 1972 de *La Duchesse d'Avila* de Potocki, Paris, Gallimard.

monstrueuse qui n'est autre que Belzebuth. Oui, Orlandine[25] elle-même est le diable ou la diablesse, qui avait été invoquée par notre protagoniste. Le lendemain, des paysans retrouvent le corps battu du jeune Thibaud de La Jacquière qui meurt plus tard en embrassant un crucifix.

Jusqu'à présent, l'histoire est similaire dans les trois récits, bien qu'il y ait des différences que nous marquerons ci-après. Voyons celles que l'on peut signaler entre les deux textes français. Nodier rafraîchit le texte de manière stylistique. À commencer par le titre lui-même – les *aventures* face à *Histoire* pour Potocki – mais surtout concernant le vocabulaire et la syntaxe beaucoup plus légère. Comme l'histoire n'est pas divisée en deux parties clairement différenciées par leur titre, on passe de l'une à l'autre sans transition, avec la technique qui caractérise un bon « conteur » comme l'était Nodier, dans ses textes comme dans sa vie quotidienne.

Malgré la modeste réception de Nodier en Espagne en 1833, il semble logique de penser qu'Eustasio de Villaseñor pouvait connaître des compilations d'histoires avec ce type de thématique, d'ailleurs relativement à la mode à l'époque, parmi lesquelles on trouverait la version de Nodier, puisqu'il n'y a aucune référence de Potocki en Espagne. À cela s'ajoute le fait que d'autres histoires coïncident dans les deux compilations. Il faudra donc vérifier leurs similitudes et leurs divergences puisque les deux histoires se trouvent insérées dans une compilation d'histoires et non dans un roman d'intrigue comme c'est le cas du *Manuscrit trouvé à Saragosse*.

Entre le texte de Nodier et la traduction espagnole, dans laquelle l'histoire apparaît divisée, la première différence est celle concernant le titre. « *El mercader de Leon* » n'est autre que ce « riche marchand de Lyon » présent dans le texte français. La solution donnée par le traducteur pour espagnoliser le nom du lieu et ne pas le confondre avec la ville espagnole (« *Hubo en Leon de Francia* ») a été utilisée par lui-même dans l'histoire de « *El Puente del Diablo* » (p. 60-61) ; il en commence l'histoire de cette façon : « *Caminaban dos mercaderes de Milán a la feria de Leon de Francia* ».

---

25   La thématique est similaire à celle de Cazotte et sa Biondetta et même similaire à celle du récit « *El pacto infernal* », d'*Infernaliana*, Nodier utilise la figure d'« un charmant jeune homme » (p. 175) comme métamorphose du diable. Le dénouement de l'histoire coïncide dans les deux récits étant donné l'influence certaine de Cazotte sur Nodier qui a été mise en évidence dans *Le Dernier banquet des girondins* (note XXVIII) et plus particulièrement dans *M. Cazotte*.

Sans rendre compte des questions stylistiques, le traducteur introduit dès le début quelques petites modifications concernant le texte de Nodier. Tebaldeo se révèle être « un homme agile, habile dans la manipulation de la lance, la tête en l'air, intelligent et même imparfait dans les jeux de hasard, briseur de verre, lapideur de lanternes, jureur et blasphémateur ; homme qui parfois arrêtait les voisins paisibles dans la rue pour changer une vieille cape pour une meilleure, ou son manteau ou *anguarina* pour celle qui valait plus[26] ».

Ce sont des qualificatifs et une conduite plus détaillés que ceux utilisés par l'écrivain français : « beau garçon, mais un mauvais garnement, qui avait appris à casser les vitres, à séduire les filles et à jurer avec les hommes d'armes du roi, qu'il servait en qualité de guidon ». À partir de cette première page d'introduction, le traducteur insiste sur la négativité du protagoniste qui reste plus voilée dans le texte français.

Dans le texte espagnol Teobaldo, de retour chez lui, est reçu à la manière du fils prodigue des Évangiles, ce que Nodier, pour lui, ne mentionne jamais. Certaines phrases comme « Pendant ce temps, le fils dépensait joyeusement de l'argent et toutes sortes de provisions, les partageant avec toutes les mauvaises têtes qu'il croisait[27] » qui ne se trouvent pas dans le texte français, démontrent une fois de plus la subjectivité d'Eustasio de Villaseñor pour présenter Teobaldo. Il ajoute également de petites phrases ou bien il traduit à sa guise. Prenons l'exemple de « l'inconnue » pour « *picaruela* ». Il introduit un paragraphe entier absent du texte de Nodier où l'on nous parle de la culture des fleurs d'Orlandina dans un petit « *patio* » et de ce que cela représente pour elle qui donne également des explications sur le Seigneur de l'Ombre, sur les pièces de son château et sur le dîner qu'elle regarde de sa chambre dans laquelle se trouvent Teobaldo et ses amis, la découverte qu'Orlandina fait de la vraie personnalité de Tebaldeo, c'est-à-dire des scènes qui ou bien sont absentes ou très résumées dans le texte français. Au contraire, dans le texte de Nodier, après le dîner, les deux jeunes se retrouvent seuls et on assiste à une scène sensuelle qui n'est pas présente dans le texte traduit.

---

26 « *hombre agil, diestro en el manejo de la lanza, alegre de cascos, inteligente y aun viciado en los juegos de azar, rompe-vidrios, apedreador de linternas, jurador y blasfemo ; hombre que á veces paraba á los vecinos pacíficos en la calle para cambiar una capa vieja por una mejor, ó su casaca ó anguarina por la que mas valia* » (p. 73).

27 « *Entretanto el hijo gastaba alegremente dinero y toda suerte de provisiones convidando á cuantos calaveras encontraba* ».

L'auteur espagnol enregistre la situation de la manière suivante avec une parenthèse dans le récit lui-même (« La scène suivante a été omise dans sa totalité, la raison en est tout à fait compréhensible, car l'original ne peut pas être transcrit en des termes que nos usages ne permettent pas de reproduire[28] »). Cette scène sensuelle est la suivante :

> Orlandine plaça deux chaises devant le miroir ; après quoi, elle détacha la fraise de Thibaud et lui dit : – Vous avez le cou fait à-peu-près comme le mien, les épaules aussi ; mais pour la poitrine, quelle différence ! La mienne était comme cela l'année dernière ; mais j'ai tant engraissé, que je ne me reconnais plus. Otez donc votre ceinture…, votre pourpoint…, pourquoi toutes ces aiguillettes ?… Thibaud, ne se possédant plus, porta Orlandine sur le lit de moire de Venise, et se crut le plus heureux des hommes… (p. 109)[29].

Il est bien connu que dans les traductions de cette époque, les maisons d'éditions et les écrivains utilisent des ruses pour esquiver le mur de la censure. Parmi les plus répandues, est celle de la justification morale. Et cela se produit même après que l'interdiction de publier des romans à la fin du siècle précédent a été supprimée. Villaseñor l'utilise dans le prologue de *El Desván de los duendes*. Mais on peut également arriver à supprimer des paragraphes scabreux, comme dans l'exemple cité de *El mercader de Leon*.

Cette profusion de détails dans le texte traduit, plus l'ajout de passages descriptifs, et une syntaxe plus recherchée, alourdit le texte, qui se voit privé de l'agilité du texte nodiériste.

Arrivés à ce stade, nous devrions conclure que les deux œuvres dans leur ensemble et en particulier l'histoire que nous avons analysée répondent à une thématique semblable : invocations, pactes, possession, sabbats, ensorcellements, tous ces motifs trouvent leur traduction dans le domaine littéraire. Et plus précisément, le mythe de Satan, à la mode au XIXᵉ siècle, mais vieux comme l'humanité, s'adapte à des situations socioculturelles

---

28 (« *Se ha omitido toda la escena siguiente, cuyo objeto se comprende bastante, porque no puede transmitirse en ningunos términos la original, que nuestras costumbres no permiten copiar* »).

29 Chez Potocki il en va de même : « Orlandine plaça leurs chaises devant le miroir, après quoi elle délaça la fraise de Thibaud, et lui dit : "Vous avez le col fait à peu près comme le mien. Les épaules aussi, mais pour la poitrine, quelle différence ! La mienne était comme cela l'année passée, mais j'ai tant engraissé que je ne me reconnais plus. Otez donc votre ceinture ! Défaites votre pourpoint ! Pourquoi toutes ces aiguillettes ?" Thibaud, ne se possédant plus, porta Orlandine sur le lit de moire de Venise et se crut le plus heureux des hommes… » (p. 115).

très diverses. Né dans la terreur médiévale, il se voit modifié, et on peut avoir peur de Satan, ou éprouver de l'empathie voire de la compassion.

En France, il y a une tradition incontestable de ce type de récits. Collin de Plancy, auteur d'un *Dictionnaire Infernal* en 1818, publie en 1820 un ouvrage intitulé *Les Terreurs nocturnes ou petite collection d'anecdotes surprenantes et d'historiettes singulières sur les Revenants, les esprits, les démons, les apparitions, les spectres et les fantômes.*

Pour Nodier ce sera un thème récurrent englobé dans un thème plus large, celui du fantastique, dont il est un véritable initiateur, non seulement pour son essai *Du fantastique en littérature* mais à travers un bon nombre de ses récits. Lutins ou fées, vampires ou démons, rêveries ou apparitions, tout cela aura place dans son œuvre. Ainsi *Trilby, Smarra, La Fée aux Miettes, Paul ou la ressemblance, Histoire d'Hélène Gillet, Lydie ou la Résurrection* ou cette histoire qui nous concerne, en admettant sa part de paternité. Pour lui, le fantastique est large, ambigu et même contradictoire. Il n'est donc pas étrange qu'*Infernaliana*, à mi-chemin de sa production littéraire, nous sommes en 1822, se termine par une parodie sur les vampires et une conclusion dans laquelle l'auteur déclare la non-existence de toutes sortes d'apparitions. Nodier est-il fatigué de ce genre de littérature médiocre, comme l'assure Castex[30] mais de diffusion importante ou au contraire sommes-nous dans cette ambiguïté qui caractérise l'auteur lorsqu'il conclut son œuvre de manière parodique ? À titre d'exemple du même auteur on peut se référer à *Le Nouveau Faust el la nouvelle Marguerite ou comment je me suis donné au diable* ou la dernière des histoires de *Souvenirs de jeunesse*.

Que se passe-t-il de ce côté des Pyrénées ? Notre pays n'est pas non plus étranger à ce type d'histoires. Bien que peu implanté en Espagne, Ferreras souligne, comme exemple de littérature de terreur dans ce premier tiers du siècle, l'œuvre d'Agustín Pérez Zaragoza Godínez *Galería fúnebre de Historias trágicas, espectros y sombras ensangrentadas* paru en 1831, collection de douze volumes avec un préambule de l'auteur dans lequel il insiste sur la véracité des histoires et sur la moralité de celles-ci, à tort, selon Ferreras, ni pour l'une ni pour l'autre. Ce sont 21 histoires, d'inspiration française selon Montesinos[31], bien que

---

30   *Op. cit.*, p. 136.
31   *Op. cit.*, p. 94.

Ferreras[32] pense que l'inspiration soit diverse. Cette œuvre connut un certain succès de nature éditoriale[33].

Mais il y a une abondance de textes fantastiques au début du siècle en Espagne publiée dans la presse périodique. Ce sont des histoires, des articles et des gravures qui sont liés au fantastique et dans lesquels les pactes avec le diable, les prémonitions ou l'irruption du surnaturel sont présents. Montserrat Trancón a bien étudié le sujet[34]. Le pacte avec le diable – comme il arrive dans l'œuvre de Nodier – était donc fréquent dans les récits espagnols. Cette chercheuse cite quelques exemples tirés des périodiques espagnols bien connus à une période similaire à celle qui nous occupe : « Rustán », anonyme, dans *Cartas españolas*, 1832 ; « Les palais souterrains d'Ellora », anonyme aussi dans *El Ramillete*, 1840 ; « *El diablo enano* » de 1839 dans *La Esperanza*, « Yago Yask » de Pedro de Madrazo dans *El Artista* parmi d'autres plus lointains. Et nous ne pouvons pas oublier des écrivains de la stature d'Espronceda (*El estudiante de Salamanca*) ou de Bécquer, plus tardivement.

La littérature espagnole n'est pas étrangère à l'essor qu'a connu en Europe le courant fantastique comme en témoignent de nombreux exemples publiés dans la presse du moment ; *El desván de los duendes* dont nous venons de parler à propos d'une de ses histoires témoigne de cet essor.

Concepción PALACIOS BERNAL
Universidad de Murcia

---

32 *Op. cit.*, p. 252.

33 Le titre *Obra nueva de prodigios, acontecimientos maravillosos, apariciones nocturnas, sueños espantosos, delitos misteriosos, fenómenos terribles, crímenes históricos y fabulosos, cadáveres ambulantes, cabezas ensangrentadas, venganzas atroces y casos sorprendentes* qui a sa correspondance avec l'ouvrage français de P. (J.P.R.) Cuisin, *Les Ombres sanglantes, galeries funèbres, forfaits historiques, cadavres mobiles, têtes ensanglantées et animées, vengeances atroces et combinaisons de crimes, etc., puisés dans les sources réelles. Recueil propre à causer les fortes émotions de la terreur*, 2 vols., Paris, Vve. Lepetit, 1820. (Cf. Mª J. Alonso, « Infelices extremos de sensibilidad en las *Lecturas* de Olavide », *Anales de Literatura española*, Alicante, 11, 1995, note 6.

34 Voir *La literatura fantástica en la prensa del Romanticismo*, Valence, Instituciò Alfons el Magnànim, 2000. Et des articles antérieurs : « El cuento fantástico publicado en la prensa madrileña del XIX (1818-1868) », in J. Pont (dir.), *Narrativa fantástica en el siglo XIX (España e Hispanoamérica)*, Milenio, Lleida, 1997, p. 19-30 et « La mujer fantasma y otros personajes del Romanticismo », en J. Pont (dir.), *Brujos, demonios y fantasmas en la literatura fantástica hispánica*, Ediccions Universitat de Lleida, 1999, p. 147-159.

ZORRILLA, LECTEUR DE NODIER ?

À propos de *Margarita la tornera* et *La Légende de Sœur Béatrix*[1]

« L'imitation est l'objet de l'art proprement dit : l'invention est le sceau du génie. Il n'y a certainement point d'invention absolue. L'invention la plus empreinte de hardiesse et d'originalité n'est qu'un faisceau d'imitations choisies ». Cette citation liminaire de l'essai de Nodier *Des types en littérature*[2] permet d'aborder l'étude de deux textes

---

1   Cet article fut présenté en espagnol avec le même titre dans le Colloque (2005) *La cultura del otro. Español en Francia, francés en España. La culture de l'autre. Espagnol en France. Français en Espagne* dont les actes ont été publiés par l'Université de Sevilla, 2006, p. 579-588.

2   *Rêveries*, tome V, *Œuvres complètes*, Genève, Slatkine Reprints, 1998, p. 47-48. Cette phrase est complétée par cette autre : « L'homme ne compose rien de rien ; mais il s'élève presque au niveau de la puissance de création, quand d'une foule d'éléments épars il forme une individualité nouvelle, et quand il lui dit : sois ». Les notions d'imitation et d'originalité en littérature sont très productives chez notre auteur qui théorise sur le concept d'intertextualité et d'hypertextualité – d'après la terminologie genettienne. Que ce soit par des citations ou des allusions à d'autres auteurs ou bien par la présence d'autres textes, Nodier l'a mentionné à plusieurs reprises, dans les « Préliminaires » de *Jean Sbogar*, dans l'« Avis au lecteur » de *La Fée aux Miettes* ou dans le texte précité et qu'on peut résumer dans des phrases comme celles-ci : « qu'on n'invente rien en littérature », « l'idée première de cette histoire doit nécessairement se trouver quelque part », « il n'y avait rien de nouveau sous le soleil » ou celle du commencement de l'article : « il n'y a certainement point d'invention absolue ». Sans aucun doute, de toutes ces citations, celle qui, d'une manière plus évidente, reproduit l'idée est le texte inséré dans l'*Histoire du Roi de Bohème et de ses sept châteaux* (Chapitre « Objection ») : « Oserais-je vous demander quel livre n'est pas pastiche, quelle idée peut s'enorgueillir aujourd'hui d'éclore première et typique ? [...] Et vous voulez que moi, plagiaire des plagiaires de Sterne – Qui fut plagiaire de Swift – Qui fut plagiaire de Wilkins – Qui fut plagiaire de Cyrano – Qui fut plagiaire de Rebou – Qui fut plagiaire de Guillaume des Autels – Qui fut plagiaire de Rabelais – Qui fut plagiaire de Morus – Qui fut plagiaire d'Érasme Qui fut plagiaire de Lucie, – ou de Lucius de Patras – ou d'Apulée – car on ne sait lequel des trois a été volé par les deux autres, et je ne me suis jamais soucié de le savoir... Vous voudriez, que j'inventasse la forme et le fond d'un livre ! Le ciel me soit en aide : Condillac dit quelque part qu'il serait plus aisé de créer un monde que de créer une idée ». Ch. Nodier, *Histoire du roi de Bohème et de ses sept châteaux*, Paris, Delangle frères, 1830, p. 23, p. 26-27.

qui ont à ce qu'il semble une source commune. En effet, *La Légende de Sœur Béatrix* et *Margarita la tornera*[3] exploitent un argument analogue. Tous les deux mettent en valeur l'une des plus vénérables traditions de la littérature universelle : l'histoire de l'évasion d'une religieuse du couvent et son remplacement par la Vierge. Le premier récit a été publié dans la *Revue de Paris* en 1837[4] et le second, fait partie de *Cantos del trovador*, en 1840-1841, avec six autres légendes. Des deux, il faut dire que la légende de Zorrilla a fait l'objet de plusieurs études concernant les antécédents, le sujet, le style[5] alors que l'histoire de Nodier n'a reçu que quelques notations ou références dans l'ensemble des récits fantastiques de l'auteur, maître incontournable de ce genre au XIXe siècle[6].

Nodier fait précéder l'histoire d'une sorte de préface dans laquelle il défend ostensiblement la littérature hagiographique, bien que les thèmes religieux ne soient pas fréquents dans son œuvre, si l'on excepte cette légende et *La Neuvaine de la Chandeleur*. Dans cet « *incipit* », il avoue, ce qui était une pratique habituelle chez lui[7], sa source d'inspiration,

---

3   Nous avons utilisé l'édition de P.G. Catex, *Contes*, Paris, Garnier, 1961 qui regroupe les différents récits du volume d'après la chronologie et les intentions supposées de l'auteur. L'histoire occupe les pages 781-798 de la partie intitulée « Fantaisies et légendes (1830-1838) ». Pour le récit de Zorrilla je renvoie à l'édition de S. García Castañeda, *Leyendas*, Madrid, Cátedra, 2000 ; la légende occupe les pages 275-366. Les références à cette édition apparaissent dans l'article avec le mot *Béatrix* suivi de la page.

4   Tome 46, du 29 octobre 1837. Cette même année il paraît dans *Contes de la veillée*.

5   Je renvoie à l'introduction de García Castañeda (J. Zorrilla, *Leyendas*, éd. de S. García Madrid, Cátedra, 2000) et à l'étude de Navas (R. Navas, *La poesía de José Zorrilla*, Madrid, Gredos, 1995). Il faut souligner aussi quelques contributions du Colloque célébré à Valladolid à propos du centenaire de la mort de l'écrivain ainsi que l'étude très utile de N. Alonso Cortés, *Zorrilla, su vida y sus obras*. Valladolid, Librería Santaren, 1943.

6   *Le Conte fantastique en France. De Nodier à Maupassant*, Paris, Corti, 1951 (1987), ouvrage classique de la littérature fantastique. Castex, son auteur, inclut Nodier parmi les « Maîtres du genre », en lui dédiant les pages 121-167. Il qualifie *La Légende de Sœur Béatrix* de « Miracle de Notre-Dame dans le goût du Moyen Âge » (p. 164).

7   Au cours de sa longue vie littéraire, Nodier a beaucoup aimé le jeu de masques, de pastiches et de plagiats, d'ambiguïtés dans les titres et dans la paternité des œuvres. Ces questions préoccupaient beaucoup l'auteur qui avait déjà écrit en 1828 l'essai *Questions de littérature légale. Du plagiat, de la supposition d'auteurs, des supercheries qui ont rapport aux livres. Ouvrage qui peut servir de suite au dictionnaire des anonymes et à toutes les bibliographies.* Divisé en 24 chapitres, avec de nombreuses exemplifications, le travail se termine par la critique ouverte à toutes ces pratiques (plagiat, suppléments, pastiches, changements de titre, collations, faux manuscrits, cession, vol, auteurs supposés). Nodier lance une critique ouverte contre les auteurs coutumiers de ces pratiques frauduleuses. Mais, il s'intéresse également au style, sauvant ainsi un plagiaire lorsque le texte en question a pour lui la grâce ou le charme d'un bon style. Il a également des notions positives sur

[...] Celle que je vais vous dire est tirée d'un vieil hagiographe, nommé Bzovius, continuateur peu connu de Baronius, qui ne l'est guère davantage. Bzovius la regardait comme parfaitement authentique, et je suis de son avis, car de pareilles choses ne s'inventent point. Aussi, me serais-je bien gardé d'y changer la moindre chose dans le fond [...] Ils laisseront là mon pastiche, et liront, s'ils déterrent son bouquin dans les bibliothèques, le bonhomme Bzovius qui raconte cent fois mieux que moi (*Béatrix* : 784).

Bibliomane convaincu, le bibliothécaire de l'Arsenal a peut-être connu l'œuvre de Bzovius, un historien dominicain polonais[8]. Sur cet auteur, cependant, l'opinion recueillie par Guiette dans son étude documentée sur les sources du sujet est significative car il n'a pas trouvé de références à cette légende dans les travaux de l'historien :

Le continuateur de Baronius, Abraham Bzowski, O.P., dit Bzovius, n'a pas à être présenté au public. Divers auteurs prétendent que, dans ses *Annales Ecclesiastici*, se trouve l'histoire de sœur Béatrix. Ce sont : le P. Courcier, Théophile Raynaud et d'Artigny, qui précisent que le fait s'y trouverait mentionné à la date de 1203, ainsi que Nodier, Germond de Lavigne, Dinaux et d'autres fort probablement. Nous avons feuilleté sans succès plusieurs éditions des *Annales*, et Watenphul n'a pas été plus heureux que nous dans ses recherches. Cet auteur a poussé le scrupule jusqu'à parcourir d'autres ouvrages de Bzovius [...]. Le tout sans résultat appréciable[9].

Ce qui ajoute encore une précision de plus au jeu de piste constant auquel Nodier nous a habitués avec les ambiguïtés sur la paternité de quelques-unes de ses œuvres, les refutant parfois et se présentant comme un traducteur ou un simple éditeur, pratique qui était courante au XVIIIe siècle. C'est ce qui arrive dans le premier prologue de *Thérèse Aubert*, dans le prologue de l'ensemble des histoires qui composent les *Souvenirs de jeunesse* et dans la première édition de *Smarra*[10], histoire attribuée à un certain Maxime

---

les pastiches. Un travail supérieur rend une imitation valide impossible. Cependant, le plagiat d'un bon écrivain sur un mauvais écrivain est licite, car la société « en retire l'avantage de jouir de quelques beautés qui restaient ensevelies dans un auteur inconnu, si le talent d'un grand homme n'avait daigné s'en parer », Paris, Barba, Libraire, 1812, p. 6.

8   O Bzowski. Il vécut entre 1567 et 1637 et fut chargé par Paul V de continuer les *Annales ecclesiatici* de l'historien et cardinal Baronio.

9   R. Guiette, *La Légende de la sacristine. Étude de littérature comparée*, Genève, Slatkine, 1981, p. 232-233.

10 Nous lisons dans *Thérèse Aubert* : « Le manuscrit de cette nouvelle a été trouvé dans une de ces maisons qui ont servi de prisons à une certaine époque ... de sorte que le temps et l'humidité en ayant altéré plusieurs pages, il y restait des lacunes que l'éditeur a été

Odin. D'autres fois, il masque la fiction en recourant à la vérité historique. Le préfacier insiste sur le fait exposé, soit qu'il s'agisse d'un document véritable, soit du moins qu'il raconte des événements vérifiés par l'histoire. Le « Au lecteur » du récit *Le Dernier Banquet des Girondins* de 1829, outre la défense contre les accusations de plagiat qu'il avait déjà menée à propos de *Jean Sbogar*, conjugue très bien l'imaginaire de l'auteur avec l'histoire véritable. Et pour cette légende, il mentionne sa source directe.

De son côté, Zorrilla a commenté, quelques années après la première publication de *Margarita la tornera*, les antécédents du sujet, citant parmi eux l'écrivain français, mais il les réfute comme source d'inspiration et, au contraire, il affirme connaître l'histoire pour l'avoir entendue raconter. Dans la note qui précède la publication de la légende, nous lisons :

> *Es una tradición conocidísima desde el siglo XIII. Cuéntala el primero como sucedida en su tiempo un Monge Benedictino aleman en un tratado sobre los milagros. La protagonista es una abadesa de un monasterio de Fontevrault, la accion pasa en Colonia. La trae Don Alfonso el Sabio en sus cántigas gallegas, y Berceo en los milagros de la Vírgen; la reprodujo en el siglo XIV otro fraile italiano, y se cuenta en la historia de la órden cisterciense de Fontevrault : contóla en el siglo XVII en uno de los diez infolios que sobre diversas materias publicó en Lyon un jesuita francés, el P. Reynaud. En el siglo actual se ha escrito varias veces en verso y en prosa : El Museo de las familias, la publicó en forma de novela : Castor Nodiel publicó otra del mismo asunto en la Revista de París en 1837, y Collin de Plancy la relata y no mal, en una colección de Leyendas de la Virgen, dadas á luz en 1845. Ninguna de estas narraciones me era conocida al escribir yo mi Margarita la Tornera, y no creo necesario aducir pruebas en pró de su originalidad; porque por más que su argumento es el mismo que el de todas las otras narradas, una monja que huye del convento con un amante y al volver á él arrepentida halla que la Vírgen ha tomado su lugar durante su ausencia, la forma, el estilo, los caracteres y la relacion del hecho en la mia, son completamente originales y de mi invencion. El orígen de su inspiracion es el mismo de todas mis leyendas : el de mis propios recuerdos*[11].

---

obligé de remplir : c'est la seule part qu'il y ait à l'ouvrage, car il n'a rien corrigé au style dans les endroits même où il ne fallait qu'effacer pour le rendre meilleur » (*Thérèse Aubert par l'auteur de Jean Sbogar*, Paris, Ladvocat, 1819, p. v.). Et dans la première édition de *Smarra* : « ... l'ouvrage singulier dont j'offre la traduction au public est moderne et même récent. On l'attribue généralement en Illyrie à un noble Ragusain qui a caché son nom sous celui du comte Maxime Odin [...] Je dois avouer en finissant que, si j'avais apprécié les difficultés de cette traduction avant de l'entreprendre, je ne m'en serais jamais occupé » (« Avertissement » in *Smarra ou les démons de la nuit, songes romantiques, traduit de l'esclavon du Comte Maxime Odin*, par Charles Nodier, Paris, Ponthieu, p. i-vj.).

11   Dans cette note, Zorrilla nomme Nodier de façon erronée. Je traduis la citation : « C'est une tradition connue depuis le XIIIᵉ siècle. Racontée la première fois comme arrivée dans son temps par un moine bénédictin allemand dans un traité sur les miracles. La protagoniste est une abbesse d'un monastère de Fontevrault, l'action se déroule à Cologne. Don

En dépit de cette déclaration, les deux s'inspirent, comme je viens de le dire, d'un matériau légendaire dont le point de départ est un texte du XIIIe siècle. Ce n'est pas en vain que la dévotion mariale et la littérature qui en découle ont au Moyen Âge son âge d'or. « La plus ancienne des rédactions latines de la légende, la seule qui soit datée avec précision du début du XIIIe siècle, fut incorpoporée par Césaire d'Hesiterbach dans son *Dialogus miraculorum*[12] », bien que les sources soient censées être orales car le narrateur lui-même précise dans le prologue « ne rien avoir raconté de son cru ».

Depuis les sources latines, avec cette première composition médiévale de la légende, et de nombreuses autres en ancien français, ou en d'autres langues comme l'espagnol, le néerlandais, l'allemand ou le danois jusqu'aux textes modernes à partir du XVIe siècle, il s'agissait d'un sujet très populaire et d'un considérable ancrage littéraire[13].

Quels motifs ont incité nos deux écrivains à le réutiliser ? Zorrilla revendique, comme nous avons lu, l'originalité dans le traitement de son histoire, en rejetant ses prédécesseurs et en faisant confiance à la capacité de survivance et à la transmission orale de la légende.

Alfonso el Sabio la cite dans ses chansons galiciennes et Berceo dans les miracles de la Vierge ; elle a été reproduite au XIVe siècle par un autre frère italien, et on la mentionne dans l'histoire de l'ordre cistercien de Fontevrault : racontée au dix-septième siècle dans l'un des dix infolios publiés par un jésuite français, le père Reynaud, sur divers sujets à Lyon. Au cours du siècle actuel, elle a été publiée plusieurs fois en vers et prose : elle parut dans *Le Musée des familles*, sous la forme d'un roman : Castor Nodiel [*sic*] a publié une autre du même sujet dans la *Revue de Paris* en 1837, et Collin de Plancy la raconte et pas mal, dans un recueil de *Légendes de la Vierge*, parues en 1845. Je ne connaissais aucune de ces histoires lorsque j'ai écrit *Margarita la Tornera* et je ne pense pas qu'il soit nécessaire de prouver son originalité ; car peu importe si l'argument est le même que celui des autres, une religieuse qui fuit le couvent avec un amant et, repentie, elle rentre et constate que la Vierge a pris sa place pendant son absence, la forme, le style, les personnages et la relation du fait dans la mienne, sont complètement originaux et de mon invention. L'origine de son inspiration est la même dans toutes mes légendes : celle de mes propres souvenirs » (J. Zorrilla, *Obras completas de D. José Zorrilla corregidas y anotadas por su autor*. Tomo I. Barcelona, Sociedad de Crédito Intelectual Zorrilla, 1884, p. 227).

12 Guiette, *op. cit.*, p. 15.

13 Outre les études sur les antédécents du sujet de Guiette (*op. cit.*) et d'A. Cotarelo, *Una cantiga célebre del Rey Sabio : fuentes y desarrollo de la leyenda de Sor Beatriz, principalmente en la literatura española*. Madrid, Imprenta de Antonio Marzo, 1904, je renvoie aux *Cantigas galaicoportuguesas LV, XCIV y CCLXXXV*, du roi Alphonse X le Savant et au drame *La Buena Guarda* de Lope de Vega. Le travail d'Helena Percas de Ponseti est également intéressant dans le monde hispanique : « *Cervantes y Lope de Vega : postrimerías de un duelo literario y una hipótesis* », *Cervantes : Bulletin de la Société Cervantes d'Amérique*, 2003, p. 63-115. L'article compare le drame de Lope avec le récit inséré dans le *Quichotte Apocryphe* d'Avellaneda, *Los felices amantes*.

De Nodier, on peut dire que, quelles que soient les causes historiques et le goût de son époque pour un retour au passé – ce que l'on retrouve chez Zorrilla – il va mettre en jeu dans sa légende des amours sur lesquelles pèse une interdiction sociale, situation qui se répète dans de nombreuses autres histoires. Il a composé cette histoire dans son âge d'or de nouvelliste, à un moment de sa vie où, vieux et déjà fatigué, comme il le déclare lui-même, il ne fait confiance qu'au pouvoir de son invention et au désir de réhabiliter une littérature populaire et folklorique.

> Pourquoi la légende pieuse et touchante fut-elle reléguée à la veillée des vieilles femmes et des enfants, comme indigne d'occuper les loisirs d'un esprit et d'un auditoire choisi ? C'est ce qui ne peut guère s'expliquer que par l'altération progressive de cette précieuse naïveté dont les âges primitifs tiraient leurs plus pures jouissances, et sans laquelle il n'y a plus de poésie véritable. La poésie d'une époque se compose, en effet, de deux éléments essentiels, la foi sincère de l'homme d'imagination qui croit ce qu'il raconte, et la foi sincère des hommes de sentiment qui croient ce qu'ils entendent raconter (*Béatrix :* 782).

Comme cela est manifeste dans cette œuvre et dans d'autres, Nodier croit aux formes primitives du récit oral et à son pouvoir de transmission. Par conséquent, il invite le lecteur à « participer avec [lui] à ces enchantements de la parole », à se réunir pour nous hâter « d'écouter les délicieuses histoires du peuple, avant qu'il les ait oubliées » (*Béatrix*, 784). Comme Zorrilla qui, lui aussi, tel un « troubadour qui se traîne égaré », recommande à son « public » : « *venid a oír en dulces armonías/ las sabrosas historias de otros días*[14] » et, comme Nodier, il a exprimé sa conception du pouvoir de la tradition[15].

Cette recherche des origines, des fables, des mythes et des rêves eux-mêmes, accompagne toute la production théorique, critique et narrative de Nodier[16], celle qu'il exprime dans *Du fantastique en littérature*. Sa position privilégiée dans le siècle, ses relations avec d'autres romantiques

---

14 J. Zorrilla, *Obras completas*, ordenación, prólogo y notas de Narciso Alonso Cortés, Valladolid, Librería Santarén. Tomo I, 1943, Introduction. « Venez entendre dans de douces harmonies / les histoires savoureuses des autres jours ». Ce sont des vers de l'introduction de *Cantos del trovador.*

15 R. P. Sebold, *« Zorrilla en sus leyendas fantásticas a lo divino »*, in Javier Blasco, Ricardo de la Fuente, Alfredo Mateos (dir.), *José Zorrilla, una nueva lectura*, Valladolid, Universidad de Valladolid y Fundación Jorge Guillén, 1995, p. 203-218.

16 A-M., Roux, « Nodier et l'Âge d'or : La quête de l'origine », *Littérature*, 25, 1977, p. 100-113.

font de lui « un fantastiqueur avant la lettre » bien avant que Hoffmann ne soit traduit et connu en France. Texte[17] essentiel dans l'histoire du genre mais surtout décisif pour la connaissance de son auteur, il nous offre quelque chose de plus qu'une théorie fantastique, c'est une théorie idéologique de la littérature qui nous parle d'un retour aux origines, et propose de voir l'avenir comme un passé qui recommence[18].

Son concept de « fantastique » est si ouvert, si large, s'assimilant a celui de « fantaisie », que l'on pourrait le lier avec ces mots familiers de l'écrivain espagnol lequel, analysant avec son épouse l'acceptation de Hoffmann en Espagne, définit *Margarita la torn*era comme « une fantaisie religieuse[19] ». Tous les deux, donc, s'abreuvent ainsi à un « traditiona-lisme esthétique[20] » qui parcourt le monde occidental, d'un retour aux cultures populaires.

C'est pourquoi *Margarita la tornera*, l'une des légendes les plus connues de Zorrilla[21], porte le sous-titre de *Tradición*. Et pour cette

---

17 Nodier propose également d'intéressantes réflexions sur sa conception du fantastique dans des préfaces et dans quelques récits (*Histoire d'Hélène Gillet*, *Smarra ou les démons de la nuit*, *La Fée aux Miettes* et *Jean-François les Bas-Bleus*)

18 R. Bozetto, « Nodier et une théorie romantique du fantastique », *Europe*, 614-615, 1980, p. 70-78.

19 Voilà l'opinion des chercheurs : « *es una fantasía religiosa, es una tradición popular, y este género fantástico no lo repugna nuestro país, que ha sido religioso siempre hasta el fanatismo* » (il s'agit d'une fantaisie religieuse, d'une tradition populaire, et ce type de genre fantas-tique ne répugne pas à notre pays, qui a toujours été religieux jusqu'au fanatisme), que nous lisons dans l'introduction sous forme de dialogue de *La Pasionaria, cuento fantástico* (Zorrilla, *Obras completas*, id. p. 616).

20 L. Romero, « Zorrilla : *el imaginario de la tradición* », in J. Blasco et alii (dir.), *José Zorrilla, una nueva lectura, op. cit.*, p. 167.

21 Voilà l'opinion de l'auteur lui-même : « *De Margarita la Tornera no quiero añadir una palabra más : se han hecho de ella cien reimpresiones, y es la más conocida de mis leyendas : es el embrión original del Tenorio y en él copié algunos versos de ella, que después han llegado á hacerse populares y á andar de boca en boca. Pretender yo ahora aplicar mi juicio á una cosa juzgada, ni buscar defectos á una obra sancionada por la general aceptacion, no sería más que una hipócrita pedantería. Yo no siento felizmente y á Dios gracias, vanidad ni soberbia por ninguno de mis escritos ; pero debo confesar francamente que tengo conciencia de que puedo reconocerme sin sonrojo por autor de Margarita la Tornera* » (Je ne veux pas ajouter un autre mot sur Margarita la Tornera : on en a fait cent réimpressions et c'est la plus connue de mes légendes : c'est l'embryon original du Tenorio et j'en ai copié quelques versets qui sont ensuite devenus populaires et vont de bouche en bouche. Je n'ai pas la prétension maintenant d'appliquer mon jugement à une chose jugée, ni de chercher des défauts à une œuvre qui a eu une acceptation générale, ce serait une hypocrisie pédantesque. Je n'ai, et je remercie Dieu, ni de la vanité ni de l'orgueil pour aucun de mes écrits ; mais je dois avouer franchement que je suis conscient que je peux me reconnaître sans rougir comme étant l'auteur de

même raison, *La Légende de Sœur Béatrix* est définie par l'auteur lui-même comme une « histoire du peuple[22] ». Histoires et « contes de la veillée » dont Nodier nous parle sans cesse et que nous pouvons assimiler aux discours du samedi que le père Carasa tenait à Zorrilla, lorsqu'il était enfant. Mais, sans oublier l'origine livresque de la légende, Zorrilla en cite ses sources : le moine bénédictin allemand Césareo de Heisterbach, Alfonso le Sage, Berceo, un moine italien, Reynau, le petit roman du *Museo de las familias* ou le texte de Castor Nodiel – tel qu'il le nomme. Cette combinaison entre le livre et l'oral, cette *« operación de veladuras*[23] *»* que Romero Tovar étudie dans son article comme étant à l'origine des légendes de Zorrilla, n'est autre que celle que Nodier utilise et avoue dans *La Légende de Sœur Béatrix*, lorsqu'il invoque à la fois Bzovius – son inspirateur – et les délicieuses histoires du peuple.

Mais pourquoi Zorrilla cite-t-il si tardivement cette pluralité de sources qu'il a connues et auxquelles il a puisé ? Revenons à notre question initiale : Zorrilla était-il lecteur de Nodier ? On doit parler certainement de l'influence, très contrastée, de la littérature française en Espagne, de la considérable quantité de traductions de toutes sortes qui ont été publiées au cours de ces années de la toute première moitié du siècle.

> *Así pues, los escritores españoles imitaron lo que estaba sucediendo en otros países europeos, y el cuento legendario no escapa de dichas influencias, una relación que, insisto, no ha de entenderse como una simple búsqueda de fuentes, sino como la adopción por parte de los escritores fantásticos españoles de una serie de técnicas, estructuras y temas que ya se estaban desarrollando en la literatura fantástica europea de esos años*[24].

Parmi ces traductions, celle de *La Légende de Sœur Béatrix* :

> *Como última influencia podríamos citar aquellos cuentos legendarios franceses que se tradujeron al español en esos años, como, por ejemplo, Jésus-Christ en Flandre*

Margarita la Tornera) (J. Zorrilla, *Obras completas de D. José Zorrilla corregidas y anotadas por su autor, op. cit.*, p. 228).

22   *Op. cit.* Castex, p. 784.

23   Mettre des voiles, voiler.

24   D. Roas, *La recepción de la literatura fantástica en la España del siglo XIX*. Universidad Autónoma de Barcelona, Tesis Doctoral, 2000, p. 399. « Ainsi, les écrivains espagnols ont imité ce qui se passait dans les autres pays européens et le récit légendaire n'échappe pas à de telles influences, bien que, nous devons insister, cela ne doive pas être compris comme une simple recherche de sources, mais comme l'adoption par les écrivains espagnols qui s'intéressent à ce type de littérature, d'une série de techniques, de structures et de thèmes déjà développés dans la littérature fantastique européenne de ces années-là ».

(1831), de Balzac, o La Légende de Sœur Béatrix (1837) y La Neuvaine de la Chandeleur (1838), de Nodier. Ambos escritores explotan en ellos la variante de lo "maravilloso cristiano", que también fue muy cultivada por los autores de cuentos legendarios españoles[25].

Sur l'influence directe de Nodier sur Zorrilla, les érudits avouent leurs contradictions. Menéndez Pelayo, dans son analyse de *La buena guarda* de Lope de Vega, qui traite un sujet similaire, critique le récit de Zorrilla en l'opposant à « la douce et exquise *Légende de Sœur Béatrix* [...] du délicieux conteur *Carlos Nodier* », sans entrer dans plus de détails :

No podemos determinar en qué libro encontró Zorrilla el asunto de Margarita la Tornera, si es que le aprendió de los libros y no de la tradición oral, transmitida en algún sermón o plática que hubiese oído en su niñez. Él mismo no lo recordaba a punto fijo. Cuando se le preguntaba sobre los orígenes de sus leyendas, solía dar indicaciones vagas y aun positivamente equivocadas. No era su fuerte la erudición, ni aun aplicada a sus obras propias, que, además, afectaba mirar con cierto desdén y enfado. De todos modos, esta narración poética, que es de las más célebres, aunque para mi gusto no de las mejores de su autor, recuerda la versión del Quijote de Avellaneda, más bien que ninguna otra de las que conocemos. No es, por consiguiente, la más mística e ideal, y aunque Zorrilla la haya expurgado de todo pormenor poco limpio, el cuento resulta mucho más profano que en la comedia de Lope y que en la suave y exquisita Légende de Sœur Béatrix, que en 1837 publicó el delicioso cuentista Carlos Nodier, tomando el asunto, según dice, del dominico polaco Bzovio, continuador de Baronio[26].

---

25 *Id.*, p. 402 « Comme dernière influence, nous pouvons citer les légendes françaises traduites en espagnol au cours de ces années, telles que, par exemple, *Jésus-Christ en Flandre* (1831) de Balzac ou *La Légende de Sœur Béatrix* (1837) et *La Neuvaine de la Chandeleur* (1838), de Nodier. Les deux auteurs exploitent dans leurs récits le "merveilleux chrétien", largement cultivé par les auteurs de contes légendaires espagnols ».

26 Menéndez y Pelayo, *Estudios sobre el teatro de Lope de Vega. Autos, comedias de vidas de santos (conclusión), pastoriles, mitológicas, de historia clásica, y de historia extranjera*, Biblioteca Cervantes virtual. « Nous ne pouvons pas déterminer dans quel livre Zorrilla a trouvé la matière de *Margarita la Tornera*, s'il l'a pris dans des livres et non de la tradition orale, soit un sermon, soit un discours entendu dans son enfance. Lui-même ne s'en est pas souvenu à ce moment-là. Interrogé sur les origines de ses légendes, il donnait des indications vagues, voire fausses. L'érudition n'était pas son fort, notamment pour ses œuvres, qu'il regarde avec un certain dédain et une certaine humeur. Quoi qu'il en soit, ce récit poétique, qui est l'un des plus célèbres, bien que, à mon goût, il ne soit pas le meilleur de son auteur, rappelle la version de *Don Quichotte* de Avellaneda, plus qu'aucune autre. Ce n'est pas son récit le plus mystique et idéal, et bien que Zorrilla l'ait purgé de détails impurs, l'histoire est beaucoup plus profane que dans la comédie de Lope et que dans la douce et exquise *Légende de Sœur Béatrix*, publié en 1837, par le délicieux conteur Carlos Nodier qui tira le sujet du moine dominicain polonais Bzovio, continuateur de Baronio ».

Cotarelo rejoint cette idée, tour en insistant encore davantage. D'abord, il fait l'éloge de l'histoire de Nodier : « *Paréceme* – déclare-t-il – *que podría sostenerse la afirmación de que la forma más poética que hasta ahora alcanzó la leyenda de Sor Beatriz es aquella en que brotó de la delicada pluma del célebre cuentista francés Carlos Nodier*[27] ». Cette poéticité qu'il lui accorde s'effondre dans son analyse au chapitre XII de son étude[28]. En ce qui concerne la légende espagnole, il avoue la dette de Zorrilla envers la légende nodiériste :

> *A mi me parece que Zorrilla debe, además, bastante á la Leyenda de Sœur Béatrix, de Carlos Nodier, publicada en 1837, esto es, tres años antes de la de Margarita. La semejanza ó coincidencia de algunos pormenores se declara comparando ambos textos*[29].

Cependant, Cotarelo ne dit pas grand-chose de cette comparaison si ce n'est en ce qui concerne le dénouement de la légende, une fois que Margarita rentre au couvent :

> *Lo que sigue hasta el final de la leyenda es hermosísimo, aunque más que ninguna otra parte deja entrever el modelo francés. Zorrilla, con igual propósito que Nodier, escribe, entre otras, estas bellísimas estrofas*[30][...]. *Como se ve, la coincidencia de Zorrilla con Nodier es más que semejanza fortuita, es verdadera imitación* [...]. *Todo este final de la leyenda de Margarita, aunque deba tanto á Carlos Nodier, no merece sino elogios por los hermosos detalles y episodios que Zorrilla supo ingerirle y la innegable belleza de los versos*[31].

Alonso Cortés insiste sur la même idée, contredisant l'auteur lui-même. Voilà ce qu'il dit : « *pero donde encontró el asunto de Margarita la Tornera fue indudablemente en La Légende de Sœur Béatrix, de Carlos Nodier,*

---

27   Cotarelo, *op. cit.*, p. 165. « Il me semble qu'on peut affirmer que la forme la plus poétique qui jusqu'à présent ait atteint *La Légende de Sœur Beatriz* est celle attribuée à la plume du célèbre conteur français Charles Nodier ».

28   *Id.*, p. 165-170.

29   *Id.*, p. 174. « Il me semble que Zorrilla doit également beaucoup à la *Légende de Sœur Béatrix* de Charles Nodier, publiée en 1837, soit trois ans avant celle de Margarita. La similitude ou la coïncidence de certains détails paraissent évidentes en comparant les deux textes. »

30   Le contenu de cette parenthèse comprend une suite de vers de la légende de Zorrilla, presque tout le final (excepté l'annexe).

31   *Id.*, p. 185-188. « Ce qui suit jusqu'à la fin de la légende est très beau, bien plus que toute autre partie, cette fin laisse entrevoir le modèle français. Zorrilla, dans le même but que Nodier, écrit, entre autres, ces belles strophes [...]. Comme on peut le constater, la coïncidence de Zorrilla avec Nodier est plus qu'une similitude fortuite, c'est une véritable imitation [...]. Ce dénouement de la légende de Margarita, même s'il doit beaucoup à Charles Nodier, ne mérite que des éloges dus aux beaux détails et aux épisodes que Zorrilla a su y intégrer et à la beauté indéniable des vers ».

que se había publicado en 1837, y con la cual coincide sustancialmente[32] ». Seul Navas, plus récemment, souligne les différences :

> *La posible conexión con Nodier merece un breve comentario. Hay sin duda algunas similaridades entre Margarita la tornera y la Légende de Sœur Béatrix : ambas son leyendas, presentan una muchacha inocente encerrada en el convento a los quince años y ejemplifican la protección de la Virgen. Pero hay también importantes diferencias : la Légende de Sœur Béatrix es un relato relativamente breve en prosa que se centra en el estudio de la protagonista ; Margarita la tornera, en verso, tiene considerable extensión y concede más atención al seductor. La seducción es en ésa factor decisivo mientras que en aquélla apenas existe, tan decisivo que de hecho cambia el signo de la narración, como se verá*[33].

Ces différences se concentrent, entre autres, sur l'analyse de l'annexe finale de Zorrilla, en dehors de l'histoire, où il va insister sur la figure du séducteur.

À propos de cette étude sur les antécédents et les comparaisons, il faut revenir encore une fois à l'étude de Guiette qui, laissant de côté les versions et les textes, d'un point de vue strictement littéraire, fait le tour des différentes époques. Pour le XIXe siècle, il commente : « En français, Nodier est le premier à donner au thème tout son lustre[34] » pour préciser quelques lignes plus loin à propos de Zorrilla : « L'Espagne nous donne Zorrilla, dont *Margarita la Tornera* n'est point à dédaigner, mais où il semble que le miracle soit un peu effacé, au profit des aventures mondaines de la nonne et de son séducteur[35] ».

Les différences entre les deux textes sont évidentes : le vers et la prose, le changement de décor ou le nom de la protagoniste, le traitement de la séduction, celle du repentir ; même le dénouement de la légende, plus

32 N. Alonso, *Zorrilla, su vida y sus obras*. Valladolid : Librería Santaren, 1943, p. 263. « Zorrilla trouva la source de *Margarita la tornera* dans *La Légende de Sœur Béatrix* avec laquelle elle coïncide en grande partie. »

33 R. Navas, *op. cit.*, p. 91. « La possible coïncidence avec Nodier mérite un bref commentaire. *Margarita la tornera* et *La Légende de Sœur Béatrix* présentent sans aucun doute des similitudes : toutes deux sont des légendes, elles présentent une jeune fille innocente enfermée dans le couvent à quinze ans et elles emblématisent la protection de la Vierge. Mais il existe aussi des différences importantes : *La Légende de Sœur Béatrix* est une histoire en prose relativement courte qui se concentre sur l'étude de la protagoniste ; *Margarita la tornera*, en vers, a une longueur considérable et accorde plus d'attention au séducteur. La séduction est donc un élément décisif alors que chez Nodier elle existe à peine, et il est si décisif qu'il sert à changer la signification de la narration, comme on le verra » (1995 : 91).

34 Guiette, *op. cit.*, p. 528.

35 *Ibid.*, p. 529.

abrupt chez Zorrilla – en dehors de l'annexe – plus vaste chez Nodier[36], mais le thème reste sans doute le même malgré les efforts de Zorrilla pour revendiquer son originalité et pour insiter sur sa méconnaissance du récit français : « *Ninguna de estas narraciones me era conocida al escribir yo mi Margarita de Tornera, y no creo necesario aducir pruebas en pro de su originalidad*[37] ».

Sans aucun doute, Zorrilla connaissait Nodier car il était l'un des écrivains français les plus connus en Espagne. Ses récits, essentiellement ceux qui appartiennent au fantastique, ont été traduits en Espagne presque au moment de leur parution en France[38] : *Inès de Las Sierras, Smarra, Trilby, La Novena de la Candelaria* ou *La Leyenda de Sor Beatriz*. La première allusion à une traduction de la légende française est celle de Cotarelo qui détermine déjà que l'histoire est de Nodier, malgré son anonymat :

> *Dos versiones se han hecho en España de esta preciosa historia. La primera es anónima y se incluyó en el Semanario pintoresco español del año 1854, bajo el título La hermana Beatriz. Leyenda. Este traslado, aunque bastante fiel, no es completo. El traductor omitió la bella introducción que Nodier puso á la leyenda y la breve reflexión final con que el original termina. La versión segunda se debe á D.J. Coroleu y se hizo bajo el título de Sor Beatriz, por Carlos Nodier*[39]*, para uno de los tomos que publicaba en Barcelona la sociedad editorial La Maravilla, que dirigía D. Miguel Rialp. Esta traducción es exacta y completa y sigue con verdadera escrupulosidad el texto francés. Empero la primera me parece mucho mejor escrita que la de Coroleu. El trasladador*

---

36 La vie de Margarita se dilue en quatre vers à la fin : « *Y a sus pies despidiéndose del mundo/ que en vano su alma devorar espera, / vivió en paz Margarita la tornera/ sin más mundo que el torno y el altar*». Nodier, pour sa part, élargit la rencontre de Béatrix avec la Vierge et les autres sœurs lorsqu'elle rentre au couvent, et c'est Nodier lui-même qui finit l'histoire : « Bzovius, qui a examiné cette histoire avec le grave esprit de critique dont les auteurs canoniques offrent tant d'exemples, est bien convaincu qu'elle a mérité cet honneur par sa tendre fidélité à la sainte Vierge, car c'est, dit-il, le pur amour qui fait les saints ; et je le déclare avec peu d'autorité, j'en conviens, mais dans la sincérité de mon esprit et de mon cœur : tant que l'école de Luther et de Voltaire ne m'aura pas offert un récit plus touchant que le sien, je m'en tiendrai à l'opinion de Bzovius »

37 « Je ne connaissais aucun de ces récits lorsque j'ai écrit *Margarita la Tornera* et je ne pense pas qu'il soit nécessaire de prouver son originalité ».

38 Cf. D. Roas, *Hoffmann en España. Recepción e influencias*, Madrid, Biblioteca Nueva, 2002, p. 242-243 et M. Giné et C. Palacios, *Traducciones españolas de relatos fantásticos franceses, de Cazotte à Maupassant*, Barcelona, PPU, 2005, p. 31-45.

39 En note en bas de page Cotarelo nous dit : « *Incluyóse al final del tomo intitulado Aventuras de un misántropo, por X. Saintine (el autor de la deliciosa novela Picciola)* ». Barcelona, imp. De Ramírez, 1860, 4°; ocupa las páginas 223 á 252". Pour cette version et pour d'autres voir le livre précité de M. Giné et C. Palacios.

anónimo escribía más literariamente el castellano, con cierta sencillez no exenta de elegancia. Además, ha comprendido mejor el carácter íntimo del original, su espíritu, por decirlo así, y procuró reflejarlo en la traducción con bastante acierto[40].

Ni Pilar Díez[41], ni Montserrat Trancón dans son catalogue de 1991[42], ni cette même chercheuse dans une étude ultérieure[43] ne mentionnent la paternité du texte, que Roas corrige, en réaffirmant qu'il s'agit de la première traduction de l'œuvre. L'anonymat – souligne-t-il – pourrait être justifié car de nombreux contes publiés dans des magazines étaient des adaptations d'histoires ou de légendes espagnoles ou étrangères, ce qui pourrait amener le traducteur à considérer tous ces récits comme des histoires appartenant au patrimoine culturel[44].

Sans aucun doute, cette traduction publiée en 1854 n'a rien à voir, quant à son influence, avec *Margarita la tornera* qui la précède de plusieurs années. Zorrilla connaissait-il et a-t-il lu l'œuvre de Nodier ? C'est très possible car nous connaissons l'importance dont jouissait la langue de Molière parmi les espagnols et les classes sociales d'un certain niveau intellectuel, bien que Zorrilla se soit rendu en France pour la première fois en 1845, pays duquel il gardait de très bons souvenirs mais à l'égard duquel il manifesta quelques ressentiments[45].

---

40 Cotarelo, *op. cit.*, p. 169-170. « Deux versions ont été réalisées en Espagne de cette belle histoire. La première est anonyme et parut dans le *Semanario pintoresco español* en 1854, sous de *La hermana Beatriz. Leyenda*. Ce transfert, bien que très fidèle, n'est pas complet. Le traducteur a omis la belle introduction de Nodier à la légende et la brève réflexion finale. La deuxième version est due à D.J. Coroleu et a été réalisée sous *le titre de Sor Beatriz, por Carlos Nodier*, pour l'un des volumes que la maison *La Maravilla*, dirigée par D. Miguel Rialp, publiait à Barcelone. Cette traduction est très précise et complète et suit scrupuleusement le texte français. Cependant, la première est meilleure que celle de Coroleu. Le traducteur anonyme a écrit avec un espagnol plus littéral, d'une grande simplicité, tout en restant élégant. En outre, il a mieux compris le caractère intime de l'original, son esprit, pour ainsi dire, et a essayé de le refléter dans la traduction de manière assez précise ».

41 Lope De Vega, *La buena guarda* ed. de P. Diez, Zaragoza, Ebro, 1964, p. 17.

42 Cité par D. Roas, *La recepción de la literatura fantástica en la España del siglo XIX, op. cit.*, p. 388.

43 M. Trancón, *La literatura fantástica en la prensa del Romanticismo*, Valencia, Institució Alfons el Magnànim, 2000, p. 275. L'histoire apparaît en deux livraisons dans le magazine, dans le tome XIX, n° 49 décembre (1854), p. 387-389 et tome XIX, n° 50 février (1854), p. 394-396. Je souligne également que deux autres histoires de Nodier – également sans nom d'auteur – ont été publiées dans le même magazine : *Bautista Montauban*, sous-titré « conte », en deux livraisons, tome XX, n° 13 avril (1855), p. 100-101 ; tome XX, n° 14 avril (1855), p. 107-108. La troisième, *La gruta del hombre muerto*, n ° 12 mars 1855, p. 91-94.

44 *Id.*, p. 389.

45 J. Zorrilla, *Leyendas, op. cit.*, p. 34.

Il existe cependant une autre traduction de la *Légende de Sœur Béatrix*, publiée en 1838, un an après l'impression française et à laquelle aucun auteur ni critique ne fait allusion. Avec le titre de *Leyenda de Sor Beatriz*, elle parut dans *La Revista Peninsular*[46], une publication de très courte durée dirigée par Andrés Borrego, le premier grand professionnel du journalisme – particulièrement politique – en Espagne qui a vécu en France dans son adolescence, pays où il est retourné plus tard pendant les années de la révolution de 1830.

Il s'agit d'une traduction complète, d'une grande qualité littéraire, anonyme, comme celle postérieure de 1854, et très proche dans le temps de la composition de *Margarita la tornera*. Que Zorrilla l'ait consultée ou non, c'est quelque chose que nous ne pouvons vérifier ; qu'il ait repris la composition de Nodier des années plus tard peut également être perçu comme une référence fondue dans les autres antédécents du sujet.

Deux commentaires attirent notre attention dans la dernière partie de cet article. D'un côté, celui de Roas qui nous dit « Charles Nodier a eu l'honneur, avec Hoffmann, d'être le plus célèbre auteur fantastique en espagnol de la première moitié du XIXᵉ siècle (et donc le plus lu)[47] ». Et celui de Guiette : « Pendant longtemps, c'est par la rédaction de Nodier qu'on connaît notre thème. On le traduit et on l'adapte plusieurs fois. Nous osons affirmer que le gentil conte de Nodier est, des versions de la sacristine, le plus important pour l'histoire moderne de cette légende[48] ».

Arrivés à ce point nous pourrions conclure sur la possibilité que Nodier ait été non seulement une autre source d'inspiration pour Zorrilla, mais peut-être la plus directe et la plus proche. L'imaginaire collectif a fait le reste.

Concepción PALACIOS BERNAL
Universidad de Murcia

---

46 Elle occupe les pages 227-246. La revue se trouve à la B.N. de Madrid (Z-3726), dans un seul volume. Elle fut publiée à Madrid par l'Imprenta de la Compañía tipográfica.

47 D. Roas, *La recepción...*, p. 170. « Charles Nodier *tuvo el honor, junto a Hoffmann, de ser el autor fantástico más vertido al español durante la primera mitad del siglo XIX (y, por tanto, el más leído)* ».

48 Guiette, *op. cit.*, p. 286.

NOTE SUR LA TRADUCTION *TRILBY O EL DUENDE DE ARGAIL*, DE CARLOS NODIER,

publiée à Cordoue, Imprenta y Papelería Catalana, (sans notice sur le traducteur et anonyme)[1]

Le récit dont nous présentons la traduction est sans aucun doute l'un des plus connus parmi la vaste production narrative de Charles Nodier (1780-1844), écrivain polyvalent, comme il n'y en a d'autres, il fut en effet dramaturge, essayiste, poète, journaliste et critique, mais, fondamentalement, un conteur ce qui lui a valu surtout sa reconnaissance ultérieure.

Très ouvert aux littératures étrangères, il était un admirateur de Shakespeare, Cervantès, Goethe et Hoffmann, et, perméable à diverses influences et modèles, il a su créer son propre univers, notamment dans son âge d'or de nouvelliste, après 1830, à une époque où, vieux et déjà fatigué, il avait mis toute sa confiance dans la puissance de son invention. Nodier ressent le besoin de réhabiliter le genre du « conte » car il aime bien les traditions populaires, depuis la publication de cet ouvrage, *Trilby*, en 1822, et notamment à partir de 1830, date où, comme il le dit lui-même, il ne lui reste que la ressource de l'imagination pour se consoler. Les histoires que « je me raconte avant de les raconter aux autres ont d'ailleurs pour mon esprit un charme qui le console ». Ainsi se confie-t-il dans la préface des *Quatre Talismans*[2]. Se raconter des histoires et les raconter aux autres, « il me reste à dire quelques mots pour ceux qui m'écoutent, et pendant

---

1 Cet article a été publié dans la Biblioteca virtual Cervantes et postérieurement imprimé dans le volume, *Varia lección de traducciones españolas*, Fr. Lafarga et L. Pegenaute (dir.), avec le titre "A propósito de una traducción anónima de *Trilby o el duende de Argail* de Carlos Nodier", Madrid, Ediciones del Orto, 2015, p. 217-222. Il a été réalisé dans le cadre des projets de recherche du Ministère de Science et de l'Innovation (FFI2010-19285) et de la Fondation Séneca (11890 / PHCS / 09). Pas de notice du traducteur. La date de publication n'est pas identifiée.

2 Ch. Nodier, *Contes*, éd. de P.-G. Castex, Paris, Garnier, 1961, p. 719.

que je cause … », écrit-t-il dans la préface de *Trilby*[3]. Cette posture de
« conteur » apparaît dans d'autres récits de l'auteur et dans celui qui nous
concerne. Rien d'étonnant car Nodier était un brillant causeur. À partir
de 1824, devenu chef de file du romantisme depuis quelques années, il
animera de sa conversation ensorcelante les longues soirées du salon de
l'Arsenal où il était bibliothécaire, des soirées qui réunissaient la *crème*
des intellectuels de l'époque, Hugo et Dumas parmi d'autres.

Trilby ou le lutin d'Argail a été publié pour la première fois à Paris
en 1822, chez Ladvocat, et a été inclus ensuite avec d'autres récits
dans le tome III de l'édition Renduel des *Œuvres* de l'auteur[4]. C'est
une histoire fantastique dont l'action se déroule dans le cadre spatial
des terres écossaises. Nodier avait fait un voyage dans les îles britanniques en 1821, à propos duquel il publie *Promenade de Dieppe aux
montagnes d'Écosse*, récit de voyage qui raconte les expériences vécues
et les émotions ressenties par l'écrivain au jour le jour pendant ce
voyage et il a rédigé peu après *Trilby ou le lutin d'Argail*. L'Écosse, pays
d'Ossian et de Walter Scoot, devient ainsi, dans les deux textes, la
matière première sur laquelle Nodier construira la réalité et la fiction[5].
Dans ses deux préfaces à *Trilby*, l'écrivain insiste sur le choix de son
cadre. Dans le premier, il nous raconte les impressions ressenties par
la contemplation de cette région qui ravive dans son cœur les illusions
de la jeunesse. Une des séductions produites lors de la composition
de l'histoire était précisément celle de manifester « le plaisir de parler
d'un pays qu'il aimait et de peindre des sentiments qu'il n'avait pas
oubliés[6] ». Dans la deuxième préface, il nous parle de la sincérité de
ses descriptions, même si elles sont moins poétiques que la nature
elle-même. Le lieu choisi comme décor de son histoire est donc un
élément essentiel pour l'auteur.

---

3   Il s'agit de la « Préface Nouvelle » de 1832. Pour la comparaison avec notre traduction,
      nous avons utilisé l'édition Castex qui comprend une bonne partie des récits de l'auteur
      (*Trilby ou le lutin d'Argail* occupe les pages 95 à 145, avec la Préface de la première édition
      de 1822 et la nouvelle Préface de l'édition 1832, au sein du « Cycle Écossais », tel qu'il a
      été dénommé par l'éditeur), p. 101.
4   *Œuvres complètes de Charles Nodier*, Paris, Renduel, 1832-1837, XII vol. (Genève, Slatkine
      reprints, 1998).
5   C. Palacios, « *Historias de Nodier sobre fondo de paisaje* » en Manuel Bruña et als (dir.),
      Intertexto y polifonía, Universidad de Oviedo, tomo II, 2008, p. 1169-1176.
6   Nous lisons dans la préface de 1822 : « le plaisir de parler d'un pays que j'aime et de
      peindre des sentiments que je n'ai pas oubliés » (*op. cit.*, p. 95).

Trilby ou le lutin d'Argail est, comme son titre l'indique, l'histoire d'un lutin d'Argail, du nom de Trilby, qui tombe amoureux de Jeannie, la belle batelière, qui avoue à Dougal, son mari, qu'il a un rival, un démon qui l'a séduite. Ronald, le moine centenaire de Balba peut les aider à se débarrasser de Trilby, l'exorcisant et le chassant de la cabane de Dougal. Et, il l'exhorte à ne jamais réapparaître chez elle à moins que Jeannie ne l'appelle. Mais s'il succombe et revient, il recevra une punition éternelle. Le lutin quitte la cabane en laissant Jeannie dans une tristesse absolue, laquelle, désolée, ne trouve d'autre consolation que le chant et elle voit dans ses rêves le lutin qui se métamorphose en un adolescent aux cheveux blonds du clan des Mac-Farlane. Dougal est agité car le lutin ne préserve plus ni la cabane ni la pêche. Avec sa femme, il part en pèlerinage au monastère de Balba pour bénéficier de la protection du saint patron. Après ce voyage, un jour que Jeannie, d'un esprit prédisposé à la fantaisie, rame autour du lac, elle voit apparaître un « voyageur fantôme », qui n'est autre que Trilby, qui depuis l'expulsion a vagabondé, condamné toujours à ne pas être libre si elle ne confesse pas son amour. Prise entre l'honneur et le devoir, Jeannie s'enfuit dans la nuit pour mourir à côté de l'« Arbre du Saint ». Le décor nocturne qui plane sur ses derniers moments apparaît enveloppé dans un mystérieux halo semblable à ces mêmes mystères dont Jeannie avait entendu parler, « les mystères des sorcières, et des fêtes qu'elles se donnaient dans la dernière demeure des morts, à certaines époques des lunes d'hiver ».

Ce n'est donc pas un hasard si Nodier a choisi l'Écosse des héros et des légendes comme décor de cette histoire fantastique, hebergée dans le monde des rêves. La recherche des origines, des fables, des mythes et des rêves est au centre de toute la production théorique, critique et narrative de Nodier[7], qui se trouve, d'ailleurs, exposée principalement dans l'essai *Du Fantastique en littérature*[8]. Sa position privilégiée dans le siècle, ses relations avec d'autres romantiques font de lui « un fantastiqueur avant la lettre » bien avant que Hoffmann ne soit traduit et connu

---

7   Cf. R. Bozetto, Roger. 1980. « Nodier et une théorie romantique du fantastique », *Europe*, n° 614-615, 1980, p. 70-78. http://www.noosfere.com/Bozzetto/article.asp?numarticle=405 (consulté le 20.07.2020) et M. Scanu, « Charles Nodier. Du Fantastique en littérature », 2004 [http://www.rilune.org/dese/tesinepdf/Scanu/Scanu_Litt%E9raturefantastique.pdf] consulté le 20.07.2020 ; A. M. Roux, « Nodier et l'Âge d'or : La quête de l'origine », *Littérature*, 25, 1977, p. 100-113.

8   *Œuvres complètes… Du fantastique en littérature* comprend les pages 69-112 du volume V.

en France. Ce texte[9], essentiel dans l'histoire du genre mais surtout fondamental pour connaître son auteur, nous offre quelque chose de plus qu'une théorie fantastique, c'est plutôt une théorie idéologique de la littérature qui parle d'un retour aux origines et qui envisage l'avenir comme un passé qui recommence[10].

Mais Trilby est aussi une histoire d'amour, une histoire qui commence comme un jeu et se termine par une tragédie, une histoire d'amour et de mort. C'est, comme nous venons de lire, l'histoire d'amour de Jeannie, la batelière, et Trilby, le lutin. « L'histoire de l'amour est l'histoire du genre humain. C'est un beau livre à faire ». Cette phrase de Nodier est insérée dans les premières pages de *De l'amour et de ses influences comme sentiment sur la société actuelle*[11], titre d'un essai critique dans lequel l'auteur parcourt ce sentiment depuis l'Antiquité, depuis l'âge héroïque au temps des anciens, jusqu'à l'amour chrétien pur et chaste à son époque. En tant que créateur, dans sa large production, il existe de nombreuses histoires dans lesquelles le thème fondamental est la perception de l'amour et la relation amoureuse des protagonistes.

Face à l'amour sensuel ou à l'amour pur et chaste que l'on retrouve dans certaines histoires de Nodier[12], un autre groupe place le thème de l'amour dans l'imaginaire onirique (érotisme onirique). Face aux illusions de la vie réelle, se placent les illusions du rêve. Dans ce groupe d'histoires, *Trilby* doit être placé précisément avec une autre histoire bien connue de l'auteur, *La Fée aux Miettes*. Amour rêveur, amour éternel, amour hors du temps : « l'amour que j'ai pour toi, ma Jeannie, n'est pas une affection de la terre » dit le lutin à Jeannie qui se débat lorsqu'elle est sur le point de mourir entre la réalité et le rêve. Parce que la vraie vie et la vie de rêve sont inséparables dans le monde de l'auteur[13].

Revenons à notre traduction. *Trilby o el duende d'Argail* a été publié dans « La Imprenta y Papelería Catalana de Córdoba ». Cet atelier d'imprimerie,

---

9   Nodier propose également d'intéressantes réflexions sur sa conception du fantastique dans les préfaces et dans certains récits de création (*Histoire d'Hélène Gillet, Smarra ou les démons de la nuit, La Fée aux Miettes* et *Jean-François les Bas Bleus*).

10 R. Bozetto, *op. cit.* Voir aussi du même auteur : « Nodier, un fantastique de rêve », Publications de l'Université de Bourgogne (EU Dijon), 1998.

11 Inséré dans *Rêveries*, Volume V des *Œuvres complètes* (*op. cit.*).

12 C. Palacios, « *El amor en Nodier* », in *Isla abierta. Estudios franceses en memoria de Alejandro Cioranescu*, Universidad de la Laguna, Servicio de publicaciones, tomo II, 2005, p. 961-976.

13 G. Zaragoza, *Charles Nodier, biographie*, Paris, Classiques Garnier, 2021.

qui a eu, avec beaucoup d'autres, son importance à la fin du XIXe siècle[14] a été fondé par le catalan Jaime Costas Asbers en 1884, toujours en activité dans la première décennie du XXe siècle[15], donc l'histoire a probablement été publiée dans les dernières années du XIXe siècle.

Le texte, contrairement à ce qui se passe avec le texte source dans les deux éditions parues du vivant de Nodier, ne présente pas la préface de l'auteur, le traducteur anonyme accédant directement à l'histoire.

En ce qui concerne la traduction, sauf les différences avec l'orthographe espagnole actuelle, elle est, en termes généraux, assez complète, soignée et avec un certain halo de poésie, ce qui la rend digne de confiance face à l'original, puisque Nodier soigne le style de sa prose. Le traducteur, tout au long des soixante-douze pages du volume, respecte également, de manière générale, les mots en italique de l'original, qui correspondent la plupart du temps à des mots étrangers à la langue française elle-même. Il respecte également les noms propres des personnages et les noms de lieux, abondants dans l'histoire, même si nous pensons que le lecteur de cette traduction aurait mieux apprécié de trouver des explications en notes de bas de page ; elles auraient servi à illustrer et à aider à la compréhension des personnages légendaires écossais et des descriptions des lieux associés à une histoire singulière et fantastique. Comme curiosité, nous pouvons mentionner que l'héroïne de l'histoire, « Jeannie », devient « Jeanníes[16] » dans la traduction espagnole. « Édimbourg » et « Irlande » apparaissent en espagnol, peut-être parce que ce sont des endroits plus connus. Les mots « Rituel » et « Clavicule » qui apparaissent en majuscules dans l'original, comme livres de référence du moine centenaire, sont traduits en minuscules et ils deviennent des mots communs avec leur sens ordinaire.

Parfois, le traducteur omet certains mots ou phrases courtes tout au long de l'histoire. L'exemple suivant illustre cette idée : « rassuré par le souffle égal qui s'exhalait de ses lèvres à intervalles mesurés, s'avançait, reculait, revenait encore, s'élançait jusqu'à ses genoux » devient « *asegurado*

---

14   Mª J. Porro, « Imprenta y lectura en Córdoba (1556-1900) », *Arbor* CLXVI, 654, 2000, p. 253-275. [arbor.revistas.csic.es/index.php/arbor/article/download/1013/1020] consulté le 20.07.2020, p. 258.

15   J. M., Valdenebro y Cisneros, *La imprenta en Córdoba. Ensayo bibliográfico*, Madrid, Establecimiento tipográfico « Sucesores de Rivadeneyra », 1900.

16   C'est l'orthographe de Nodier dans l'édition de 1822, alors qu'en 1832, il fait choix de « Jeannie » (note de l'éd.)

por el aliento que exhalaba de sus labios á intervalos iguales se adelantaba hasta sus rodillas ».

Quelques paragraphes légèrement plus longs sont omis de la longue description dans laquelle Jeannie se retrouve dans la barque sur le chemin du retour. Certaines traductions de mots sont incorrectes : en visitant le « Plateau de Calender » devient la « *Plataforma de Calender* » ; « Quant aux pêcheurs et aux bergers » se traduit par « *en cuanto a los labradores y pastores* » (agriculteurs et bergers) et « la batelière » devient indistinctement « *la barquera* » – plus proche du sens français – et « *la gondolera* » (gondolière).

En ce qui concerne la réception de l'auteur en Espagne, Nodier jouit d'une certaine renommée dans notre pays au XIXᵉ siècle, comme en témoignent les traductions qui ont été faites de bon nombre de ses histoires pendant cette période. Et de même que son contemporain Mérimée, il utilise l'Espagne comme décor pour l'une de ses œuvres les plus connues, *Inès de Las Sierras*, pratiquement sans connaître le pays, puisque l'auteur ne fit un court séjour à Barcelone qu'en 1827. En dehors de ce bref voyage, on peut affirmer que le contact avec la réalité espagnole n'était pourtant pas, de la part de Nodier, circonstanciel, car il avait l'énorme influence des nombreuses lectures d'ecrivains espagnols et à travers des amis, dont certains – des habitués de l'Arsenal comme la duchesse d'Abrantes ou le marquis de Custine – ont écrit des livres de voyage sur l'Espagne. Bien que l'activité critique soit importante chez Nodier, les traductions que nous trouvons de l'auteur du XIXᵉ au XXIᵉ siècles se concentrent principalement sur ses histoires dites fantastique[17], dont certaines ont été traduites presque au moment de leur publication en langue originale[18]. Dans le dernier tiers du siècle et au début du XXIᵉ siècle, l'intérêt pour Nodier en Espagne semble renaître avec des traductions de certaines de ses histoires fantastiques dans des volumes collectifs, ou dans des volumes entièrement dédiés à l'auteur. Ces dernières années, peu de traductions de Nodier ont été publiées, quelques-unes en catalan et toutes en publication indépendante.

---

17 M. Giné et C. Palacios. 2005. *Traducciones españolas de relatos fantásticos franceses, de Cazotte a Maupassant.* Barcelona, PPU, 2005, p. 29-45.

18 D. Roas, *La recepción de la literatura fantástica en la España del siglo XIX.* Bellaterra, Universitat Autònoma de Barcelona, 2000, p. 170.

Nous connaissons l'existence d'une autre traduction de *Trilby*, antérieure en date à celle de la fin du XIXᵉ siècle. Il s'agit d'une traduction anonyme publiée à Barcelone, Imprimerie Oliveres, en 1842. Elle n'est pas localisable selon l'indication de Palau dans le répertoire du *Manual del librero hispanoamericano*. En tant que récit indépendant il a été aussi publié dans la première moitié du XXᵉ siècle[19]. Mais la plupart des traductions de la nouvelle se trouvent dans des volumes consacrés entièrement à son auteur et plus rarement dans des volumes collectifs. La traduction la plus récente dont nous avons connaisance est celle d'Alberto Laurent, publiée en 2003 sous le titre *Los demonios de la noche*, volume qui rassemble l'histoire qui donne son titre au volume – *Smarra ou les Démons de la Nuit* – et celle de *Trilby*, accompagnées toutes deux d'une annexe avec deux fragments de deux essais très représentatifs de l'auteur et qui donnent leur sens aux deux histoires : *Du Fantastique en littérature (fragment)* et *Quelques Phénomènes de sommeil*[20].

Concepción PALACIOS BERNAL
Université de Murcia

---

19 Il faudra attendre la première moitié du XXᵉ siècle pour trouver trois traductions de *Trilby* publiées comme textes indépendants (Cf. Marta Giné et Concepción Palacios, *ibid.*, p. 34)

20 *Id.*, p. 43. Il existe une réédition récente de 2018.

« *LA PRESENTE NOVELITA ESPAÑOLA* »

Charles Nodier ne franchira les Pyrénées qu'une seule fois dans sa vie, à l'été 1827, et séjournera à Barcelone à l'*Hotel cuatro naciones*, sur la fameuse Rambla. Nous connaissons assez précisément les raisons pour lesquelles il entreprend, en famille, ce voyage, grâce au récit que Marie Mennessier-Nodier en fera dans l'ouvrage qu'elle consacre à son père en 1867[1].

Depuis 1820, Nodier collabore avec le baron Taylor et Alphonse de Cailleux à une entreprise éditoriale ambitieuse : il s'agit de voyager dans une région de France pour explorer ses richesses historiques et architecturales puis composer au retour un volume grand *in-folio*, largement et magnifiquement illustré, consacré à ladite région[2]. La première expédition avait été consacrée à la Normandie, la province la plus proche de Paris, la deuxième à la Franche-Comté de laquelle Nodier est natif, la troisième fut le Languedoc. La proximité de l'Espagne éveilla la curiosité des voyageurs qui surent mettre à profit cette heureuse occasion. On peut aisément supposer que Taylor, plus que Nodier encore, fut à l'origine de ce désir d'Espagne ou plus exactement de Catalogne. En effet, Taylor, grand voyageur[3], avait déjà parcouru la péninsule ibérique et publié *Voyage pittoresque en Espagne, en Portugal, et sur la côte d'Afrique de Tanger à Tetouan*, en 1826, ouvrage dédié d'ailleurs à Charles Nodier[4].

---

1   Mme Mennessier-Nodier, *Charles Nodier, épisodes et souvenirs de sa vie*, Paris, Didier, 1867, p. 286-289.
2   Voir *Cahiers d'études nodiéristes, Voyages pittoresques et romantiques : littérature et patrimoine dans la première moitié du XIXe siècle*, (dir. G. Zaragoza), Classiques Garnier, 2018 – 1, n° 5.
3   « Tous ses congés se passaient en voyage », Eugène de Mirecourt, « Le Baron Taylor » in *Les Contemporains*, Gustave Havard, 1840, p. 28.
4   L'ouvrage fut salué avec enthousiasme par la presse madrilène de l'époque : « *El Barón Taylor no es un simple especulador político, un mero observador geógrafo o un entusiasta novelista [...] es todo aquello, y es, además, artista y poeta. Esto es decir que reúne todos los elementos necesarios para llevar a cabo dignamente el vasto plan de su obra.* » *El Artista*, III, p. 47-48.

Marie Nodier souligne que la traversée de la Catalogne ne fut pas de tout repos, eu égard à l'occupation française ; l'armée diligentée par le roi de France était venue prêter main-forte à Ferdinand VII en difficulté avec ses sujets catalans ; elle nous dit aussi que les voyageurs bénéficièrent de la protection de M. le comte de Reiset, « général commandant l'occupation française en Catalogne ». Elle conclut son récit par ces mots : « la révélation de cette pittoresque nature destinée à servir de cadre à la future *Inès de Las Sierras* furent les doux fruits rapportés de notre excursion en Espagne[5]. » Par modestie probablement, Marie Nodier ne mentionne pas que ce séjour en Catalogne, lui a inspiré, à elle, plusieurs récits[6].

C'est donc le sujet d'une « petite nouvelle espagnole[7] » que Nodier ramène de ce bref voyage en terres catalanes, nouvelle qui se situe comme de juste dans la région de Gérone et à Barcelone. *Inès de Las Sierras* est un conte fantastique, mais contrairement à ce que le genre pourrait laisser supposer, Nodier tient à fonder sa narration, aussi fantastique soit-elle, sur un substrat lié à une expérience personnelle des lieux évoqués[8].

L'activité littéraire en Espagne, en ce début de XIXe siècle était très attentive à tout ce qui se publiait en France, et principalement à toutes les œuvres de l'école dite nouvelle et que l'on commence à désigner du terme de romantisme. Le romantisme français cherchant à secouer le dogme du classicisme avait nécessairement la sympathie des milieux culturels espagnols qui se plaignaient de ce que ce même classicisme avait jeté le discrédit sur le Siècle d'Or national. De part et d'autre des Pyrénées, une forme de solidarité unissait les jeunes générations dans une même détestation du corset de la Règle. Ainsi les œuvres les plus militantes du romantisme français furent tôt traduites en langue espagnole, à commencer par les œuvres théâtrales, le théâtre étant le genre le plus populaire tant en France qu'en Espagne en ces premières

---

5   Mme Mennessier-Nodier, *Charles Nodier, épisodes et souvenirs de sa vie, op. cit.*, p. 289.

6   Il s'agit de *Laura Murillo* (1833), *Un vieux corps pour une jeune âme* (1837), et un extrait de texte « [Je me] souviens parfaitement » inédit du vivant de l'auteure. On trouvera ces trois textes dans *Cahiers d'études nodiéristes, Marie Mennessier-Nodier, récits et nouvelles*, (éd. J. Geoffroy et G. Zaragoza), Classiques Garnier, 2019-1, n° 7.

7   Expression que Nodier emploie dans la dédicace de son œuvre à Buloz. Charles Nodier, *Inès de Las Sierras*, Paris, Dumont, 1837.

8   Ainsi en est-il de *Jean Sbogar* que Nodier écrit après son séjour en Illyrie, de *Trilby* et *La Fée aux Miettes* après son voyage en Écosse. Alors que Walpole ne s'est jamais rendu en Italie avant décrire *Le Château d'Otrante*.

décennies du XIXe siècle. Mais le récit, qu'il soit court ou long, ne sera pas en reste. Et parmi les auteurs français pratiquant ce genre, Nodier occupe une place de choix. Le livre fort bien documenté de Marta Giné et Concepción Palacios[9] recense entre autres toutes les traductions des œuvres de Nodier et met en évidence qu'*Inès de Las Sierras* a bénéficié de plus d'une dizaine d'entre elles, ce qui est beaucoup.

On peut aisément expliquer cette relative abondance. Tout d'abord, il était attendu que la seule œuvre de Nodier inspirée par l'Espagne intéresse le lectorat espagnol, curieux de découvrir le regard d'un étranger sur la culture nationale ; de plus le genre fantastique y est très en vogue et il n'est pas rare que *El Artista*, le grand périodique madrilène, très favorable à la nouvelle école littéraire publie des *cuentos fantásticos*. Depuis Benito Jerónimo Feijoo qui consigne l'apparition d'un fantôme dans sa cellule monastique en 1740[10], jusqu'à Adolfo Bécquer qui conduit le genre à son apogée avec les *Leyendas* écrites dans la seconde moitié du siècle[11], en passant par les *Noches lúgubres* de José de Cadalso[12] (1789-1790), l'Espagne a connu comme quasi tous les pays d'Europe son engouement pour le récit noir voire frénétique. *Inès de Las Sierras*, pour ces deux raisons, ne pouvait que retenir l'attention des traducteurs puis des lecteurs espagnols.

Plus remarquable encore, la première traduction de la « petite nouvelle espagnole » est publiée en 1839, soit à peine deux ans après l'édition originale en France. Ce fait seul suffirait à souligner l'intérêt que le texte de Nodier rencontrait au-delà des Pyrénées. À cette première observation concernant les dates, il faut en ajouter une seconde ; les événements historiques qui constituent les fondations du récit de Nodier se déroulent entre 1812 et 1824, c'est-à-dire 25 ans environ avant la date de la première traduction du récit. Ainsi, on peut imaginer sans peine que le traducteur puis le lecteur espagnol d'*Inès de Las Sierras* connaissent bien la nature de ces événements, les ont vécus peut-être et, le fait qu'ils concernent

---

9   Marta Giné y Concepción Palacios, « traducciones de obras de Charles Nodier » in *Traducciones españolas de relatos franceses, de Cazotte a Maupassant*, BT bibliografías de traducción, Barcelona, PPU, 2005, p. 29-45.

10 Benito Jerónimo Feijoo, *Suplemento del Theatro [sic] crítico*, Tomo quinto, Madrid, Herederos de Francisco del Hierro, 1750, p. 166.

11 Gustavo Adolfo Bécquer, *Leyendas*, ed. J. Estruch, Barcelona, Crítica, 1994.

12 José de Cadalso, *Cartas marruecas y Noches lúgubres*, ed. R. P. Sebold, Madrid, Cátedra, 2000.

directement les relations conflictuelles de l'Espagne et la France, donne au texte de Nodier une actualité bien singulière.

Dans les quelques pages qui vont suivre, nous allons tenter une analyse comparative de quelques traductions remarquables d'*Inès de La Sierras* en espagnol. Il serait fastidieux pour le lecteur de les prendre en compte toutes. Nous avons retenu six d'entre elles, mais qui se réduisent à quatre traductions différentes :

- *Inès de La Sierras*, traducteur non cité, Barcelona, Imprenta de D. Manuel Saurí, 1839.
- *Inès de La Sierras*, trad. de Ballesteros de Martos, Madrid, ed. Mundo latino, 1921.
- *Inès de La Sierras*, trad. J. J. Morato, Madrid, Calpe, 1923.
- *El Fantasma del Castillo*, trad. de Gazel, Barcelona, Editorial Pegaso, 1924[13]. Cette version reprend en quasi totalité la traduction de 1923.
- *Inès de La Sierras, Sor Beatriz*, prólogo de F. G. Romo, Madrid, Compañia Iberoamericana de Publicaciones, 1930. Cet ouvrage reprend mot pour mot la traduction de 1921 de Ballesteros de Martos, sans mentionner son nom.
- *Inès de La Sierras*, trad. de Manuel Vallé, Barcelona, Montaner y Simón, 1946.

Ajoutons que nous disposons également de deux versions du conte de Nodier traduit en catalan, auxquelles nous ferons référence très ponctuellement[14].

Pour conduire cette analyse, nous retiendrons essentiellement deux orientations majeures eu égard aux circonstances historiques et au genre littéraire : tout d'abord, les mentions du contexte spatio-temporel, puis celles qui concernent le traitement du fantastique.

Cependant, avant d'aborder les remarques portant sur le récit lui-même, attachons-nous brièvement à quelques éléments de paratexte.

Tout d'abord, au niveau du titre, on retiendra qu'une seule traduction change le titre original, celle de 1924. Le titre d'une œuvre, on le sait, est une accroche essentielle pour attiser le désir du lecteur. Pour Nodier, titrer

---

13   Cette traduction n'est pas référencée par Marta Giné et Concepción Palacios.
14   Trad. de Josep Janès i Olivé, Barcelona, Quaderns Literaris, 1935 ; trad. d'Albert Mestres, Barcelona, Proa, 1999.

sa petite nouvelle du nom de son héroïne, revient à mettre en exergue sa localisation ultra-pyrénéenne ; le romantisme naissant – 1837 – est très friand d'Espagne et d'Italie[15]. De plus le choix du patronyme « Sierras » emprunte au vocabulaire géographique de l'Espagne : le lecteur français, même peu versé en cette matière et quasi ignorant de la langue de Cervantès connaît la Sierra Nevada et la Sierra Morena, ces deux chaînes de montagnes qui culminent à des hauteurs respectables. Faire le choix de ce nom comme patronyme auréole le personnage qui le porte d'un exotisme à la mode et d'un mystère propre aux territoires d'accès encore difficiles[16]. La pertinence de ce choix est double. En revanche, il faut bien reconnaître qu'elle est caduque pour un lecteur espagnol. Aussi peut-on comprendre que le traducteur ou/et l'éditeur de 1924 ait souhaité faire un autre choix : *El fantasma del Castillo* renonce à l'exotisme, inopérant en l'occurrence, pour afficher très ouvertement l'appartenance au genre fantastique. La référence au château est à elle seule, depuis l'ouvrage de Walpole *Le Château d'Otrante*, un indice sûr de cette appartenance. Les deux titres donc, français et espagnol, désignent bien le personnage central du récit, mais l'un en misant sur la séduction exotique du patronyme, l'autre sur le charme mystérieux de la périphrase.

Une seule des éditions consultées donne à lire la traduction de la dédicace que Nodier place en tête de sa « petite nouvelle espagnole », adressée à Buloz[17], il s'agit de la traduction de 1839, la première donc. Nodier met à profit cette épître pour dire son pessimisme face au monde du livre et de l'écriture – trait récurrent chez lui – et faire une sorte d'exposé historique de la place que l'écrivain a tenue dans les siècles passés, pour conclure, à propos de son époque : « l'heure du progrès avait sonné [...] Depuis ce temps-là, on ne compte plus les auteurs qui meurent de faim[18] ». Autrement

---

15 Les *Contes d'Espagne et d'Italie* de Musset sont de 1829 et le *Théâtre de Clara Gazul* de Mérimée de 1825.

16 En 1825, Nodier entreprend avec Victor Hugo un voyage dans les Hautes-Alpes, avec le projet, qui n'aboutira pas, de publier un *Voyage aux Alpes*, rédigé à quatre mains. C'est dire que ce voyage n'était pas si fréquent, qu'il comportait une part de risque et méritait donc une relation littéraire.

17 François Buloz est un personnage clé du monde des lettres du XIXᵉ siècle. Il dirige notamment *La Revue des Deux Mondes* pendant quarante ans, fréquentant ainsi, pendant cette période tous les écrivains de renom. « N'êtes-vous pas, à peu de choses près, le seul intermédiaire possible des gens qui pensent avec ceux qui lisent encore ? » écrit Nodier dans sa préface dédicatoire.

18 Ch. Nodier, *Inès de Las Sierras*, Paris, Dumont, 1837, p. 21-22.

dit, rien dans cette préface ne concerne véritablement le conte qui va
suivre et si le chercheur, le lecteur espèrent y trouver des informations
sur la genèse de ce conte, c'est peine perdue. On comprend dès lors que
les traducteurs n'aient pas cru nécessaire, dans leur grande majorité, de
traduire ce paratexte totalement détaché thématiquement de ce qu'il est
censé introduire. Le traducteur de 1839, lui, se montre parfaitement fidèle
au texte source ; cependant on notera une omission qui met au jour un
problème que l'on risque de retrouver dans toute la littérature nodiériste.

  Pour ouvrir sa réflexion sur le rôle de l'écrivain, Nodier – un peu à
la façon de Rousseau – postule qu'« [a]u commencement des sociétés, la
parole était vraiment la maîtresse du monde. C'est elle qui débrouillait le
chaos[19] ». Puis il en vient à évoquer des figures des mythologies antiques
pour asseoir son propos : « Mercure, Hermès, l'Hercule gaulois sont des
poètes ou des orateurs[20] », traduit ainsi : « *Mercario, Hermes, el Hércules, solo
son poetas ó oradores*[21] ». Outre la restriction ajoutée par l'adverbe « *solo* » qui
n'est pas présente en français, on notera l'omission de l'adjectif « gaulois »
tout bonnement supprimé. Si l'on tente de comprendre cela, on proposera
l'hypothèse suivante : Nodier évoque Mercure et Hermès comme dieux
des orateurs et le traducteur espagnol connaît bien cette attribution. En
revanche, il est plus insolite de voir Hercule doté des mêmes fonctions ;
le fils d'Alcmène, par le biais de ses illustres travaux est plutôt le symbole
de la force physique, celle qui garantit l'ordre du monde, que celui de
la parole. Mais en ajoutant l'adjectif « gaulois », Nodier fait référence à
Héraclès Ogmios de Lucien. L'illustre rhéteur, par le procédé de l'*ekphrasis*
décrit un Héraclès bien différent de celui de la tradition, qui, vieillissant,
conduit un groupe de vieillards dont les oreilles sont reliées à sa langue[22].

---

19 *Ibidem*, p. 8-9.
20 *Idem.*
21 *Inès de Las Sierras*, traducteur non cité, Barcelona, Imprenta de D. Manuel Saurí, 1839,
  p. 7.
22 « L'Héraclès que présente Lucien [...] est bien éloigné de la figure familière au public
  gréco-romain du IIe siècle ap. J.-C. Il s'agirait de la divinité gauloise correspondante,
  nommée *Ogmios* par les Celtes, peinte sur un tableau que Lucien aurait vu lors d'un
  séjour en Gaule. Le dieu se présente sous les traits d'un vieillard chenu à la peau ridée et
  brune, mais ses attributs permettent de l'identifier avec Héraclès en dépit de son aspect
  inhabituel car sans commune mesure avec la force virile d'un homme vigoureux, [...]
  Héraclès fait l'objet d'une mise en scène singulière : il conduit un cortège d'hommes
  enchaînés par de fines chaînettes de métal précieux qui les relient les uns aux autres par
  les oreilles, l'extrémité étant fixée à la langue du dieu. Les prisonniers, prend soin de
  préciser Lucien, semblent heureux d'être enchaînés et ne cherchent nullement à résister

On peut supposer que le traducteur n'a pas songé à cette référence savante et « embarrassé » par l'adjectif « gaulois », il a résolu tout simplement de le supprimer ; de sorte que l'énumération du texte espagnol retrouve l'aspect insolite que l'adjectif « gaulois » permettait d'éviter. Cela serait sans grande incidence, si cela ne mettait au jour une des difficultés majeures de la langue de Nodier pour le commentateur, et *a fortiori* pour le traducteur, à savoir qu'elle repose sur une érudition très savante, nécessitant très souvent des recherches nombreuses et complexes[23].

Un autre aspect de ces traductions mérite d'être brièvement évoqué : la question des illustrations. Dans l'édition originale de 1837, aucune illustration ne tente de donner une vérité picturale au récit. En revanche, dans l'édition de *Contes* de Charles Nodier de 1846[24], paraît une eauforte de Tony Johannot.

Dans les traductions dont nous disposons, deux d'entre elles font le choix de l'illustration : celle de 1839 et celle de 1946. Mais les choix esthétiques et éditoriaux sont foncièrement opposés. Une seule gravure en tête de la première, et trois vignettes en tête de chapitre et six dessins pleine page pour la seconde[25] qui entretiennent avec le texte un rapport bien indirect, nous y reviendrons.

Pour l'instant, il est intéressant de rapprocher l'eau forte de Tony Johannot du dessin de 1839[26], en ce que le choix du moment à illustrer est rigoureusement le même. Il s'agit de l'apparition d'Inès dans la première partie du récit. Les trois voyageurs et Bascara, régisseur et *gracioso* de comédie, viennent de porter un toast à Inès dont ils ont vu le portrait, lorsque celle-ci leur répond et entre en scène. « Me voilà ! me voilà ! reprit la voix. Salut et bonne humeur aux hôtes du château de Ghismondo[27] ! » Les deux images présentent donc la même scène avec Inès et les quatre hommes : Sergy, Boutraix, le narrateur et Bascara.

à leur conducteur, mais au contraire avancent de leur propre mouvement. Héraclès pour sa part est tourné vers eux et leur sourit. Lucien nous donne à voir l'image d'un cortège triomphal on ne peut plus insolite. » Anne-Marie Favreau-Linder, « Lucien et le mythe d'Ἡρακλῆς ὁ λόγος : le pouvoir civilisateur de l'éloquence », *Pallas*, 81/ 2009, 155-168.

23 Voir F. González Fernández « Rebâtir des châteaux de Bohême en Espagne ou comment j'ai traduit l'un des livres de Nodier » dans ce volume, p. 69.

24 *Contes de Charles Nodier*, Eaux fortes de Tony Johannot, Paris, Hetzel, 1846.

25 Outre un portrait de Nodier face à la page de titre.

26 Deux noms sont inscrits sous l'image : J. Coramina et Amills : le premier étant probablement celui du dessinateur, le second celui du graveur.

27 Ch. Nodier, *Inès de Las Sierras*, *op. cit.*, p. 131.

Ce choix donne à comprendre que ce moment-là est l'épicentre du récit, l'acmé du fantastique qui caractérise l'œuvre. Mais si le moment choisi est le même, la mise en scène en est assez différente.

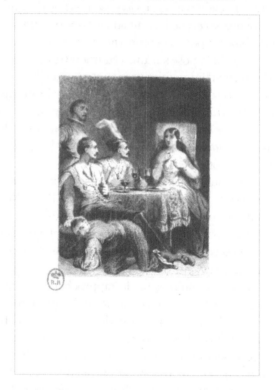

FIG. 1 – *Contes* de Charles Nodier, Hetzel, 1846, eau-forte de Tony Johannot.

Le cadrage de Johannot est plus serré : autour de la table, assise et à droite, nous voyons Inès sous les traits d'une jeune femme aux longs cheveux foncés, censée avoir le genre ibérique attendu par le contexte. À ses côtés, dans la moitié gauche, les quatre hommes, saisis dans une attitude qui les caractérise, chacun d'entre eux : Bascara, à quatre pattes, manifeste ouvertement sa peur, Sergy tend son visage vers Inès manifestant quant à lui la fascination que la jeune femme exerce sur lui, Boutraix est resté debout, ou vient de se lever pour marquer son refus de croire à une manifestation de l'irrationnel, le narrateur lui est assis, dans une attitude qui indique la surprise, mais non le refus. La composition de Johannot est remarquable en ce qu'elle restitue très fidèlement ce qui fait débat à propos du fantastique et qui est au cœur de la nouvelle de Nodier.

Le cadrage de l'illustration espagnole de 1839 est plus large bien que la situation soit la même. Autour de ce qui ressemble plus à un autel qu'à une table, les personnages sont debout. Face au spectateur et quasi au centre, Inès, vêtue plus comme un fantôme que celle de Johannot, semble interpeller ses hôtes. Debout, de part et d'autre, Sergy à droite, verre en main ; à gauche, coiffé d'un bicorne, le narrateur à la jambe duquel s'accroche Bascara en une posture curieusement affectée – elle fait plus penser à celle d'un danseur classique – lève le bras droit en signe de surprise ; de profil et tout à fait à gauche, se tient Boutraix dont il est difficile de percevoir la nature de l'expression. Cette représentation plus raide n'a pas l'aspect proprement théâtral de celle de Johannot.

FIG. 2 – *Inès de Las Sierras* por Carlos Nodier, Barcelona, imprenta de D. Manuel Sausé, 1839, p. 2.

Une autre différence notoire marque les deux illustrations de ce moment du récit. Quant aux costumes des personnages, Tony Johannot suit à la lettre le texte de Nodier. En effet, on se souvient que les trois soldats de l'Empire, héros de l'aventure, avant de festoyer, ont décidé de revêtir quelques costumes de théâtre dont la malle de Bascara se trouve remplie, costumes qui vont leur permettre de rejouer, en quelque sorte, la scène initiale : « Voilà un habit de chevalier [dit Boutraix] qui semble taillé pour le capitaine ; je rappellerai trait pour trait avec celui-ci l'intrépide écuyer du damné [...] et ce costume coquet, qui relèvera la physionomie un peu langoureuse du beau Sergy, lui donnera facilement l'air séduisant du plus séduisant des pages[28]. » C'est en effet revêtus de ces costumes d'un autre temps que le graveur français les représente, alors que le dessinateur espagnol les représente en costumes de militaires de 1812. Tony Johannot avait lu plus attentivement la nouvelle de Nodier que ne l'avait fait l'artiste espagnol. Néanmoins, il faut leur en faire crédit, les deux illustrateurs ont fait le choix d'être au plus près du moment clé du récit.

Quant à la traduction de 1946, en dehors des trois vignettes à effet décoratif, elle fait un choix assez curieux pour appeler le commentaire. Dans aucune de ces images ne paraît un personnage du conte, pas plus qu'elles ne cherchent à donner à voir un événement de la narration. Elles sont toutes consacrées à une représentation ancienne à valeur locative : « *El Pertús, Gerona, Castillo de Vilasar, Paso por el desfiladero*[29], *Puerta de la catedral de Barcelona, Una plaza de Barcelona.* » L'illustrateur semble vouloir souligner la localisation espagnole de la nouvelle de Nodier, puisqu'en effet, il est question de Barcelone, de Gérone, d'un château dans la montagne. À ce propos, on notera, cette remarque contenue dans *El Prólogo* signé de Manuel Vallvé, le traducteur : « *Nada tienen que ver las circunstancias geográficas, porque la narración hubiera podido situarse en otro lugar cualquiera*[30] ». De ce fait, le traducteur souligne l'absence de couleur locale du récit nodiériste et les illustrations prennent alors valeur de commentaire critique face à cette absence. Elles semblent dire : puisque l'écrivain fait l'économie de toute description géographique, ces

---

28   Ch. Nodier, *Inès de Las Sierras, op. cit.*, p. 120.
29   « Passage dans le défilé ».
30   « Nulle part, on ne peut percevoir les données géographiques, le récit pourrait ainsi se dérouler en un autre lieu quel qu'il soit. » (Nous traduisons).

images se doivent de pallier ce manque. Peut-être faudrait-il souligner la date de traduction, 1946 ; à cette date, le roman espagnol voit le triomphe de Camilo José Cela dont le *tremendismo* a pu être qualifié de « réalisme exacerbé[31] », autrement dit l'heure n'est pas à estomper le réel voire à le supprimer au profit d'une esthétique onirique qui est une des constantes de Nodier. Cela est si vrai que le traducteur se sent obligé d'annoter une des mentions du château de Ghismondo par la précision suivante : « *Probablemente se trata del Castillo de Burriach, situado entre Mataró y San Juan de Vilasar*[32] ». Ce goût de la précision géographique peut prêter à sourire, quand on sait à quel point l'inspiration de Nodier peut être fantaisiste. Lui-même évoquait cette figure de « château en Espagne » qui en langue française, désigne une chimère sans fondement : « le château en Espagne, libre enfant du rêve et de l'imagination[33] ». Il peut paraître illusoire donc de chercher une origine topographique au château de Ghismondo.

En revanche, il n'est pas impossible que le choix du nom du héros et propriétaire du fameux château ait quelque chose à voir avec le personnage principal de *La Vida es sueño*, Segismundo. En effet, les deux hommes possèdent quelques traits communs ; le prince de Calderón possède « une sorte de démesure inquiétante [...] une puissance redoutable et un orgueil sans frein[34] » et c'est en effet, sous les traits d'un homme d'une violence extrême que Nodier nous présente son héros. À l'écoute du récit, fait par Estevan l'*arriero* du meurtre de l'Inès historique par le châtelain, Sergy s'exclame : « Le monstre[35] ! »

Venons-en à présent au contexte politico-historique de la nouvelle. Il importe de le prendre en considération, dans la mesure où, nous l'avons rappelé, il concerne précisément l'occupation de l'Espagne et plus par-ticulièrement la Catalogne par l'armée française[36]. Ainsi les traducteurs

---

31 Jean Canavaggio, *Histoire de la littérature espagnole*, Tome 2, Paris, Fayard, 1994, p. 611.
32 *Inès de Las Sierras*, trad. de Manuel Vallé, *op. cit.*, p. 25. « Il s'agit probablement du château de Burriach, situé entre Mataro et saint Jean de Vilasar. »
33 Ch. Nodier, *Piranèse*, in *Contes en prose et en vers*, Paris, Eugène Renduel, 1837, p. 172.
34 Calderón, *La Vie est un songe*, (éd. et trad. de Bernard Sesé), Paris, GF-Flammarion, 1992, p. 24.
35 Ch. Nodier, *Inès de Las Sierras*, *op. cit.*, p. 80.
36 Sur ce sujet, on pourra consulter : Anna-Maria Corredor, « Charles Nodier » in « La guerre de l'Indépendance espagnole dans la littérature française du XIXe siècle », éd. de Marta Giné-Janer, 2008, p. 125-180.

se trouvaient-ils face à un récit qui se situait dans une période douloureuse de leur histoire nationale et qui plus est, pris en charge par un représentant de l'occupation : le narrateur est « capitaine de dragons en garnison à Gironne[37] ». Cette relation potentiellement délicate à envisager est heureusement balancée par le fait que Nodier se montre particulièrement discret dans la peinture de cette « occupation ». Il se contente de donner quelques dates, de fixer quelques événements qui fournissent le cadre du récit et justifient la présence des trois officiers français en terre catalane puis leur départ. Notons au passage que le tout jeune Victor Hugo est un témoin direct de cette occupation et qu'elle lui inspirera une condamnation vigoureuse : « L'occupation, il faut bien le dire, fut peu intelligente ; elle ne sut pas respecter les monuments ni les traditions ; elle offensa les Espagnols jusque dans leur histoire et dans leur art ; les édifices furent bombardés sans pitié et sans prudence ; le goût empire, d'ailleurs, était hostile à ces vieilles constructions gothiques ou mauresques, et le moindre prétexte suffisait aux généraux pour les démolir[38]. » Rien de tel dans les pages d'*Inès de Las Sierras*. De sorte que les différents traducteurs suivent fidèlement le texte source en ces passages ancrés sur l'histoire commune aux deux nations, sans rien laisser paraître de ce que pouvait leur inspirer l'occupation en question. Toutefois, en deux endroits, on peut percevoir un fléchissement de cette *fidélité* qui peut faire sens.

Lorsque le narrateur se présente, à l'orée du récit, il précise qu'il est « en garnison à Gironne, département du Ter[39] ». Cette dernière notation mérite quelques éclaircissements, y compris pour le lecteur français du XXIe siècle. Le 26 janvier 1812, l'État français annexe la Catalogne et crée quatre nouveaux départements : « Bouches-de-L'Ébre » dont la capitale est Lérida, « Montserrat » dont la capitale est Barcelone, « Sègre » dont la capitale est Puigcerda et « Ter » avec Gérone comme capitale. C'est de ce dernier dont il est question dans *Inès de Las Sierras*. Ces départements eurent une existence bien éphémère : ils furent perdus en 1814. Cette évocation particulièrement humiliante pour l'Espagne était susceptible de provoquer des réactions de la part du lectorat espagnol et donc, en amont, des traducteurs de l'œuvre. Rien à signaler dans les traductions dont nous disposons, y compris les deux traductions en catalan, à l'exception

37 *Ibidem*, p. 40-41.
38 V. Hugo, *Œuvres complètes*, Paris, Club Français du livre, Tome I, 1968, p. 907.
39 Ch. Nodier, *Inès de Las Sierras, op. cit.*, p. 40-41.

d'une seule, celle de 1923 où la mention locative et historique à la fois
est purement et simplement omise, sans autre forme de procès. Cette
omission fait problème : le traducteur la jugeait-il inutile voire superflue ?
Ce serait une erreur puisqu'elle permet de comprendre et de justifier la
présence du narrateur, capitaine de l'armée française, sur le sol catalan à
cette date. En son absence, le lecteur pourra la trouver invraisemblable.
Doit-on penser que cette omission est le fruit d'une volonté de passer
sous silence un épisode peu flatteur pour la nation espagnole ? C'est
peu probable, eu égard à la date de traduction – 1923 – où le lecteur
espagnol de la nouvelle française aura la distance nécessaire pour que
l'événement lui soit indifférent. Reste que l'on pouvait attendre que les
traducteurs qui nous occupent signalent d'une note historique la mention « *departamento del Ter* » pour la bonne compréhension du lecteur.
Aucun ne le fait, prenant ainsi le risque de frustrer le lecteur ne possédant pas une solide culture historique de son pays. À la vérité, l'édition
de 1946, la plus récente donc, accompagne ladite précision d'une note
mais qui n'est en rien explicative : « *Repetimos exactamente los nombres y
demás particularidades que da el autor, aunque debemos advertir que comete
algunas pequeñas incorrecciones por lo que se refiere a los nombres españoles o
a su ortografía, pecado bastante frecuente en los autores franceses*[40]. » Cette
note est pour le moins insolite et jette le doute dans l'esprit du lecteur.
Ces petites *incorrections* concernent-elles l'indication « département du
Ter », ce que laisse entendre la présence, en cet endroit, de la note ; elle
ne peut être orthographique ; faudrait-il comprendre qu'elle est erronée
sur le plan historique ? ce n'est pas le cas ; ou faut-il comprendre que
Nodier commet quelques erreurs de langue à d'autres endroits ? mais
alors pourquoi le signaler là ? Notre question restera sans réponse, face à
l'imprécision de l'observation du traducteur et à la perfidie de la clausule.

Ajoutons encore une bizarrerie de cette traduction de 1946 qui relève
nettement du refus de traduire la lettre du texte. À la fin de la première
partie du récit, les trois officiers et Bascara font le bilan de l'apparition
qu'ils ont eu à *subir* et le narrateur se prend à soupçonner le comédien
d'avoir fomenté et mis en scène la supercherie avec la complicité d'Inès.

---

40   « Nous reprenons exactement les noms et autres précisions que donne l'auteur même si
     nous devons signaler qu'il commet quelques petites incorrections en ce qui concerne les
     noms espagnols et leur orthographe, fautes assez fréquentes chez les auteurs français. »
     Traduction de 1946, p. 4.

Bascara nie et ajoute qu'il n'aurait pas pris le risque de conduire la jeune fille en un endroit aussi dangereux que le château puis : « Je me garderais bien de la conduire à Barcelone où il n'y a pas d'eau à boire depuis la guerre[41] ». Cette observation met l'accent sur les désastres de la guerre franco-espagnole et sur les conséquences terribles qu'elles ont eues sur la population. C'est même un des rares moments, le seul peut-être sous bénéfice d'inventaire, où Nodier cède à un trait de réalisme en prise directe avec l'événement historique. Tous les traducteurs restituent le sens exact de la phrase, à l'exception de Manuel Vallvé qui écrit ceci : « *Y tampoco la llevaría a Barcelona, donde no hay nada que hacer desde la guerra*[42]. » Le lecteur, que nous sommes, est assez stupéfait de constater ce refus de traduire une réalité brutale et de lui substituer l'expression très édulcorée de la difficulté à avoir une vie sociale dans la capitale catalane. On se perd en conjectures pour tenter de comprendre cette décision ; elle ne peut relever d'une difficulté linguistique, elle ne peut s'expliquer que par une volonté délibérée de censure. Est-ce qu'il s'agit de voiler une réalité cruelle qui en évoquerait d'autres plus récentes ou est-ce le refus délibéré de mentionner les conséquences d'une guerre d'une rare brutalité comme nous le rappelait le témoignage de Victor Hugo cité plus haut ? Ici encore, nous n'aurons pas de réponse satisfaisante à fournir.

Sur le plan historico-politique, faisons une dernière observation. La toile de fond d'*Inès de Las Sierras* emprunte à la geste de Napoléon Ier. Nodier ne le nomme jamais ; il le désigne toujours par son titre : « le service de l'empereur », « l'empereur lui-même », « [l]es revers de la grande armée forçaient l'empereur à réunir l'élite de ses troupes dans le Nord[43]. » On pourrait observer l'absence de majuscule à « empereur », mais cela est difficilement interprétable comme le signe d'un refus de révérence ; en effet, Victor Hugo, dont on ne peut douter qu'il admire Napoléon Ier écrit :

> L'empereur se tourna vers Dieu ; l'homme de gloire
> Trembla ! Napoléon comprit qu'il expiait[44].

---

41   Ch. Nodier, *Inès de Las Sierras*, *op. cit.*, p. 187.
42   « Pas plus que je ne la conduirais à Barcelone, où il n'y a rien à faire depuis la guerre ». p. 119.
43   Ch. Nodier, *Inès de Las Sierras*, *op. cit.*, p. 62 et 194.
44   V. Hugo, *Châtiments*, Genève et New-York, 1853, p. 216.

Dans les traductions qui nous occupent, chacune propose le terme
d'*emperador*, comme cela était attendu. La première édition 1839 main-
tenait la minuscule, les suivantes optaient pour la majuscule. Cependant
une distorsion apparaît dans la première traduction ; pour la dernière
occurrence signalée plus haut, le traducteur propose : « *Los reveses del
ejército grande obligaron á Napoleon á reunir la flor de sus tropas en el Norte.* »
C'est ici l'apparition du prénom de l'empereur qui retient l'attention.
On comprend aisément qu'il ait voulu, ce faisant, permettre au lecteur
espagnol de comprendre immédiatement de qui il s'agissait[45]. En revanche,
il n'est pas bien certain que cette variation aurait eu l'aval de l'auteur. Il
nous est possible de vérifier la répugnance que Nodier semble éprouver
à employer le prénom de l'Empereur. Dans le texte qu'il consacre à
Fouché, Nodier évoque sa période illyrienne où, bibliothécaire à Laybach,
il travaille en étroite collaboration avec le duc d'Otrante. Dans ce texte
nous trouvons ces deux expressions : « les choix de Bonaparte » et « le
gouvernement de l'empereur[46] ». Il est évident que, concernant la période
des événements sur lesquels il écrit, il s'agit des choix de Napoléon Ier
et non de Bonaparte. L'on sait que c'était un trait commun à l'ensemble
des opposants à l'Empereur, de le nommer par son nom de famille, une
façon de le ramener à son statut de militaire ; le désigner par son prénom
assorti d'un numéro, c'était le placer dans une sorte d'égalité avec la
dynastie des rois de France que l'on nomme de cette façon. On ne peut
certes pas généraliser à l'ensemble de la production de Nodier[47], mais il
paraît évident que pour la « petite nouvelle espagnole » pour le moins,

---

45 Cette traduction étant publiée en 1839, il n'y avait pas à craindre d'ambiguïté avec
    Napoléon III qui ne fut couronné qu'en 1852.
46 Ch. Nodier, *Fouché*, in *Nouveaux souvenirs et portraits*, Paris, Magen et Comon, 1841, p. 312
    et 334.
47 « Robespierre avait entrepris ce qu'a exécuté Napoléon [...] et il y a dans Napoléon un
    homme pour lequel l'imagination conçoit à peine la possibilité d'une vie vulgaire. » Ch.
    Nodier, « Les Députés en mission » in *Œuvres complètes*, vol. VII, Paris, Renduel, 1833,
    p. 303-304 ; « Napoléon, le seul homme de génie qui ait montré la velléité de faire de
    nous un peuple, avant de nous réduire traitreusement à notre ancienne condition de
    serfs » *Miscellanées*, in *Œuvres de Charles Nodier, Rêveries*, Paris, Renduel, 1832, p. 40 ;
    « et tandis que le cri de la guerre retentit du couchant à l'aurore, la France seule, calme,
    immobile comme un rocher dans la tempête, voyant, grâce à l'influence d'un grand
    homme, les nations se heurter autour d'elle, et jouissant d'un repos inaltérable, sous
    l'égide de ses lois, chef-d'œuvre du génie, et au sein des arts qu'un regard de Napoléon
    a ranimés. » Ch. Nodier, *De l'influence des grands hommes sur leur siècle*, L'Homme au sable,
    1979, p. 17.

Nodier se soit appliqué à désigner le souverain par le titre qu'il s'était donné à lui-même, en évitant son nom d'empereur.

Regardons à présent du côté du fantastique, genre auquel appartient *Inès de Las Sierras* ; et pour ce faire, prélevons un échantillon de texte représentatif de ce type d'écriture et examinons les traductions correspondantes. La thématique du château, centrale dans le récit, est amorcée par le biais de la parole rapportée ; il s'agit tout d'abord d'une expression quasi proverbiale : « il n'y a de logement vacant qu'au château de Ghismondo[48] » formulée par l'*arriero*, puis une deuxième fois par un muletier, enfin c'est l'hôtesse qui s'apprête à la reformuler quand le narrateur l'interrompt. Mais il aura suffi que cette phrase soit prononcée trois fois – et ce chiffre est rien moins que gratuit[49] – pour que la dernière locutrice s'avise que ledit château est à proximité. Alors que les voyageurs font le voyage jusqu'à la fameuse demeure, le muletier leur raconte l'histoire terrible dont elle a été le cadre. L'entrée en scène du château est donc soigneusement préparée, toute auréolée de ses maléfices. C'est alors que les voyageurs le découvrent et voici comment Nodier donne à voir ce surgissement :

> Il n'avait pas fini de parler qu'un éclair éblouissant déchira le ciel, et nous montra les blanches murailles du vieux castel, avec ses tourelles groupées comme un troupeau de spectres, sur une immense plate-forme d'un roc uni et glissant[50].

Et voici à présent les cinq traductions dont nous disposons :

> *No bien hubo acabado de hablar, cuando rasgára el cielo un deslumbrante rayo, y nos mostró las blancas murallas del viejo Castillo, con sus torres agrupadas como una legion de espectros, sobre la immensa plataforma de una roca dura y resbaladiza.* (1839)

> *No acababa de hablar, cuando un rayo rasgó el cielo y nos mostró las blancas murallas del viejo Castillo con sus torrecillas agrupadas como muchedumbre de espectros sobre un immenso terraplén de roca resbaladiza.* (1921)

> *No había acabado de hablar y un relámpago deslumbrador, que desgarró las nubes, nos mostraba las murallas del vestusto Castillo y sus torrecillas agrupadas como tropel de espectros, alzándose todo en grande explanada sobre piedra viva.* (1923)

---

48 Ch. Nodier, *Inès de Las Sierras*, *op. cit.*, p. 60.
49 On sait que dans la tradition du conte, les formules à valeur magique, quelles qu'elles soient, doivent être répétées trois fois.
50 Ch. Nodier, *Inès de Las Sierras*, *op. cit.*, p. 95.

No había terminado de hablar cuando un relámpago deslumbrador, que desgarró las nubes, nos mostró las murallas del vestusto castillo y sus torrecillas agrupadas como tropel de espectros, alzándose todo en grande explanada sobre piedra viva. (1924)

Apenas había dejado de hablar, cuando un rayo cegador desgarró el cielo y nos mostró las blancas paredes del viejo castillo, con sus torrecillas agrupadas como una manada de espectros sobre una immensa plataforma de roca lisa y resbaladiza. (1946)

L'important ici est de créer l'effet de surgissement dont nous parlions. En somme, il faut éviter que la découverte du château soit progressive, comme elle le serait immanquablement dans le réel. Il s'agit de créer le sentiment d'une apparition, telle qu'un fantôme pourrait le faire éprouver : il n'y a rien de perceptible quelques secondes auparavant et soudain, la totalité de l'objet est absolument présent.

Le premier point à observer concerne la construction de la première phrase : en effet, la forme : « il n'a pas fini de … que » est chargée de mettre en évidence la coïncidence quasi magique des deux événements, la parole finissante de l'*arriero* et le fracas de l'éclair. Cette construction ne propose pas une relation de cause à effet du type « parce qu'il avait fini de parler … » et cependant la suggère par le contexte ; l'*arriero* a achevé son propos par ces mots « auprès du château de Ghismondo[51] » et l'impression éprouvée par le lecteur est que ce sont eux qui suscitent l'éclair qui fait *naître* le château. Les cinq traductions sont attentives à rendre la structure temporelle si emblématique du surgissement du phénomène fantastique avec une structure calquant la française, la principale avec la forme négative qui commande la complétive ; et pour quatre d'entre elles, l'aspect temporel est renforcé par la conjonction « *cuando* », ce qui peut être perçu comme un effet de sur-traduction, alors que la cinquième – 1923 – préfère la simple coordination « *y* », plus proche peut-être de l'esprit de la construction française. Notons encore que seule la traduction de 1839 propose une inversion du sujet dans la subordonnée ; la langue espagnole se prête plus volontiers que la française à ce type d'inversion à valeur expressive. Cette initiative paraît bienvenue en l'occurrence puisqu'elle permet de mettre en valeur le procès détaché de son agent : l'ordre canonique sujet + verbe propose une saisie globale de l'événement, alors que l'ordre verbe + sujet semble proposer une perception de l'action elle-même, puis avec un retard, très

---

51   *Ibid.*, p. 94.

relatif évidemment, l'identification de celui qui la produit ; c'est en cela
que le procédé sert particulièrement la langue du fantastique.

Le corps de l'apparition, s'il est permis de dire, est constitué premièrement des « blanches murailles ». Le nom choisi par Nodier est
bien en situation puisqu'il s'agit d'un château et non d'une habitation
quelconque, de plus le terme de « murailles » bénéficie en français
d'une aura particulière faite d'historicité et de force défensive. Quatre
traducteurs ne s'y trompent pas en choisissant « *murallas* », alors que
le cinquième – 1946 – se contente de « *paredes* » (« murs ») affaiblis-
sant ainsi considérablement le pouvoir évocateur du mot. Enfin deux
autres – 1923 et 1924[52] – font l'omission de la couleur ce qui est bien
dommageable en ce que la précision prépare la comparaison avec « le
troupeau de spectres » qui va suivre.

Cette comparaison fait appel à un terme de l'univers de l'élevage
pastoral. L'image qu'elle suscite en l'esprit du lecteur pourrait être celle
d'un troupeau de moutons, plus en situation en cette région d'Espagne,
et leur blancheur supposée et leur apparence laineuse conforteraient
la blancheur évoquée plus haut et le vague du dessin qui convient
au spectre. Ici, plus qu'ailleurs les choix des traducteurs divergent :
« *legion* », « *muchedumbre* », « *tropel* », « *manada* ». Autrement dit, trois
sur quatre retiennent l'idée de multitude, contenue en effet dans le mot
« troupeau », sans chercher à rendre la métaphore que le mot contient.

En somme, la comparaison des traductions sur l'échantillon choisi,
illustre à merveille ce qui fait la difficulté de cet exercice du passage d'une
langue source à une langue seconde. Il ne s'agit pas de restituer un vocabulaire, mais une intention d'écriture, et pour la percevoir chez l'auteur du
texte premier, il faut bien plus que de simples connaissances linguistiques.

Prenons un second échantillon significatif du texte d'*Inès de Las Sierras*,
qui pourrait être le complément du premier ou bien son *pendant*. Le premier était centré sur l'apparition du château dans la diégèse, le second
le sera sur l'apparition de la jeune femme, autre élément à l'origine du
caractère fantastique de la nouvelle. Voici le texte de Nodier :

> Au même instant, nous discernâmes dans la partie la moins éclairée de la
> salle, un blanc fantôme qui courait vers nous d'une incroyable rapidité, et
> qui, parvenu à notre portée, laissa tomber son linceul.

---

52 Rappelons que la traduction de 1924 reprend quasi à l'identique celle de 1923.

Et voici les quatre traductions de ce passage présentes dans les six volumes :

> *Al mismo instante, en la parte mas obscura de la sala, distinguimos una blanca fantasma que corria hácia nosotros con increible rapidez, y que, al llegar cerca de la mesa, dejó caer su mortaja ó lienzo que la envolvia.* (1839)

> *Al mismo tiempo, distinguimos en la parte menos iluminada del salón un blanco fantasma que venia hacia nosotros con increible rapidez, el cual, cuando llegó a nuestro alcance, dejó caer su sudario.* (1921 et 1930)

> *En aquel momento, y en la parte obscura del salón a que ya me referí, vimos una fantasma blanquísima que venia a nosotros con rapidez increible y que, cuando estuvo al alcance de nuestras manos, se despojó de un sudario.* (1923 et 1924)

> *En el mismo instante, pudimos distinguir, en el extremo más obscura de la sala, un blanco fantasma que venía a nosotros con increible rapidez, y que, al llegar a nuestro lado despojóse de su sudario.* (1946)

La comparaison de cette *apparition* avec celle du château, dans le texte original, montre un travail de mise en scène différent de l'un à l'autre : pour le monument, Nodier use des circonstances météorologiques pour créer l'illusion d'une apparition ; en ce qui concerne le personnage d'Inès, en revanche, il prend bien soin de mentionner que le « blanc fantôme[53] » surgit de la partie la plus obscure de la salle et court vers les visiteurs, certes avec une « incroyable rapidité ». Autrement dit, Nodier ménage la possibilité que le personnage ne soit pas un fantôme, mais une personne bien vivante ; elle n'*apparaît* pas à proprement parler, elle pénètre dans le lieu dont il est question. Ce faisant, il prépare la révélation à valeur explicative du second chapitre.

Les traductions que nous avons citées rendent toutes compte de la soudaineté de l'entrée en scène du personnage ; les variantes d'une traduction à l'autre sont mineures, comme « *al llegar cerca de la mesa* », « *cuando llegó a nuestro alcance* », « *al llegar a nuestro lado* » et n'appellent pas de commentaire qui soit significatif. En revanche, nous relèverons deux ajouts pour le moins bizarres.

---

53   Le lecteur attentif de ces pages aura peut-être noté que dans certaines traductions le mot « *fantasma* » est masculin, et dans d'autres féminins. Il semble que le féminin soit plus fréquent en langue ancienne et classique, surtout lorsqu'il est synonyme de *espantajo* ; le masculin domine dans la langue moderne. Nous remercions à cette occasion nos collègues Concepción Palacios et Francisco González Fernandez qui ont bien voulu nous éclairer sur ce point de langue.

Le premier se situe dans la traduction de 1839 : l'expression « son linceul » est traduite par « *su mortaja ó lienzo* ». La double nomination est ici un choix délibéré du traducteur : le premier terme « *mortaja* » est une possible traduction du « linceul », mais « *lienzo* », que l'on pourrait traduire par « toile » ou « voile », tend à débarrasser l'objet de son rapport à la mort, comme si le traducteur voulait introduire le doute sur la nature de la personne qui le porte ; c'est un fantôme et c'est donc *mortaja* qui convient, c'est une personne bien réelle, c'est alors *lienzo* qui s'impose[54]. Pour avoir trop bien lu la suite de la nouvelle, le traducteur outrepasse les intentions de l'auteur et s'autorise à introduire un doute là où Nodier ne l'avait pas fait, une façon de porter un jugement sur la stratégie narrative de l'auteur en matière de « fantastique expliqué[55] » ; Nodier *n'en ferait pas assez*.

Le second ajout concerne la traduction de 1923, reprise en 1924. Le traducteur, en matière de précision spatiale propose : « *en la parte obscura del salón a que ya me referí* », là où Nodier écrivait « dans la partie la moins éclairée de la salle » ; le traducteur éprouve ainsi le besoin de préciser par une relative censée permettre au lecteur de mieux comprendre de quel lieu il s'agit. L'ajout que l'on pourrait traduire ainsi : « auquel je me suis référé » ou plus librement « dont je parlais » fait référence à un avant-texte. Le narrateur a en effet évoqué la provenance de la première manifestation vocale du *fantôme* quelques lignes auparavant : « – Me voilà ! cria une voix qui partait de la galerie de tableau[56]. » Il faudrait comprendre que la partie obscure de la salle conduit à ladite galerie de tableaux. C'est donc ce fait que le traducteur qui nous occupe tenait à souligner, ce qui revient à dire que le fantôme est bien descendu du cadre qui le représente, celui-là même que les voyageurs ont pu admirer auparavant. Comme dans le premier ajout observé, il semble que la préoccupation du traducteur soit de compléter, voire d'*améliorer* le texte d'origine.

Ces deux ajouts sont donc intéressants et révélateurs de la perception que le traducteur a du texte original. Pour le premier, Nodier ne

---

54	Lorsqu'Inès repart, le traducteur écrit : « *Al punto recogió su mortaja* » (p. 127) sans plus songer à la réserve émise plus haut.

55	On appelle « fantastique expliqué », ce sous-genre littéraire, qui, à la manière d'Ann Radcliffe, propose des intrigues qui font appel des phénomènes irrationnels pour, dans les derniers chapitres, fournir une explication certes rationnelle, mais souvent très invraisemblable aux dits phénomènes.

56	Charles Nodier, *Inès de Las Sierras, op. cit.*, p. 130.

prépare pas assez la révélation qui va expliquer l'*apparition* d'Inès, pour le second, il ne ferait pas suffisamment supposer qu'elle est bien sortie de son tableau, donc qu'il s'agit bien d'un fantôme. Peut-être faut-il en conclure que le traducteur doit, certes saisir les intentions de l'auteur, mais avoir la prudence de ne pas les forcer ou les outrepasser, en somme lui faire confiance.

Avant de conclure cette brève enquête sur les traductions d'*Inès de Las Sierras* de Nodier en langue espagnole, ou plutôt devrions-nous dire en castillan, nous voudrions revenir pour quelques instants sur la seule traduction (celle de 1924) à avoir modifié le titre original *Inès de Las Sierras* pour *El fantasma del castillo*. Nous l'avons mentionné rapidement, la traduction proposée reprend quasi à l'identique celle de 1923 et cependant la page de titre précise : « *traducido al castellano por Gazel* » ; on peut supposer que cette personne s'est contentée de faire une relecture rapide de la traduction ainsi pillée pour en changer quelques mots, mais surtout pour faire des coupures, nous y reviendrons. Les changements opérés sont très anecdotiques, voire insignifiants et ne suffisent pas à se réclamer d'une nouvelle traduction ; nous en trouvons même une preuve assez cocasse que voici : lorsque les voyageurs explorent le château, Nodier écrit : « À notre gauche s'ouvrait un corridor[57] » ; le traducteur de 1923 traduit étourdiment à la page 28 : « *Abríase a la derecha*[58] *un corredor* » et le nommé Gazel reprend sans hésitation, page 32 : « *Había a la derecha un corredor* ». Certes, il ne s'agit que d'un *lapsus calami*, mais en l'occurrence, il exhibe la supercherie de la prétendue traduction.

En ce qui concerne les coupures opérées dans le texte de Nodier[59], le phénomène est plus grave, puisqu'il tend à dénaturer un texte original – et pourtant la couverture affirme bien que le texte est de Carlos Nodier sans mentionner quelque coupure que ce soit. Elles supposent que le traducteur ou l'éditeur ont jugé que certains passages étaient de trop, inutiles, ennuyeux ce qui aurait légitimé leur suppression, mais dès lors confère à celui qui les pratique un statut de censeur. Ces coupures n'interviennent pas dans la première partie du récit, celle qui constitue l'aventure fantastique à proprement parler. En revanche, elles

---

57 *Ibid.*, p. 104.
58 Faut-il rappeler que « *derecha* » signifie « à droite » ?
59 Ces coupures ne sont que dans la traduction de 1924, pas dans celle de 1923.

concernent les moments où un personnage donne des explications ou fait un commentaire un peu développé.

La première intervient à la fin de l'aventure fantastique ; Bascara est soupçonné d'avoir mis en scène l'apparition d'Inès pour berner les voyageurs. Il donne des explications en quelques répliques ponctuellement interrompues par les réparties des autres personnages. Le traducteur conserve les premières et supprime tout bonnement la dernière qui court sur cinq pages dans l'édition originale, page 186 à 190 ; manifestement, il a jugé qu'il y avait redondance.

La deuxième se situe à la toute fin de cette même partie ; le récit nous a ramenés au premier niveau de narration et aux premiers auditeurs Anastase, Eudoxie et le substitut. Ce dernier entreprend de « raisonner », selon son mot, sur l'attitude des personnages du récit et sur leurs réactions ; trop spéculatif et donc inutile aura jugé probablement le traducteur qui coupe un peu plus d'une page.

Dans la seconde partie du récit, c'est une intervention de Pablo, l'ami du narrateur, aux pages 223-224, qui est coupée : elle proposait un développement un peu érudit, comme les affectionne Nodier sur la tradition littéraire à partir des *Romanceros*. Puis une autre intervention de Pablo subit le même sort, aux pages 237-241 qui, cette fois-ci, donnait des explications concernant le fait que la Pedrina ne soit autre qu'Inès de Las Sierras. Le malheureux Pablo est jugé trop bavard par notre traducteur qui n'hésite pas à prendre le risque de rendre l'explication de la manifestation supposée irrationnelle de la première partie plus difficile encore à accepter.

En somme, cette attitude un peu désinvolte de notre prétendu traducteur nous dit quelque chose de la nature du lectorat de cette édition. Le volume en question est paru dans une collection « *Los maestros de la novela* » qui par ailleurs compte des auteurs étrangers aussi connus qu'Oscar Wilde ou Maxime Gorki, ce qui laisse supposer que la politique éditoriale devait être de mettre à la portée d'un public non spécialiste en matière littéraire, des œuvres de renommée internationale, quitte à les décharger d'une érudition susceptible de faire obstacle.

Au terme de cette réflexion entreprise à partir de plusieurs traductions d'un même texte de Nodier, en langue espagnole, il nous sera permis de tirer quelques conclusions. Nous n'insisterons pas sur la forfaiture qui consiste à reprendre une traduction existante sans le signaler nommément, pas plus que sur la pratique de la coupure qui prend valeur de censure ; en revanche, il nous paraît important d'insister sur le cas particulier de cette nouvelle de Nodier qui se fonde sur la démarche d'un Français s'intéressant à une culture étrangère, celle de l'Espagne en l'occurrence, sur une part de son histoire conflictuelle avec la France et qui, en retour, se trouve traduite en cette langue. Ce va-et-vient mérite en effet toute notre attention et inciterait à d'autres recherches sur le rôle de la culture espagnole dans l'œuvre de Nodier en sa totalité s'il est permis toutefois d'envisager raisonnablement une telle ambition.

Les variations d'une traduction à l'autre devront nous persuader – mais nous le savions déjà – que le traducteur est un artiste à part entière, qui doit faire œuvre de sympathie profonde avec le texte à traduire, mais aussi avec son auteur pour deviner ses intentions et les servir sans les trahir ou les surcharger. En ce qui concerne *Inès de Las Sierras*, doit-on partir du postulat que Nodier veut véritablement écrire dans le genre du fantastique expliqué ou au contraire qu'il en fait la parodie, d'où les explications compliquées, voire embarrassées de la seconde partie, pour prétendre lever tous les doutes ? Dès lors, il ne faudrait pas chercher à couper ou aplanir ces discours que l'on peut percevoir *a priori* comme laborieux mais au contraire parvenir à faire transparaître cette ironie si subtile qu'on pourrait la manquer.

Il est évident que nous ne déplorerons pas que la traduction ne soit pas une science exacte. Elle reste un geste humain donc habité par le doute et l'incertitude, ce sont ses lettres de noblesse.

Georges ZARAGOZA
Professeur émérite
de Littérature comparée
Université de Bourgogne

ANNEXES

EL CORRESPONSAL, DIARIO DE LA TARDE, 5 DE FEBRERO DE 1844

« Últimos momentos y exequias de Carlos Nodier »

M.A. Sal ha publicado los pormenores siguientes sobre el eminente escritor M. Carlos Nodier, que deja un vacío tan profundo en la literatura francesa: Después de una noche agitada, y en la cual demostró el ilustre enfermo que no le habian abandonado sus fuerzas intelectuales, ni los sentimientos de su alma tierna y religiosa, se durmió pacíficamente. Un profundo suspiro, el último, avisó á su familia que la vida abandonaba definitivamente un cuerpo del que puede decirse que estaba ya ausente mas de quince dias habia. En su postrera noche en que Nodier habló de diferentes asuntos, reveláronse alternativamente de la manera mas tierna el padre de familia y el literato. Sintiendo que se acercaban los últimos momentos dijo á su esposa y á su hija: es preciso separarnos, pensad siempre en mí, que os he amado tanto; me complazco en pensar que puedo bendecir á mis hijos y á mis cuatro nietos: ¿estan aqui todos? ¿no hay ninguno enfermo? ¿qué dia es hoy? –El 27 de enero. Pues bien, no olvidéis esta fecha, y acompañó estas palabras una de esas sonrisas, y una de esas miradas dulces, tranquilas y encantadoras que le eran peculiares, y cuya seducción pudiera envidiar una mujer. Un instante después, Nodier llamó á Menestier[1] cuyos talentos como escritor se han desenrollado á vista de su padre. Hija mía, le dijo, escucha mi último consejo; lee mucho, y lee siempre á Tácito, y á Fenelon, esto dará seguridad á tu estilo. En seguida habló del trabajo que estaba haciendo para la academia, y dijo que muere con el sentimiento de no concluirlo. Una persona respetable que pasó cerca del moribundo la última noche, conociendo la sinceridad de sus sentimientos religiosos, sinceridad que había manifestado bien pidiendo él mismo que le administrasen los Santos Sacramentas, cuando su espíritu tenia aun toda su energía: esta

---

1   Il faut lire Mennessier, c'est-à-dire Marie Mennessier-Nodier, fille de Charles.

persona en ausencia del sacerdote le dirigió algunas palabras, último consuelo de los cristianos: escuchó á esta señora con calma, y le dijo: Pienso en Dios, vecina, y os doy gracias por haberme hablado de él. Os doy gracias también por vuestras oraciones. Todo acabó entonces; Nodier se durmió sin crisis, sin convulsiones, y por algunos momentos creimos que despertaría de aquel sueño. Dejamos á otras plumas mas elocuentes el cuidado de hacer el elogio académico de Nodier: nosotros que hemos tenido la dicha de vivir en intimidad con él por mas de veinte años, tenemos derecho de hacer el elogio del hombre. Nodier á quien conocimos en los momentos en que la lucha de los partidos eran tan vivas, en el momento en que los sentimientos dé odio eran tan violentos. Nodier no estuvo siempre exento de pasiones; pero estuvo siempre sin odio: por esto ha merecido que los hombres de bien de todos los partidos que lo conocieron fueran sus amigos. Su casa donde las gracias de su conversación atraían una gran concurrencia, fue siempre un terreno neutral sobre el cual se encontraron los partidarios y los enemigos de todos les sistemas políticos: su benevolencia fué un lazo que contribuyó mucho á unir á los hombres separados por el rigor de sus preocupaciones ó de sus convicciones. Nadie mas amable que Nodier, en una de sus pláticas familiares donde sin ostentación y sin coquetería daba libre curso a su imaginación poética; donde vestía con formas deliciosas que lo hacían envidiable, y donde sin pedantismo mostraba su erudición sobre todos los puntos de la literatura. Carlos Nodier nació en Besançon el 29 de abril de 1780. Todo París ha dado al escritor que lloramos pruebas de la mayor simpatía en las últimas semanas de su vida. Encargó á sus hijos que den gracias á todas las personas que no han estado de continuo en su casa: les ha encargado que hagan conocer á las augustas personas que han manifestado tanto interés por él, que moria profundamente reconocido á tantas bondades. En efecto el interés del rey, de la reina, y de S. A. R. la duquesa de Orleans le han acompañado hasta el sepulcro. Las exequias del ilustre escritor se han celebrado en la iglesia de S. Pablo y S. Luis su parroquia. Un concurso inmenso de literatos y artistas ha asistido á estos funerales, verdadero duelo para la literatura. Todos los amigos de Nodier se habian reunido alrededor de su ataúd para dar el último adiós al que fué tan bueno, tan indulgente y tan amable: aun aquellos á quienes la edad y las enfermedades dispensaban de este deber habían querido venir á aumentar el número de los admiradores del poeta tierno y sensible; del escritor elegante, original y sencillo; del filósófo ingenioso y profundo. No seria fácil nombrar todas las notabilidades que con su presencia detrás del carro fúnebre manifestaban cuan estimado, amado y respetado estaba Nodier. El duelo fué presidido por el yerno, el cuñado y el nieto de Carlos Nodier. La Academia estaba representada por los señores Etienne, presidente, Villemain, secretario perpetuo, Hugo, Dros, Patin, Lebrun, Viennet y Dupaty. Varios individuos de las otras clases del Instituto se habian unido á sus hermanos dé la Academia francesa.

LA ESPAÑA MODERNA, 15 DE ENERO DE 1891

Tomo XXV «Estudios sobre los orígenes del romanticismo francés. Los iniciadores» por M. Menéndez y Pelayo

[...] También es imposible omitir, tratando de la literatura del Imperio, los primeros escritos de Carlos Nodier (1780-1844), que no era todavía el ingenioso narrador á quien debemos *Inès de Las Sierras, El hada de las migajas, Trilby, la leyenda de Sor Beatriz, la de Francisco Columna* y tantos otros primores de fantasía y de gracia, ni tampoco el erudito excéntrico y chistoso que convirtió la bibliografía en una ciencia amena, sino un wertheriano furibundo, un visionario lúgubre, en quien las propias desdichas y el espectáculo de la Revolución francesa habían desarrollado con suma intensidad (hasta tocar en los lindes de la locura), el sentimiento melancólico y la exaltación imaginativa. Así nos le muestran todas sus obras juveniles, *El Pintor de Salsburgo* (1803), *las Meditaciones del Claustro, los Ensayos de un joven bardo* (1804), *Los Tristes ó Misceláneas sacadas de los apuntes de un suicida* (1806). Pero esta crisis fué pasajera, y de ella salvó á Carlos Nodier su propio espíritu novelesco y aventurero, su movilidad de impresiones, y cierto humorismo simpático y benévolo que constituía el fondo de su carácter. Por otra parte, era creyente sincero, disposición que se fué acentuando con los años, pero que ya aparece en la más antigua de sus producciones y la da un matiz especial dentro del wertherismo. «La pistola de Werther y el hacha del verdugo nos han diezmado (exclama): una nueva generación se levanta y os pide claustros». Nodier, ni se encerró en el claustro, ni apeló á la pistola de Werther. La musa de Walter Scott, y sobre todo la musa de Perrault y la de Hoffmann, comenzaron á arrullarle con más apacibles fantasías y más regalados sueños, y si todavía entre ellos se desliza alguna lágrima, es ya de las cristalizadas en forma de arte, no de las que nacen del frenesí histérico.

Nodier fué, á la vez que un precursor del romanticismo, uno de sus colaboradores y aliados más asiduos: cuando viejo, lo mismo que cuando joven, marchó siempre á la vanguardia de la escuela. Su grande y positiva originalidad fué la importación del cuento fantástico alemán de La Motte-Fouqué, de Chamisso, de Hoffmann, de Novalis, de Tieck, aclimatado por él en el país de Europa que parecía menos dispuesto á recibirle. Sus primeras historias de vampiros y demonios nocturnos, Lord Ruthwen y Smarra, causaron general extrañeza, y fueron miradas por la crítica como un producto bárbaro. Nodier demostró entonces que el fondo de Smarra estaba tomado de El Asno de oro de Apuleyo, y que no había en aquella excéntrica fantasía (de la cual dijo Merimée que «parecía el sueño de un Scytha contado por un griego»), una sola imagen que no pudiera encontrarse en algún clásico, griego ó latino. La demostración sorprendió por lo inesperada, y aquel ardid de buena guerra fué muy ruidoso y muy celebrado entre los románticos. Fué también Nodier de los primeros en contribuir al renacimiento arqueológico de la Edad Media, emprendiendo y escribiendo, en colaboración con su amigo el barón Taylor, Viajes pintorescos por la antigua Francia. Tanta variedad de aptitudes, una curiosidad tan inquieta, un espíritu tan abierto, una gran bondad de alma y una sencillez casi infantil, convirtieron á este cuentista bibliómano, deliciosamente enamorado de las musarañas, en ídolo de la juventud romántica, desde Víctor Hugo hasta Alfredo de Musset [...]

EL DÍA, DIARIO INDEPENDIENTE

28 de abril de 1900 «Hombres y obras: Nodier»

El celebrado autor de «Recuerdos, retratos y apuntes para la historia de la Revolución y del Imperio», Carlos Nodier, cuando contaba doce años de edad, leyó un discurso, con motivo de su recepción, en la «Sociedad de los amigos de la Constitución», de Besanson, – villa en que él había nacido el 27 de Abril de 1780 que fué asombro de los oyentes por la capacidad y conocimientos que en literatura y política revelaba su autor; este trabajo y las conversaciones que acerca de asuntos literarios con los amigos de su padre, gran bibliómano, que se reunía en su casa á pasar las veladas, revelaron en Carlos una inteligencia portentosa que llenó de esperanzas al autor de sus días, quien no se equivocó al «baticinar» á su hijo un porvenir brillante en la república de las letras. En los primeros años de su juventud fué secretario de la Comisaría de la Convención del Bajo Rhin, después bibliotecario municipal de Besancon, y en 1803, ansioso de vivir encerrado en más amplios horizontes, se trasladó á París, llevando por todo caudal y equipaje varias obras inéditas, cuya publicación, unida á numerosos artículos y poesías que escribió en poco tiempo para diversas revistas y periódicos, le dio enseguida justa fama de literato y poeta y muy pocos rendimientos. Nodier no pudo sustraerse á la influencia de la política y militó en el partido que pretendía cortar la naciente preponderancia de Napoleón. Una oda satírica que tituló «La Napoléone», fué causa de que sufriera unos dos meses encarcelamiento, y cuando recobró la libertad sus ideas eran ya menos exaltadas, terminando por declararse realista á la caida de Napoleón. El resto de su existencia lo pasó Nodier tranquilamente, aunque no rodeado de comodidades y venturas, porque sus muchas obras, generalmente escritas para satisfacer necesidades y caprichos ajenos, solo enriquecieron a sus editores. Fué bibliotecario del Arsenal é individuo de la Academia francesa, y tanto por sus preciosas concepciones como por su carácter dulce y afable gozó gran popularidad entre sus compatriotas y fué tenido en grande estima tanto por los que le trataban, como por los que solo le conocían por sus obras. Nodier falleció á la avanzada edad de 64 años, el 27 de Enero de 1844.

EL LABERINTO, PERIÓDICO UNIVERSAL, VIERNES 1 DE MARZO DE 1844

Biographie – Charles Nodier
(traduction de C. Palacios Bernal et G. Zaragoza)

L'écho funèbre de la cloche qui annonçait à tous vents la mort de l'auteur de *Los Hijos de Eduardo*[1] ne s'était pas encore éteint et déjà la mort implacable coupait la vie d'une des fleurs les plus rares qui ont tissé la couronne littéraire de notre nation voisine. La mort de l'illustre écrivain Charles Nodier laisse un immense vide au sein de l'Académie : il était l'âme de ce célèbre établissement depuis le jour où il comptait parmi les quarante *immortels* qui le composent : il ne s'est pas contenté de considérer le titre académique comme titre honorifique, mais aussi comme source de nouvelles responsabilités. Il s'est donc rendu aux séances pour se divertir, trouvant là ses moments de loisirs les plus agréables ; c'est pourquoi jamais le célèbre *Dictionnaire* n'a eu un collaborateur plus diligent et consciencieux.

La vie de Charles Nodier, l'homme et l'écrivain, semble, pour ainsi dire, coupée de l'Histoire ; amoureux de la solitude et du travail, toujours il a fui les pesanteurs de la célébrité et les dangers de la vie publique. Suivant les conseils du Livre Saint, il aimait cacher sa vie, et savourer les joies incomparables de la méditation, de la famille et de l'étude. Son nom a acquis petit à petit de la renommée sans jamais atteindre des triomphes tapageurs. Dans les biographies d'auteurs éminents, on peut citer les dates glorieuses où leur réputation s'est formée et s'est développée : dans celle de Charles Nodier il est impossible de fixer le moment où son nom est devenu populaire ni le livre qui a surajouté la gloire de l'écrivain à la renommée de l'homme de lettres ; était-ce *Adèle, Jean Sbogar* ou *Smarra* ? Était-ce peut-être ses contes, ses poésies

---

1 Casimir Delavigne, mort le 11 décembre 1843, un peu plus d'un mois avant Nodier (Note des trad.).

qui annonçaient l'heure de son avènement littéraire ? Aucune de ces œuvres isolées ne l'a annoncé incontestablement, mais toutes ensemble.

Avec chaque ligne qu'il écrivait, il montait aux confins de l'horizon jusqu'à ce qu'il brillât enfin haut dans le ciel. Charles Emmanuel Nodier naquit à Besançon le 29 avril 1780 ; son père, un magistrat éminent, occupa une charge importante en Franche-Comté, et fut deuxième maire constitutionnel de Besançon au temps de la [première] république. Son fils grandit au sein des clubs où il a bu cet amour brûlant de la liberté qui lui a valu plus tard tant de persécutions. Il alternait, et avec le même zèle, l'étude des sciences naturelles et celle de la biologie. Il avait à peine dix-huit ans lorsqu'il a publié dans sa province natale une *Dissertation sur l'usage des antennes dans les insectes, et sur l'organe de l'ouie dans les même animaux*, et commença à versifier un poème sur le sujet préféré de ses études, la famille des *Coléoptères*.

Trois ans plus tard, en 1801, il livrait au public une *Bibliographie entomologique : ou, Catalogue raisonné des ouvrages relatifs à l'entomologie et aux insectes, avec des notes critiques et l'exposition des méthodes* qui annonçait déjà un talent encyclopédiste qui devait le signaler un jour à la première place des polygraphes contemporains. Depuis 1799, le jeune Nodier était empêtré dans un processus politique qui aurait pu lui coûter cher et dont il n'a été acquitté que par la majorité d'une seule voix. Puis, il est allé à Paris, où il a été entraîné à fréquenter, tout d'abord, l'opposition royaliste, avec laquelle les républicains s'alliaient à ce moment-là. Il publie en 1802, sa célèbre ode intitulée *La Napoléone* qui fut reproduite dans tous les journaux anglais et attisa les poursuites contre les suspects. *La Napoléone* avait été publiée sans nom d'auteur, et Nodier, pour faire disparaître les soupçons qui pesaient sur les têtes de nombreux innocents, se présenta à Fouché, s'inculpant lui-même ; une action noble et honorable qui lui valut d'être emprisonné à *Sainte-Pélagie*. Après quelques mois, il fut confiné dans sa province et soumis à une surveillance rigoureuse. L'exilé a abandonné son foyer domestique, et a commencé à explorer les éminences du Jura et des hautes vallées de la Suisse. Arrêté encore une fois sous un prétexte futile, il a recouvré la liberté grâce à certains villageois. Il erra à nouveau à travers les montagnes, et passa de longues journées, enfermé dans les profondeurs d'anciennes bibliothèques de monastères et de paroisses qui lui offrirent un asile hospitalier.

Dérangé continuellement dans cette paisible retraite même, il a déménagé définitivement en Suisse[2], passant d'une commune à une autre, s'exerçant dans des industries modestes pour gagner son pain. Là, il a été correcteur et coloriste d'illustrations. Enfin, après des charges et des travaux incommensurables, il revint en France, se consacra à l'enseignement dans certains villages du Doubs[3] et fixa sa résidence dans une commune du Jura qu'il a chantée plus tard dans une délicieuse idylle[4].

Nodier a été soustrait de cet asile par un célèbre anglais, le chevalier Croft, qui vivait à Amiens à ce moment et cherchait un collaborateur pour l'aider dans l'importante publication des *Classiques Français avec commentaires*. L'association n'a pas duré aussi longtemps qu'on pouvait l'espérer : le chevalier Croft n'était certainement pas aussi parfait que Nodier l'a dépeint dans son *Amélie*. Les deux collaborateurs se séparèrent donc ; sur recommandation du général Bertrand, Nodier obtint un emploi administratif dans les provinces récemment conquises de l'Illyrie : il y dirigea un journal intitulé *Le Télégraphe Illyrien*, rédigé en quatre langues. L'invasion de l'ennemi le ramena en France : il fit partie de la rédaction du *Journal des Débats* ; et dans ses colonnes il fut le premier à se montrer partisan des Bourbons. À cette époque, Nodier était déjà bien connu parmi les hommes de lettres. Il avait déjà publié *Stella ou Les Proscrits*, *Le Peintre de Salzbourg*, *Le dernier chapitre de mon roman*, *Le Dictionnaire raisonné des onomatopées de la Langue Française* et *Les Questions de littérature légale* avec d'autres opuscules moins importants qui n'apparaissent pas dans l'édition de ses œuvres complètes. Nodier ne demanda ni grâces ni emplois au nouveau gouvernement[5] : pour chaque récompense de ses services, Louis XVIII lui accorda un titre exécutoire. Retiré dans une vie modeste, il s'apprêtait à illustrer sa renommée naissante avec de nouveaux titres : *Jean Sbogar*, *Thérèse Aubert*, *Mélanges de Littérature et de Critique*, *Adèle*, *Smarra*, *Trilby*, se succédèrent rapidement de 1818 à 1822, et valurent à l'auteur un poste éminent dans la république des lettres.

M. de Corbière, Ministre de l'Intérieur et bibliophile distingué, nomma Nodier en 1824 bibliothécaire de l'Arsenal : là, il restreignit encore ses

---

2   Ce fait n'est pas attesté. (note des trad.)
3   À Dole où il enseigne les Belles-Lettres. (note des trad.)
4   Quintigny où va naître sa fille Marie. (note des trad.)
5   Celui de la Restauration (note des trad.).

habitudes simples et se contenta d'un petit nombre de besoins : il y est resté jusqu'à sa dernière heure ; là il est mort doucement parmi ses amis et ses livres. Nodier en 1827 a publié un volume de poésies, qui n'a pas autant de crédit que ses romans, bien qu'elles ne soient pas inférieures en mérite. Plus tard, il se divertit dans plusieurs travaux érudits, jusqu'à ce qu'en 1832, il publie une édition complète de ses œuvres[6]. Deux ans plus tard, il fut élu à l'unanimité membre de l'Académie en remplacement de M. Laya. Une distinction si honorable produit une joie indicible dans l'âme de celui qu'elle avait distingué, et dans le discours d'admission, il a déclaré sa gratitude avec une expansion de tendresse inconnue jusqu'alors.

Nodier, à la retraite de la littérature depuis ce jour glorieux, continuait à occuper l'attention publique par le charme de son talent délicat[7] ; et tandis qu'il vieillissait le célèbre écrivain eut la singulière fortune de voir augmenter, jour après jour, sa réputation sans occuper davantage le public avec ses œuvres. Le salon de l'Arsenal était le foyer de la conversation urbaine et des discussions savoureuses, aussi rares pour nous qu'elles étaient agréables pour nos ancêtres.

Au dernier soir de sa vie, Nodier a traité de diverses questions, se montrant tour à tour père de famille et homme de lettres. Sachant que sa dernière heure approchait, il dit à sa femme et à sa fille : « Nous sommes forcés de nous séparer ; n'oubliez pas celui qui vous a aimé... c'est un bonheur pour moi de pouvoir bénir mes enfants et mes quatre petits-enfants. Ils sont tous là, n'est-ce pas ? Aucun d'eux n'est malade ? ... Je m'en réjouis. Quelle date sommes-nous aujourd'hui ? Vingt-sept janvier. – Eh bien, n'oubliez pas cette date ». Et il accompagna ces tristes mots de l'un de ces regards doux, sereins et charmants qui lui étaient particuliers. Un instant plus tard, il appela sa fille, dont le talent d'écrivain est devenu solide à l'ombre de son père. « Ma fille, lui dit-il ; écoute mon dernier conseil. Lis avec assiduité Tacite et Fénelon, et cela donnera l'élégance à ton style. » Il a également parlé de l'important travail qu'il faisait pour l'Académie, regrettant de ne pas l'avoir terminé. Nodier expira son dernier souffle sans crise ni convulsions, et il resta

---

6   Douze volumes publiés sous ce titre collectif en quasi totalité chez Renduel, mais qui sont loin de contenir toute son œuvre. (note des trad.).

7   Le journaliste fait sans doute référence au talent de conteur de Nodier qui faisait les délices des soirées de l'Arsenal. (note des trad.).

comme plongé dans un sommeil paisible, dont il semblait qu'il allait se réveiller à tout moment.

Nous écrirons quelques lignes sur le talent et sur le style de l'illustre écrivain. Il débuta à une époque transitoire pour la littérature, entre l'école de Rousseau et celle de l'Empire : à cette époque, il semblait que les lettres françaises, fidèles depuis si longtemps à son origine rigoureuse, dégénérèrent et s'efféminèrent. Les livres de Rousseau et de Bernardin de Saint-Pierre avaient certainement malmené la rigueur littéraire et engendré ce genre de langage qui devait donner naissance par la suite à toute l'école des mélancoliques et des élégiaques. L'invasion de la littérature allemande, avec Werther à sa tête, aggrava la situation et rendit plus aiguë la sensibilité intellectuelle des lectrices françaises.

Nodier a connu, comme tout le monde, cette influence romantique qui produit encore plus d'effet sur le système nerveux que sur les cœurs ; et, comme un critique l'avait dit avec beaucoup de clairvoyance, il devint une sorte de Saint-Preux wertherisé, encyclopédiste sensible à la manière de Rousseau, et naturaliste passionné à la manière de Goethe. Tout le secret du talent de Nodier se compose de cette sensibilité intellectuelle excessive et de cette vivacité d'impressions qui le soumirent aux diverses influences de l'atmosphère littéraire.

Tandis que Chateaubriand et [Bernardin de] Saint Pierre fondaient cette grande école fantastique, descriptive et pittoresque, Nodier, lui, ouvrait une autre voie, certainement moins magnifique et vaste, mais tout aussi nouvelle, fondant dans le même moule la fantaisie et la poésie que plus tard on a considérée comme intime. Sous ce concept, le romantisme peut réclamer que le nom et le talent de Nodier lui appartiennent. Toute la littérature française classique avait utilisé et abusé, conformément au précepte de Buffon, du mode de pensée du genre humain. La fantaisie, qui est l'imagination de l'individu, et la poésie intime, qui se nourrit exclusivement du singulier, semblent donc la réaction contre le classicisme ; tout le monde connaît les conséquences extrêmes auxquelles a conduit cette littérature de l'intime. Nodier, chef ou précurseur, à tout le moins de cette école, n'a jamais atteint une telle extrémité : sa fantaisie ne cédait pas à l'excentricité, elle semblait plutôt sous le contrôle des sages liens de la sobriété racinienne obéir à la modération classique[8].

---

8   Il est fort probable que l'auteur de l'article n'avait pas lu *L'Histoire du roi de Bohême et de ses sept châteaux* ; il n'aurait pu écrire cela. (note des trad.).

Mais Nodier se distingue par son style entre tous ceux qui ont suivi son école. Il dominait à merveille la langue, il connaissait en profondeur la philologie et il se montra bien sûr digne disciple du chevalier Croft, qui, selon l'expression de Nodier lui-même « étudiait le style à l'aide d'une lentille, et avait découvert l'être simple, l'atome grammatical ». Tous les critiques sont d'accord pour louer son aisance prodigieuse avec les mots, sa flexibilité infinie, l'harmonie gracieuse de son style admirable, qui se déroule comme un ruban, sans fin jusqu'à ce que l'écrivain coupe le fil, qui se développerait sans cesse et à l'infini, s'il ne le rompait. Sainte-Beuve le nomme ingénieusement l'Arioste de la phrase. Nodier est passé à juste titre en France pour l'homme qui connaissait le mieux sa langue : l'opinion publique l'avait signalé comme expert ou arbitre sur toutes les difficultés de la langue, sur toutes les erreurs grammaticales qu'on puisse trouver. Sans pédanterie il a été le puriste le plus sévère de son temps, et en cela il s'écarte beaucoup de l'école moderne.

Pour cette raison seule il gardera une place éminente dans la littérature : la postérité trouvera chez Nodier un style admirable à une époque où il semble absent, un style dont les plus riches productions littéraires sont dépourvues. En tant que poète et créateur il n'est pas aujourd'hui, il s'en faut de beaucoup, de ceux qui ont excellé ; en tant qu'écrivain, il est au premier rang ; et la plus grande critique qu'on puisse lui adresser est d'avoir possédé un style supérieur à son talent, ou pour mieux dire, un génie inférieur à sa plume. F.

ILLUSTRATIONS

FIG. 1 – *El Laberinto*, quotidien de Madrid, annonce de la mort de Nodier.

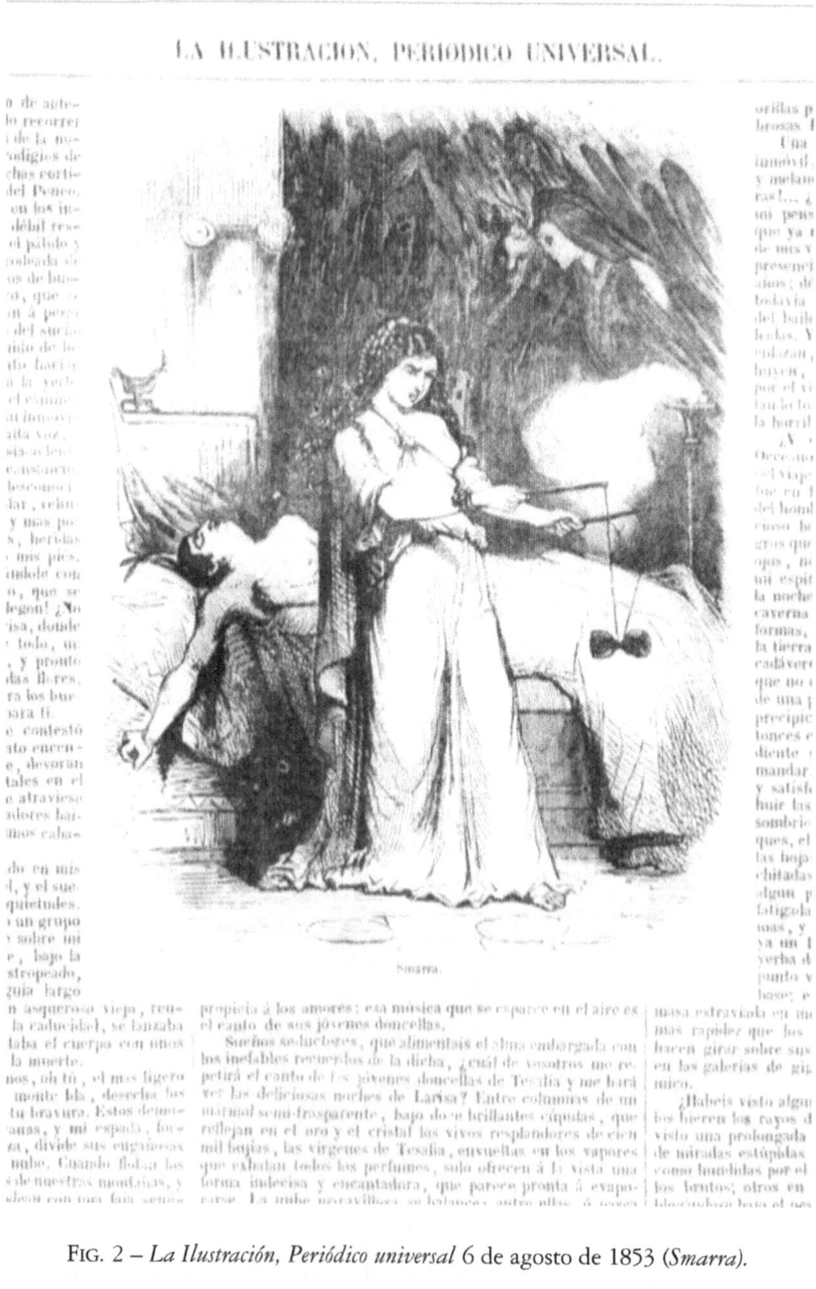

LA ILUSTRACION, PERIODICO UNIVERSAL.

Smarra.

propicia á los amores: esa música que se esparce en el aire es el canto de sus jóvenes doncellas.

Sueños seductores, que alimentais el alma embargada con los inefables recuerdos de la dicha, ¿cuál de vosotros me repetirá el canto de las jóvenes doncellas de Tesalia y me hará ver las deliciosas noches de Larisa? Entre columnas de un mármol semi-trasparente, bajo doce brillantes cúpulas, que reflejan en el oro y el cristal los vivos resplandores de cien mil bujías, las vírgenes de Tesalia, envueltas en los vapores que exhalan todos los perfumes, solo ofrecen á la vista una forma indecisa y encantadora, que parece pronta á evaporarse. La nube maravillosa se balancea entre ellas á merced

FIG. 2 – *La Ilustración, Periódico universal* 6 de agosto de 1853 (*Smarra).*

MISCELLANNÉES

SMARRA DÉMASQUÉ ET SON ÉTYMOLOGIE RÉVÉLÉE POUR LE BICENTENAIRE DU CONTE

Comme l'a montré Alain Moreau, la réflexion sur l'étymologie éclaire les traits primitifs des personnages mythologiques et les origines de l'univers[1]. Ainsi on comprend mieux la personnalité d'Ulysse et ses relations avec les dieux, lorsqu'on pense aux étymologies de son nom Ὀδυσσεύς : selon Homère, Ulysse est celui qui est « odieux » à Zeus ou à Poséidon (ὠδύσατο), ou bien celui « qui est plein de colère » contre des gens détestables (ὀδυσσάμενος)[2], ou encore celui qui endure de la « souffrance » (ὀδύνη) du fait de ses errances sur mer. Selon l'étymologie retenue, le héros devient une victime de la haine des dieux, ou un personnage emporté par le ressentiment, ou la proie d'un destin funeste.

Une telle approche linguistique, fondée sur l'étymologie et la création verbale, est susceptible d'élucider des aspects encore obscurs du conte *Smarra* de Charles Nodier. Dans son récit fantastique, l'auteur lui-même, féru de linguistique et d'allusions livresques, joue habilement sur l'étymologie des noms de ses personnages : « Polémon », narrateur de l'épisode, parle de ses souvenirs de guerre comme soldat : la « guerre », en grec πόλεμος, renvoie au nom du narrateur. De même, comme l'a souligné Patrick Berthier dans son édition de *Smarra*, le nom « Saga », invoquée par Méroé, est une création verbale de Nodier[3], qui s'est souvenu du nom latin de la « sorcière » (*saga*). Ce néologisme, par antonomase, est en fait une réminiscence de Tibulle, référence essentielle de Nodier, qui cite une de ses élégies[4] dans l'épigraphe de « l'épisode »

---

1   A. Moreau, *Les Mythes grecs*, tome I : « Origines », Paris, Les Belles Lettres, 2016.

2   Homère, *Odyssée*, I, 62 ; V, 340 ; XIX, 407 ; IX, 415.

3   P. Berthier, éd. de Nodier, *La Fée aux Miettes. Smarra. Trilby*, Paris, Gallimard, 1982, p. 46, n. 13.

4   Tibulle, *Élégies*, I, 2. Nodier cite les vers 45-48 et 51-52 de cette élégie. La sorcière (*saga*) apparaît au v. 44.

de *Smarra* ; c'est aussi un souvenir des *Métamorphoses* d'Apulée, où est mentionnée « la magicienne (*saga*) » Méroé[5].

Parmi les autres créations verbales de Nodier, on relève dans *Smarra* les « Aspioles[6] », créatures magiques, « terme caractéristique du genre frénétique dans la littérature des années 1820-1830[7] », mais aussi les « Achrones », créatures qui n'ont « point d'âge » : pour forger ce terme, Nodier a manifestement repris le nom grec χρόνος désignant le temps et ajouté l'ἀ- préfixe privatif, en faisant d'« achrones » un équivalent du nom ἄωροι, qui désigne en grec des « êtres morts prématurément » considérés à tort comme « malfaisants[8] ».

Si ces noms se comprennent assez aisément grâce à des parallèles avec les auteurs grecs et latins, en revanche celui de « Smarra » demeure encore mystérieux. Pourtant, le conteur lui-même a donné des indications sur la signification de ce terme dans plusieurs écrits contemporains de sa création[9]. Mais l'étymologie de *smarra* n'a pas encore livré tous ses secrets, alors qu'elle pourrait expliquer la signification profonde de ce conte.

Nous nous proposons d'étudier l'origine du nom *smarra*, en replaçant la création de ce terme dans son contexte culturel et linguistique. Après avoir étudié son étymon dans les langues slaves, nous remonterons à ses origines proto-indo-européennes, ce qui nous permettra d'atteindre la signification profonde du conte par une meilleure compréhension de son héros éponyme. En effet, grâce à cette enquête étymologique, nous pourrons également étudier la manière dont Nodier a fabriqué Smarra, sa créature fantastique, dont l'inspiration lui est venue d'une autre passion de l'auteur, l'entomologie.

---

5   Apulée, *Les Métamorphoses*, livre I, 8, 4, Paris, Les Belles Lettres, 2002, p. 9 : *saga* (« une magicienne », traduction de P. Vallette).
6   P. Berthier, p. 52, note 14 : « le mot est inventé par Nodier ».
7   *Trésor de la Langue Française*, s.v. « Aspiole ».
8   N. Baills-Talbi et V. Dasen, « Rites funéraires et pratiques magiques », dans *Servei d'Investigacions Arqueològiques Prehistòriques*, 2016, p. 595-618, ont montré que les « aôroi », enfants morts prématurément, ne deviennent pas des esprits malfaisants.
9   Au total, Nodier parle de Smarra dans quatre de ses œuvres : dès 1820, dans son article sur *Le Vampire* de John Polidori (attribué à lord Byron), dans la préface de son conte *Smarra* en 1821, dans la « préface nouvelle » de la réédition de *Smarra* en 1832, enfin dans *Le Pays des rêves* : cf. H. Juin, *Charles Nodier*, Paris, Seghers, 1970, p. 75.

LES EMPLOIS DU MOT « SMARRA »
DANS LES ŒUVRES DE NODIER

C'est sous la plume de Charles Nodier que le nom *smarra* est attesté pour la première fois en français. S'agit-il d'un emprunt à une autre langue ou d'une création verbale, d'un nom propre ou d'un nom commun ? Renvoie-t-il à une réalité perceptible ou désigne-t-il un être imaginaire ? Tel est l'un des enjeux au départ de notre enquête.

La toute première occurrence de *smarra* se trouve dans son article sur « Le Vampire, nouvelle traduite de l'anglais de lord Byron, par H. Faber[10] ». Après avoir raconté les souffrances d'un paysan dalmate mélancolique qui rêve d'actes de vampirisme, Nodier précise :

> La maladie terrible que je viens de peindre s'appelle en esclavon le *smarra*.
> Il est probable que c'est le même que nous appelons en français *cochemar*, et
> l'étymologie ne paroîtrait pas trop forcée, quand l'analogie serait moins sensible
> dans les choses. En effet, le *vampirisme* est probablement une combinaison
> assez naturelle, mais heureusement très-rare du somnambulisme et du *coche-
> mar*. Parmi les infortunés qui sont en proie à cette dernière maladie, il en est
> beaucoup, au moins parmi ceux que j'ai pu consulter, dont l'accès ressemble à
> une scène de *vampirisme*. Si l'homme atteint du *cochemar* est somnambule ; s'il
> est libre de sortir à toute heure de sa hutte, comme le morlaque de Narente
> et de Macarsca, si le hasard ou quelque instinct épouvantable le conduit au
> milieu de la nuit dans les cimetières, et qu'il y soit rencontré par un passant,
> par un voyageur, par la veuve ou l'orphelin qui viennent pleurer un époux ou
> un père, l'histoire du *vampirisme* tout entière est expliquée, et il en est ainsi
> de tous les préjugés, de toutes les superstitions, de toutes les fables. Il n'y a
> point d'erreur dans les croyances de l'homme, qui ne soit fille d'une vérité,
> et cela même a son charme, car les vérités positives n'ont rien de flatteur
> pour l'imagination[11].

Cette analyse de Nodier apporte des éclairages précieux : 1) le *smarra* désigne une maladie essentiellement morale, mais en fait psychosomatique. En insistant sur la « mélancolie » du paysan dalmate, Nodier rapproche implicitement le *smarra* d'autres maladies morales, comme le « vague des

---

10 Ch. Nodier, « Le Vampire », dans *Mélanges de littérature et de critique*, tome I, Paris, 1820, p. 409-417.
11 Ch. Nodier, « Le Vampire », *op. cit.*, p. 410-411.

passions[12] », dans la mesure où il concerne de jeunes héros oisifs (Lorenzo, Lucius et Polémon dans *Smarra*) dévorés par leurs passions pendant leur sommeil. Par son évocation fantastique, le *smarra* préfigure le *spleen* baudelairien, où l'on retrouve notamment les images des toiles d'araignée[13]. Dans plusieurs langues, le nom désignant le cauchemar révèle le caractère à la fois psychique et physique, témoins l'éphialte (en grec ἐφιάλτης), signifiant « qui saute dessus, qui oppresse », soulignant l'oppression du rêveur angoissé, ou encore *asthma nocturna*, insistant sur le souffle court, la respiration difficile, et en français « cauchemar », qui, selon l'étymologie, désigne un être qui chevauche le dormeur, ou encore l'oneirodynie (attestée en allemand et en néerlandais), signifiant « douleur liée au rêve ».

2) Le cadre géographique est celui de la Dalmatie, où sont parlés plusieurs langues et dialectes. En effet, Nodier a observé par lui-même un paysan « dalmate », donc originaire de la région littorale des Balkans. Pour situer précisément la scène, comme Nodier évoque souvent cette région, il est nécessaire de tenir compte du contexte historique et des activités de l'auteur. En effet, le 20 septembre 1812, Nodier a été nommé par Napoléon bibliothécaire à Laibach (Ljubljana), où il devient aussi rédacteur en chef du *Télégraphe officiel des Provinces illyriennes*[14]. Son séjour en Illyrie commence le 6 janvier 1813 et s'achève neuf mois plus tard.

Pour assumer ses fonctions, Nodier séjournait à Laibach, la capitale. Lorsqu'il dirige le *Télégraphe*[15], il publie d'abord en trois langues (français, allemand et italien), puis en ajoutant une quatrième langue, le slave vindique[16]. Dans sa « Notice sur Laybach », Nodier précise que cette langue slave « diffère en peu de chose du croate et de l'istrien proprement dit » et que Laibach « s'enorgueillissait [...] du profond Wodnick, l'Adelunk, le Johnson de l'Esclavon-Vindique[17] ». Ces indications données par un

---

12   Chateaubriand, *Le Génie du christianisme*, livre III, IIe partie, chapitre IX, 1802.

13   Baudelaire, *Les Fleurs du mal*, « Spleen » (« Quand le ciel bas et lourd »), vers 11-12 : « Et qu'un peuple muet d'infâmes araignées / Vient tendre ses filets au fond de nos cerveaux », à rapprocher de l'épode de *Smarra*, p. 60 (éd. de P. Berthier) : « Près de moi, d'horribles enfants aux cheveux blancs [...] s'amusaient à m'enchaîner sur mon lit des plus fragiles réseaux de l'araignée qui jette son filet perfide à l'angle de deux murailles contiguës ».

14   R. Maixner, « Charles Nodier en Illyrie », *Revue des Études Slaves*, 1924, p. 254-255.

15   Tous les articles de Nodier, conservés à la Bibliothèque de Ljubljana, ont été édités sous le titre *Statistique illyrienne : articles complets du « Télégraphe officiel » de l'année 1813*, Laibach (Ljubljana), Satura, 1933.

16   Ch.-A. Sainte-Beuve, *Portraits littéraires*, tome 1, Paris, Garnier, nouvelle édition, 1862 p. 472.

17   Ch. Nodier, « Notice sur Laybach », dans *Annales générales des Sciences physiques*, tome VII, Bruxelles, Weissenbruch, 1820, p. 80 et 84.

érudit féru de grammaire permettent à la fois de comprendre le sens de « vindique », de « slave » et d' « esclavon » : connaître avec précision ces termes est essentiel, puisque Nodier affirme que le conte *Smarra* a été traduit de l' « esclavon du comte Maxime Odin » et que le nom *smarra* est justement un mot esclavon. Concernant la langue nationale, le « slave-vindique », comme Nodier précise qu'elle « diffère en peu de chose du croate et de l'istrien », cette langue slave n'est donc pas le croate : il s'agit du slovène. En effet, dans la région de la Carniole, de 900 jusqu'au XXe siècle, l'élite parlait l'allemand, mais une très large majorité de la population parlait le slovène. En outre, Nodier loue Valentin Vodnic (« Wodnick »), qu'il compare à Adelung (« Adelunk ») et à Samuel Johnson : tous les trois ont atteint la célébrité comme auteurs de dictionnaires de leurs propres langues ; Vodnik a compilé un *Dictionnaire allemand-slovène*[18], dont Charles Nodier a rédigé un compte rendu dans le *Télégraphe officiel*[19].

Ainsi, pour Nodier, « esclavon » et « slave » sont synonymes et il faut ajouter une épithète pour spécifier le dialecte précis : en l'occurrence, le slave-vindique est le slovène.

Mais Nodier emploie d'autres termes pour désigner les langues et dialectes de la Dalmatie, comme le morlaque. Dans son recueil *Smarra ou les démons de la nuit*, il a ajouté deux poèmes slaves authentiques traduits en français. Le premier est *La femme d'Asan* (*La complainte de la noble épouse d'Asan-Aga*), connue des spécialistes sous le titre *Hasanaginica*. Nodier a connu cette ballade grâce au *Voyage en Dalmatie* de l'Abbé Fortis, qui l'a traduite en italien[20] ; il présente cette ballade comme « un des poèmes les plus célèbres de la littérature morlaque[21] ». Ce poème populaire sud-slave a été créé en 1646-1649, dans la région d'Imotski, qui faisait partie, à l'époque où Nodier séjourna dans les Provinces illyriennes, des nouvelles possessions de la République de Venise. Cette ballade s'était transmise oralement jusqu'à ce que l'Abbé Fortis la transcrive, la traduise et la publie dans son *Voyage en Dalmatie*. Fortis la considérait lui-même comme « une ballade morlaque ».

---

18 A. L. Ravnikar, « Terminology in Vodnik's Manuscript German-Slovene Dictionary and in His Published Sources », dans *Slavisticna Revija*, 59, 3 (2011), p. 293-305.

19 Ch. Nodier, « Langue Illyrienne. *Dictionnaire allemand-latin-slave* par le professeur Valentin Vodnik, Prospectus », *Télégraphe officiel*, 27 juin 1813, n° 51, p. 205.

20 Ch. Nodier, *Smarra*, 1821, p. 183.

21 Ch. Nodier, *Id.*

Le deuxième poème slave traduit par Nodier est l'idylle « La Luciole »,
d'Ignazio Giorgi, bénédictin et poète de la République de Raguse. Ce
poème a d'abord été publié en 1814 au *Mercure étranger* et repris dans les
éditions de *Smarra*. L'idylle « La luciole » a été traduite « de l'esclavon »
écrit par Giorgi : le titre original est *Svetgnack*, « nom illyrien de la Luciole,
ou ver-luisant ailé ». Compte tenu de nos recherches, il est patent que
Nodier emploie l'adjectif « illyrien » comme terme générique désignant
les « Provinces illyriennes » dépendant de l'Empire napoléonien ; quant
à « l'esclavon », c'est de nouveau le terme générique pour désigner la
langue slave, sans précision du dialecte. Mais Nodier a mentionné ses
instruments de travail : pour traduire « La Luciole », il a utilisé le texte
original fourni par Francesco Appendini dans ses *Notizie*[22] ; il a consulté
une traduction italienne et il a aussi compulsé le *Dizionario* du jésuite
Ardelio della Bella[23]. Il ne cite que deux mots slaves *sjetgnack* (« la
luciole ») et *osa* (« une guêpe »). Mais comme le jésuite della Bella a dédié
son dictionnaire au Sénat de Raguse et que le bénédictin Ignazio Giorgi
est originaire lui aussi de cette ville, il devient évident que Nodier a
été attiré et influencé surtout par ce haut-lieu culturel de la Dalmatie.
Comme la langue parlée dans cette République était un dialecte italien,
le dialecte vénitien, c'était aussi une langue qu'il pouvait comprendre
bien plus aisément que le slave : cette attirance pour Raguse, située
dans des régions slaves, a son importance pour l'analyse du mot *smarra*,
comme nous allons le voir.

3) L'équivalent français du « cochemar » est associé à « l'étymologie »
et fondé sur « l'analogie ». Nodier ne développe pas l'idée de cette équivalence : le « cochemar » apparaît comme une traduction française de
smarra. L'auteur n'exploite pas non plus la notion d'« étymologie » : faut-il
considérer les deux noms comme liés par un lien étymologique ? Plus
précisément, faut-il voir dans les phonèmes identiques *mar* de *smarra* et de
cochemar une racine commune ? Cette étymologie manifestement suggérée
par Nodier, pour l'instant purement hypothétique, resterait à prouver :
c'est un autre enjeu de notre enquête, qui devra s'appuyer sur les acquis
les plus récents de la recherche en grammaire comparée. En tout cas,
Nodier atténue ensuite cette possible origine commune en employant le

---

22 F. Appendini, *Notizie Istorico-Critiche sulle Antichità, Storia e Letterattura de' Ragusei*, Ragusa, 1803.
23 Ch. Nodier, *Smarra*, 1821, *op. cit.*, p. 204.

potentiel « l'étymologie ne paroîtrait pas trop forcée, quand l'analogie serait moins sensible dans les choses ». En effet, l'auteur semble penser que cette étymologie pourrait passer comme trop audacieuse et surtout due à la ressemblance entre la maladie du *smarra/cochemar* et le dérèglement mental du vampire qui devient somnambule pour attaquer sa victime.

Vient ensuite la parution de *Smarra ou les démons de la nuit*, un an seulement après ce compte rendu du *Vampire* de Polidori. Cette œuvre majeure du romantisme connaît un « mauvais succès[24] » et n'est éditée que deux fois du vivant de Nodier : en 1821 (puis en 1822), avec une première préface, et en 1832, contenant une « préface nouvelle », qui donnent des précisions sur le nom *smarra*.

Le titre complet de ce conte mérite toute notre attention : *Smarra, ou Les démons de la nuit, songes romantiques, traduits de l'esclavon du comte Maxime Odin* : cette formulation s'inspire de celle du conte de Voltaire *Candide, ou L'optimisme, traduit de l'allemand du Mr. Le Docteur Ralph*. Tous les mots comme le parallèle ont leur importance : 1) les personnages éponymes Smarra et Candide sont des antonomases désignant respectivement le cauchemar et la naïveté. 2) Les sous-titres révèlent les genres littéraires : un conte fantastique et un conte philosophique. 3) Une indication sur le mouvement littéraire est explicite chez Nodier avec « songes romantiques », mais implicite chez Voltaire, bien connu comme philosophe des Lumières. 4) Les mentions de la traduction, des langues-sources (l'esclavon et l'allemand) et les auteurs originaux (Maxime Odin et le Dr. Ralph), en fait des fictions, puisque le nom de M. Odin est inventé par Nodier, qui se sert de cette quasi anagramme de son nom (ODIN/NODIER)[25], tout comme le nom du Dr. Ralph, dont les sonorités rappellent l'idiome germanique.

Dans l'« Avertissement » de cette édition de 1821, Nodier pousse encore plus loin la mystification décelable dès le titre et nous devons la décrypter : il affirme qu'il a eu connaissance du texte de Maxime Odin par l'entremise d'un certain chevalier appelé « Fedorovich Albinoni » :

L'ouvrage singulier dont j'offre la traduction au public est moderne et même récent. On l'attribue généralement en Illyrie à un noble Ragusain qui a caché son nom sous celui du comte Maxime Odin à la tête de plusieurs poèmes de

24 Ch. Nodier, « préface nouvelle » de *Smarra*, 1832, p. 11.
25 J.-F. Jeandillou, *Supercheries littéraires. La vie et l'œuvre des auteurs supposés*, nouvelle édition revue et augmentée, Genève, Droz, 2001, p. 173 et la n. 5, p. 173.

ce genre. Celui-ci, dont je dois la communication à l'amitié de M. Le chevalier Fedorovich Albinoni, n'était point imprimé lors de mon séjour dans ces
provinces. Il l'a probablement été depuis[26].

Comme les critiques modernes l'ont remarqué[27], Nodier a réellement
été en relation avec un comte Kreglianovich Albinoni, dont il cite plusieurs fois le nom dans ses articles du *Télégraphe illyrien*, mais cet auteur
a écrit des *Memorie per la storia della Dalmazia* (1809) et non ce conte
fantastique. Tout aussi importante que l'identification de la supercherie
littéraire, l'onomastique doit être décodée : le prénom slave « Fedorovich »
sert à rappeler l'origine du conte, censé avoir été écrit en « esclavon »,
donc dans une langue slave, et le nom « Albinoni » rappelle le milieu
de la République de Raguse, conquise par les Italiens de Vénétie : cette
précision essentielle s'éclairera encore davantage, quand nous aurons
identifié l'étymon de *smarra* au terme de l'enquête étymologique.

Dans l'« Avertissement », Nodier donne plus d'explications sur le nom
smarra. Alors que ce vocable désignait une « maladie » dans le compte
rendu sur *Le Vampire* de Polidori, désormais « Smarra » est le personnage éponyme d'un conte fantastique. Mais pour le présenter, Nodier
l'analyse encore comme un nom commun en livrant des informations
capitales pour l'analyse étymologique :

> *Smarra* est le nom primitif du mauvais esprit auquel les anciens rapportaient
> le triste phénomène du *cauchemar*. Le même mot exprime encore la même
> idée dans la plupart des dialectes slaves, chez les peuples de la terre qui sont
> le plus sujet à cette affreuse maladie. Il y a peu de familles morlaques où
> quelqu'un n'en soit tourmenté[28].

Ainsi *smarra* devient une créature liée à la superstition et aux croyances
religieuses, puisqu'il désigne « un mauvais esprit ». C'est lui qui provoque
« le triste phénomène du *cauchemar* », la maladie résultant de l'influence
néfaste d'un être maléfique : tel est le sens de l'épithète « mauvais ».
Ce vocable est usité en Dalmatie, dans la région de la République de
Raguse, puisque l'auteur est censé être « un noble Ragusain », dissimulé
sous le pseudonyme de M. Odin, et qu'il s'exprime en « esclavon ». Mais
ce qui permet de lancer une enquête étymologique des plus fécondes,

---

26 Ch. Nodier, « Avertissement » de *Smarra*, éd. de 1821, p. I.
27 J.-F. Jeandillou, *Supercheries littéraires, op. cit.*, p. 181, n. 6.
28 Ch. Nodier, « Avertissement » de *Smarra*, 1821, p. I-II.

c'est que Nodier précise que « le même mot [*smarra*] exprime encore la même idée dans la plupart des dialectes slaves ». Il nous faut donc confronter les noms des différentes langues slaves désignant un « mauvais esprit » suscitant un « cauchemar », des noms formés sur la racine de *smarra*. Enfin, Nodier ajoute des considérations utiles relevant de l'ethnolinguistique, puisque le terme *smarra* a cette signification « chez les peuples de la terre qui sont le plus sujet à cette affreuse maladie ». Cette analyse de Nodier nous permet de centrer l'enquête sur les peuples dont les croyances religieuses ou les superstitions évoquent des êtres maléfiques qui donnent des cauchemars. Nodier donne des précisions ethnographiques et géographiques :

> Il y a peu de familles morlaques où quelqu'un n'en soit tourmenté. Ainsi, la Providence a placé aux deux extrémités de la vaste chaîne des Alpes de Suisse et d'Italie les deux infirmités les plus contrastées de l'homme ; dans la Dalmatie, les délires d'une imagination exaltée qui a transporté l'exercice de toutes ses facultés sur un ordre purement intellectuel d'idées ; dans la Savoie et le Valais, l'absence presque totale des perceptions qui distinguent l'homme de la brute : ce sont, d'un côté, les frénésies d'Ariel, et de l'autre, la stupeur farouche de Caliban[29].

Ce jugement ethnographique est fondé sur des observations personnelles, car Nodier, en se rendant en Illyrie, avait été impressionné par des « goitreux » en proie au crétinisme qui sévissait dans les vallées des Alpes[30]. En contraste total avec cet abrutissement, les Dalmates souffrent d'une exaltation qui emporte leur raison. C'est pourquoi Nodier oppose deux personnages antithétiques de *La Tempête* de Shakespeare : Ariel, esprit éthéré et aérien, et Caliban, esprit monstrueux et terrestre, tous deux au service du magicien Prospero, duc de Milan. Ainsi « les frénésies d'Ariel » caractérisent les Dalmates et « la stupeur farouche de Caliban » concerne les Savoyards et les Valaisans.

Dans la « préface nouvelle » de 1832, Nodier juge utile de republier son conte, décide d'assumer la paternité de cette œuvre et lance un appel aux linguistes :

> *Smarra* ne sera pas une étude inutile pour les grammairiens un peu philologues, et c'est peut-être une raison qui m'excuse de le reproduire. Ils verront

---

29 Ch. Nodier, *Smarra*, éd. de 1821, p. II – III.
30 P. Berthier, éd. de *Smarra*, p. 338, n. 5.

que j'ai cherché à y épuiser toutes les formes de la phraséologie française, en luttant de toute ma puissance d'écolier contre les difficultés de construction grecque et latine, travail immense et minutieux[31].

Plus précisément, c'est un « livre écrit sous l'inspiration de l'antiquité la plus pure ! on en fit un livre romantique[32] ! » Avec une modestie calculée, il ajoute que « mon travail sur *Smarra* n'est donc qu'un travail verbal, l'œuvre d'un écolier attentif[33] ». Une enquête étymologique trouve donc tout son sens et répond aux vœux de l'auteur.

L'IDENTIFICATION DE L'ÉTYMON DE « SMARRA »

Pour découvrir l'origine du nom *smarra*, nous allons d'abord récapituler tous les indices que donne Nodier sur ce terme : 1) c'est un mot qui vient de « l'esclavon ». 2) Il existe dans plusieurs dialectes slaves. 3) Il signifie « cauchemar ». 4) Il a été employé par un « noble Ragusain ».

Il convient donc de rechercher les termes signifiant « cauchemar » dans les langues slaves, en tenant compte des dialectes. Pour que l'enquête ethnolinguistique soit concluante, nous associons la linguistique à la mythologie des peuples qui emploient les vocables étudiés.

En slovène, langue slave méridionale, le « cauchemar » se dit *môra*[34] (substantif féminin). Le dictionnaire slovène-latin[35] donne comme synonymes de *mora* les termes *ephialtes*, désignant en grec le « cauchemar », mais aussi les termes latins *incubus* (« incube ») et *lamia* (« lamie », « sorte de vampire dont on menaçait les enfants »)[36]. Donc le cauchemar est intimement associé aux êtres maléfiques qui en sont la cause : le démon du cauchemar (incube ou lamie) se place sur la poitrine de sa victime, une fois endormie, et pèse de tout son poids pour oppresser le dormeur, ce qui provoque le cauchemar. *Môra* est ainsi lié aux superstitions et

---

31   Ch. Nodier, « préface nouvelle » de *Smarra*, 1832, p. 15-16.
32   Ch. Nodier, *Ibid.*, p. 17.
33   Ch. Nodier, *Ibid.*, p. 18.
34   M. Pleteršnik, *Slovensko-nemški slovar* (*Dictionnaire slovène-allemand*), 1894, s.v. « mora ».
35   M. Kastelec, *Dictionarium latino-carniolicum*, revu par Gregor Vorenc, 1710, s.v. « mora ».
36   F. Gaffiot, *Dictionnaire latin – français*, Paris, Hachette, 2000, s.v. « lamia ».

à la démonologie. Dans la mythologie slovène, « *môra* est un mauvais esprit qui erre la nuit, se met sur la poitrine des endormis et suce leur sang[37] » : cette conception lie intrinsèquement le démon de la nuit, l'incube et le vampire : c'est, de toute évidence, la source majeure de Nodier pour la fabrication de son monstre *Smarra*.

Plus précisément, d'après le dictionnaire encyclopédique de la mythologie slovène de Tolstoj et Radenković, « *môra* est un être qui torture les gens pendant la nuit en les étouffant[38]. » C'est exactement ce que demande la sorcière Méroé à son esclave Smarra chez Nodier : ce sont des supplices : « Va, je te l'ordonne, spectre flatteur, ou décevant ou terrible, va tourmenter la victime que je t'ai livrée ; fais-lui des supplices aussi variés que les épouvantemens de l'enfer qui t'a conçu, aussi cruels, aussi implacables que ma colère. » Cette torture consiste à étouffer la victime, Lucius, avec sadisme : « Va te rassasier des angoisses de son cœur palpitant, compter les battemens convulsifs de son pouls qui se précipite, qui s'arrête... contempler sa douloureuse agonie et la suspendre pour la recommencer[39]. »

Concernant l'aspect physique de ce démon, selon Tolstoj et Radenković, *môra* prend « la forme d'une ombre, d'un papillon, ou d'un autre animal chtonien comme la chauve-souris, le chat ou la souris[40] ». Parmi ces différentes apparitions, Nodier a choisi le papillon, manifestement sous l'influence du génie aérien qui l'inspire, Ariel dans *La Tempête* de Shakespeare. Voici la description de Smarra sous la forme d'un lépidoptère :

[Méroé] dit, et le monstre jaillit de sa main brûlante comme le palet arrondi du discobole, il tourne dans l'air avec la rapidité de ces feux artificiels qu'on lance sur les navires, étend des ailes bizarrement festonnées, monte, descend, grandit, se rapetisse, et nain difforme et joyeux dont les mains sont armées d'ongles d'un métal plus fin que l'acier qui pénètre la chair sans la déchirer, et

37 S. Zochios, « Interprétation ethnolinguistique de termes mythologiques néohelléniques d'origine slave désignant des morts malfaisants », *Revue des études slaves*, LXXXIX-3, 2018, p. 303-317, URL : https://journals.openedition.org/res/1787, § 18, consulté le 28/07/2020.
38 S. M. Tolstoj et Lj. Radenković, *Slovenska mitologija : enciklopedijski rečnik*, Beograd, Zepter book world, 2001, p. 363-364, cité par S. Zochios, « Interprétation ethnolinguistique... », art. cité, § 18.
39 Ch. Nodier, *Smarra*, 1821, p. 84-85.
40 S. M. Tolstoj et Lj. Radenković, *op. cit.*, p. 363-364, cité par S. Zochios, « Interprétation ethnolinguistique », art. cité, § 18.

boivent le sang à la manière de la pompe insidieuse des sangsues, il s'attache sur mon cœur, se développe ; soulève sa tête énorme et rit[41].

Féru d'entomologie, auteur d'une *Dissertation sur l'usage des antennes dans les insectes*, Nodier connaît fort bien les papillons, qu'il collectionne[42]. Avec son épouse, Désirée Charve[43], elle-même passionnée d'entomologie[44], il fait, durant son séjour en Illyrie, des excursions scientifiques dans les Alpes juliennes ou sur les rives de la Save[45] : ses recherches sur les insectes ont nourri son imaginaire. C'est donc en spécialiste des lépidoptères qu'il décrit Smarra. En examinant les détails du portrait de ce démon, nous sommes en mesure de découvrir l'espèce précise que le conteur exploite.

En 1829, le Bisontin rédige des essais sur des Sphinx des environs de Montbéliard[46], à propos d'un ouvrage du naturaliste J. Bauhin, *Traité des animaulx ayant aisles* (15), sur l'épizootie attribuée à des papillons. Nodier montre qu'il connaît plusieurs espèces de ces papillons : le *Sphinx du Liseron*, le *Sphinx de la Vigne* et le *Moro Sphinx* de Geoffroy : dès 1797, il mentionne des collections de Sphinx[47]. Mais c'est une autre espèce qui exalte son imagination dans ce passage de *Smarra* : le terrifiant *Sphinx Tête de mort*[48]. Dans le bestiaire fantastique de Nodier, cet animal nocturne est l'un des « démons de la nuit » par excellence. Son nom scientifique « Acherontia atropos[49] » fait référence au fleuve des Enfers : ainsi on comprend pourquoi sa maîtresse, la magicienne Méroé, double

41   Ch. Nodier, *Smarra*, 1821, p. 85-86.

42   G. Zaragoza, *Charles Nodier, biographie*, Paris, Classiques Garnier, 2021.

43   G. Zaragoza, *Ibid.*, p. 101-104 ; J. Cressanges, « Marie Nodier, une muse mi-encre, mi-bouillie », dans *Cahiers d'études nodiéristes* (n° 7). *Marie Mennessier-Nodier, récits et nouvelles*, éd. de J. Geoffroy et G. Zaragoza, Paris, Garnier, 2019, p. 14-15.

44   Sur l'intérêt de Désirée pour l'entomologie, voir Ch. Nodier, *Correspondance de jeunesse*, éd. de J.-R. Dahan, tome 1 (1793-1809), Genève, Droz, 1995, p. 317 (lettre datée du 31 mars 1809 = B. M. Besançon, Ms. 1416, ff. 74-75).

45   J. Beauverie, « Charles Nodier naturaliste, d'après le Dr. Ant. Magnin », in *Annales de la Société botanique de Lyon*, tome 36, Notes et Mémoires – Comptes rendus des séances – 1911. 1912, p. 1-8.

46   Ch. Nodier, *Mélanges tirés d'une petite Bibliothèque*, Paris, 1829, p. 213, § 27. Cf. A. Magnin, *Charles Nodier naturaliste*, Paris, Hermann, 1911, p. 91-92, p. 111-112, p. 287-291.

47   Ch. Nodier, *Descriptions succinctes des insectes qui se trouvent aux environs de Paris (...) augmentées de plusieurs espèces nouvellement reconnues dans la ci-devant Franche-Comté (...)*, Besançon, 1797, Ms. 448, préface : « une série de papillons, de sphinx et de phalènes ».

48   C. Linnaeus, *Systema Naturae*, editio decima, (Holmiae, 1758), Lipsiae, 1894, p. 490 : "caput mortuum".

49   C. Linnaeus, *op. cit.*, p. 490, s.v. "Atropos".

de Prospero, lui dit : « Va tourmenter la victime que je t'ai livrée ; fais-lui des supplices aussi variés que les épouvantemens de l'enfer qui t'a conçu, aussi cruels, aussi implacables que ma colère[50]. » Comme l'Achéron, Smarra est produit par l'Enfer. Sur son thorax on peut reconnaître un crâne humain, d'où son surnom de tête-de-mort, qui préfigure un destin funeste pour les superstitieux. E. A. Poe, dans sa nouvelle fantastique « Le Sphinx », exploite cette caractéristique : « Mais ce qui me frappa le plus dans cet être hideux, ce fut l'image d'une tête de mort qui lui couvrait presque toute la superficie de la poitrine[51]. » Avec une apostrophe plus énigmatique, Nodier évoque cette tête de mort : « spectre flatteur, ou décevant ou terrible » : l'Atropos peut, en effet, flatter en caressant de son vol une victime, elle peut tromper en imitant la couleur des abeilles avec ses bandes jaunes[52] et terrifier avec sa tête de mort.

Étant donné qu'il peut voler très rapidement[53], Nodier le décrit en le comparant au disque lancé par le Discobole : « le monstre jaillit de sa main brûlante comme le palet arrondi du discobole », et même aux tournoiements des feux d'artifice lancés depuis un navire : « il tourne dans l'air avec la rapidité de ces feux artificiels qu'on lance sur les navires ».

Vient ensuite la description des ailes : Smarra « étend des ailes bizarrement festonnées » : la métaphore architecturale des « festons » fait référence aux sortes de guirlandes jaunes et noires sur ses ailes de son abdomen, mais l'étonnement du narrateur suggéré par l'adverbe « bizarrement » renforce l'atmosphère fantastique.

En effet, ce *Sphinx Acherontia* a une autre particularité car il émet des sons stridents[54] : ce papillon possède un épipharynx modifié, ce qui lui permet, en propulsant l'air, d'émettre deux sons de fréquences différentes[55]. En entomologiste hors pair, Nodier exploite cette carac-

50 Ch. Nodier, *Smarra*, 1821, p. 84.
51 E. A. Poe, « Le Sphinx » (1846), dans *Contes inédits*, traduction par W. L. Hugues, Paris, Hetzel, 1862, p. 160.
52 C. Linnaeus, *Systema Naturae*, editio decima, *op. cit.*, p. 490.
53 J.-B. A. Boisduval & A. Guénée, *Species général des Lépidoptères, Hétérocères. Tome I : Sphingides (...),* dans *Histoire naturelle des insectes*, Paris, 1874, p. 3 : les Sphingides sont « doués d'un vol puissant et soutenu ».
54 R.-G. Busnel & B. Dumortier, « Vérification par des méthodes d'analyse acoustique des hypothèses sur l'origine du cri du Sphinx *Acherontia atropos* (Linné) », *Bulletin de la Société entomologique de France*, 64, 3-4, 1959, p. 44-58.
55 G. Brehm *et alii*, « The unique sound production of the Death's-head hawkmoth (*Acherontia atropos* (Linnaeus, 1758)) revisited", dans *Naturwissenschaften*, 2015, 102 (7-8) : 43.

téristique dans l'épode, où la magicienne Méroé et Smarra dévorent le
cœur de Polémon :

> La cicatrice de Polémon versoit du sang, et Méroé, ivre de volupté, élevoit
> au-dessus du groupe avide de ses compagnes, le cœur déchiré du soldat
> qu'elle venoit d'arracher de sa poitrine. Elle en refusoit, elle en disputoit les
> lambeaux aux filles de Larisse altérées de sang. Smarra protégeoit de son vol
> rapide et de ses sifflemens menaçans l'effroyable conquête de la reine des
> terreurs nocturnes[56].

Avec habileté, le conteur associe les sens de l'ouïe et de la vue pour
intensifier l'horreur ressentie : les allitérations en [v] et en [s] imitent
le glissement et les notes stridentes du Sphinx Atropos, tandis que
l'allitération en [r] traduit l'effroi du dormeur en plein cauchemar.

Pour décrire l'attaque du vampire, Nodier décrit les griffes du démon
Smarra : « et nain difforme et joyeux dont les mains sont armées d'ongles
d'un métal plus fin que l'acier qui pénètrent la chair sans la déchirer,
et boivent le sang à la manière de la pompe insidieuse des sangsues,
il s'attache sur mon cœur[57] ». La métaphore des « ongles » acérés fait
référence aux « éperons » situés sur les tibias de ses pattes intermédiaires
et postérieures, que les scientifiques appellent des « épiphyses[58] ». Ces
« armes » naturelles servent à piquer violemment la victime, et comme
ces épines sont « d'un métal plus fin que l'acier », donc acérées, elles
« pénètrent la chair sans la déchirer », comme de fines aiguilles d'une
seringue, ce qui permet au Sphinx de sucer le sang.

En effet, le *Sphinx Acherontia* possède une trompe très aiguë, de
quatorze centimètres[59], qui lui permet de se nourrir. Le plus souvent, sa
trompe acérée lui sert à perforer les alvéoles des ruches, car il est friand
de miel. Ainsi on comprend que Nodier ait exploité ce don naturel pour
décrire la scène de vampirisme.

En présentant les mains du démon Smarra « armées d'ongles d'un
métal plus fin que l'acier qui pénètrent la chair sans la déchirer, et
boivent le sang à la manière de la pompe insidieuse des sangsues », le
conteur fait une analogie entre la trompe du Sphinx et la sangsue, afin

---

56   Ch. Nodier, *Smarra*, 1821, p. 123-124.
57   Ch. Nodier, *Smarra*, 1821, p. 85-86.
58   J.-B. A. Boisduval & A. Guénée, *Species général des Lépidoptères, Hétérocères. Tome I : Sphingides
     (…), op. cit.*, p. 5-6.
59   J.-B. A. Boisduval & A. Guénée, *Ibid.*, p. 5.

de suggérer le vampirisme. Avec une hypallage, il assimile les « mains » de l'insecte fantastique à celle d'un vampire, à l'apparence humaine, qui boit comme le ferait un autre humain. Dans l'épode, c'est cette fois avec sa trompe que Smarra se délecte du sang de Polémon en compagnie de la magicienne Méroé :

> La cicatrice de Polémon versoit du sang, et Méroé, ivre de volupté, élevoit au-dessus du groupe avide de ses compagnes, le cœur déchiré du soldat qu'elle venoit d'arracher de sa poitrine [...]. Smarra protégeoit de son vol rapide et de ses sifflemens menaçans l'effroyable conquête de la reine des terreurs nocturnes. À peine il caressoit lui-même de l'extrémité de sa trompe dont la longue spirale se dérouloit comme un ressort, le cœur sanglant de Polémon, pour tromper un moment l'impatience de sa soif[60].

Cette scène d'omophagie, qui rappelle celle des *Bacchantes* d'Euripide, suscite l'effroi par l'ostentation du cœur sanglant. Smarra se met à siffler pour éloigner les compagnes de la magicienne ; il laisse Méroé vampiriser Polémon, en attendant de pouvoir sucer à son tour le sang de la victime. Il s'agit donc d'un festin macabre, comme l'appréciait le public populaire de l'époque, amateur de mélodrame et de scène de vampires.

Comme les commentateurs l'ont remarqué, le démon Smarra a les traits d'un vampire, assimilé à un papillon et à un incube, puisqu'il s'attache à la poitrine de ses victimes[61]. Mais ce qui a été moins souligné par la critique littéraire, ce sont non seulement les différentes caractéristiques du Sphinx tête-de-mort, dont nous avons identifié l'espèce et montré l'efficacité fantastique, mais c'est aussi la métamorphose du démon Smarra[62]. En effet, Nodier insiste beaucoup sur les modifications de son apparence, qui ne s'explique pas, comme dans la nouvelle « Le Sphinx » d'Edgar Poe, par une différence de perspective : chez le nouvelliste américain, le narrateur décrivait un sphinx tête-de-mort placé près de sa tête, ce qui augmentait démesurément la taille de l'insecte, au point de le faire ressembler à un éléphant. Chez Nodier, il ne s'agit

---

60 Ch. Nodier, *Smarra*, 1821, p. 123-124.
61 J. C. Kessler, « Charles Nodier's Demons : Vampirism as Metaphor in *Smarra* », *French Forum*, Vol. 16, n° 1 (January 1991), p. 51-66.
62 G. Zaragoza a attiré l'attention des chercheurs sur les changements de formes de *Smarra* dans sa thèse *Autour de Charles Nodier : formes, structures et enjeux du fantastique dans le romantisme européen*, Paris, Université Paris-IV, 1991, p. 77, en soulignant que ce démon semble « doué de la faculté de varier de forme et de dimension, ce qui le rend encore plus insaisissable. »

pas d'une vision microscopique de l'objet décrit : le démon Smarra se
métamorphose vraiment sous les yeux de la magicienne Méroé :

> Elle dit, et le monstre jaillit de sa main brûlante comme le palet arrondi
> du discobole, il tourne dans l'air avec la rapidité de ces feux artificiels qu'on
> lance sur les navires, étend des ailes bizarrement festonnées, monte, descend,
> grandit, se rapetisse, et nain difforme et joyeux dont les mains sont armées
> d'ongles d'un métal plus fin que l'acier qui pénètrent la chair sans la déchirer,
> et boivent le sang à la manière de la pompe insidieuse des sangsues, il s'attache
> sur mon cœur, se développe ; soulève sa tête énorme et rit[63].

Outre les verbes d'action décrivant son vol (« jaillit, tourne (dans
l'air), étend (ses ailes), monte, descend », Nodier emploie aussi « grandit, se rapetisse » et « se développe », qui indiquent des changements
de taille : les verbes « grandit, se rapetisse » forment un binôme antithétique, comme « monte, descend ». Dans la logique du cauchemar,
le grandissement était nécessaire (« jaillit, tourne [dans l'air], étend [ses
ailes], monte, descend »), quand Smarra sort de l'écrin et de la main de la
magicienne. Selon les zoologistes, les *Sphinx Acherontia* mesurent environ
douze centimètres. Pour devenir un incube, Smarra doit grandir, puis il
« se rapetisse » probablement quand il s'attache à la poitrine du dormeur
et se contracte pour inciser la peau afin de sucer son sang. Le Sphinx
peut aussi se contracter, parce qu'il cherche à étouffer sa victime, comme
le suggère l'étymologie du verbe grec σφίγγω signifiant « serrer ». C'est
donc un « nain difforme », car cet être, d'abord de petite taille, change
de morphologie. Quand il aspire le sang, il « se développe », grossit,
à tel point que sa tête devient « énorme », gorgée de substance vitale.

Comme nous avons découvert que, pour fabriquer son monstre,
Nodier avait emprunté à la mythologie slovène les traits essentiels de
la créature appelée *môra* (le démon nocturne, esprit maléfique, incube,
vampire, ayant la forme d'un papillon, qui torture le rêveur dans son
sommeil), il est fort probable que le conteur a également emprunté à la
mythologie slave cette idée de métamorphose du démon. L'hypothèse
semble se vérifier, car, toujours selon Tolstoj et Radenković, chez les Slaves
de l'ouest et du sud, le démon appelé *môra*, qui peut prendre la forme
du papillon, pénètre dans la maison, dans la chambre des dormeurs,
en passant par les ouvertures, comme les serrures ou les commissures

---

63 Ch. Nodier, *Smarra*, 1821, p. 85-86.

des portes[64]. Dans d'autres pays slaves, en Serbie, au Monténégro, en Bohême et en Pologne, le mot correspondant à *môra* désigne « un esprit démoniaque qui passe des lèvres d'une sorcière à la forme d'un papillon et gêne la respiration des dormeurs la nuit[65] ». Cette idée que le démon passe de la sorcière à l'état de papillon a été exploitée par Nodier.

Mais jusqu'à présent, nous avons montré que cet être fantastique a pour nom *Môra* chez les peuples slaves. Nous pouvons pousser plus loin l'enquête, en recherchant la source à laquelle Nodier a puisé *Smarra* et en décryptant son étymon. Selon le témoignage même du conteur bisontin, un des ouvrages qu'il a compulsés pour écrire sur l'Illyrie est le *Voyage en Dalmatie* de l'Abbé Fortis, où il a trouvé des détails sur les superstitions des Morlaques[66]. Mais c'est dans un autre ouvrage scientifique que Nodier a trouvé le nom *smarra*, précisément dans une étude très critique à l'égard du récit de voyage de l'Abbé Fortis. En effet, les *Observations d'Ivan Lovrić sur quelques passages du Voyage en Dalmatie de l'Abbé Alberto Fortis*, publiées deux ans plus tard, corrigent et complètent les informations de son prédécesseur. L'ethnographe Ivan Lovrić, né en Croatie, étudiant en linguistique dans la République de Venise, puis en médecine à l'Université de Padoue, était tout à fait qualifié pour réfuter certaines erreurs de Fortis. Ses connaissances linguistiques à la fois du croate et de l'italien de Venise en font une autorité précieuse. Dans le chapitre où il examine les déclarations de Fortis sur les superstitions des Morlaques, il emploie le terme *Smarra* à propos des « Sorcières ». Étant donné son importance pour l'étude de l'étymologie de *smarra* et de l'histoire des mentalités, ce court chapitre mérite d'être traduit et cité in extenso :

Cauchemar (Incubo), ou Smarra.

Le cauchemar des Anciens est appelé *Morra* par les Morlaques. C'est une sorcière qui, la nuit, suce le sang des personnes, quel que soit leur âge, sauf des enfants, puisque c'est la tâche d'autres sorcières, mais toutes, parmi elles, savent faire les mêmes maléfices. Selon les sexes, que la *Morra* poursuit, elle est mâle, ou femelle, pour la raison que cela ne dépend que de ceux dont elle est amourachée. Pendant tout le temps que la *Morra* se trouve sur la personne,

---

64 S. M. Tolstoj et Lj. Radenković, cités par S. Zochios, « Interprétation ethnolinguistique », *op. cit.*, § 18.

65 W. R. S. Ralston, *The Songs of the Russian people, as illustrative of Slavonic Mythology and Russian social life*, 2nd edition, London, Ellis & Green, 1872, p. 133.

66 A. Fortis, *Viaggio in Dalmazia*, vol. I, Venezia, Milocco, 1774, p. 63-67.

celle-ci ne peut plus respirer. C'est un amourachement très étrange. Chez les médecins de l'Antiquité, le cauchemar se définissait comme un rêve de coït impur avec le démon. D'ailleurs, la raison nous apprend que soit parce qu'on est rempli de sang, soit à cause de la position sur le dos lors de l'union dans le lit, soit parce que la tête est trop inclinée en arrière, on sent qu'il manque de l'air ou que les mots échappent, au point de donner l'impression que quelqu'un se trouve sur le patient pour l'étouffer. Il ne faut pas s'étonner, si ce phénomène, qui naît pendant la veille, et le rêve ont fait naître une superstition, qui est celle des *Morras*, c'est-à-dire les *Smarras*, ou *Peseroli* (« Je lui pèserai dessus ») comme disent vulgairement les Italiens[67].

Ce témoigne capital nous donne des clés pour interpréter *Smarra* chez Nodier. Voici les enseignements que nous pouvons tirer de la notice de Lovrić : 1) Le terme *Morra* employé par les Morlaques correspond exactement à *Môra* chez les Slaves, puisqu'il a le même sens de « cauchemar » et la même interprétation : il désigne une sorcière, qui vampirise les dormeurs et se comporte comme une incube. Il n'est pas étonnant que les Morlaques, influencés par d'autres langues que le slave, aient déformé *Môra* en *Morra*. 2) Concernant l'aspect érotique, selon la mythologie morlaque, la *Morra* prend le sexe qui convient aux fantasmes des rêveurs : il n'est pas dit que la *Morra* provoque des rêves « hétérosexuels » ; ce que dit cette superstition, c'est que la *Morra* tombe amoureuse d'une personne adulte (les enfants ne sont pas concernés, étant donné l'aspect érotique), et qu'elle devient la créature qui convient aux rêves des dormeurs : par exemple, des personnes hétérosexuelles pourront rêver de *Morras* de sexe opposé, et inversement pour des rêveurs homosexuels. 3) Il existe deux équivalents de *Morra* : *Smarra* et *Peseroli*. D'après la ponctuation et la suite des idées, seul le terme *Peseroli* est, selon le linguiste Lovrić, un vocable italien de registre vulgaire ; en effet, nous avons découvert que ce terme (absent des dictionnaires italiens, et formé du futur du verbe *pesare* (« je pèserai »)) est très probablement un synonyme de *pesantola*, qui désigne le cauchemar, l'incube, dans le dialecte istrien. Quant à *Smarra*, Lovrić ne dit pas explicitement que ce nom est italien ; d'après son argumentation, *Smarra* n'est assurément pas morlaque, sinon le linguiste l'aurait explicitement précisé. Placé entre le terme morlaque *Morra* et l'expression italienne *Peseroli*, le substantif *Smarra* doit être recherché dans une aire linguistique allant

---

67 I. Lovrić, *Osservazioni di Giovanni Lovrich sopra diversi pezzi del Viaggio in Dalmazia del Signor Abate Alberto Fortis (...)*, Venezia, Sansoni, 1776, p. 201.

de l'Italie à la Dalmatie, d'autant plus que Lovrić est d'origine croate
et vit en Italie.

En affinant notre enquête, il apparaît que les trois termes *môra* (slovène),
morra (morlaque) et *smarra* désignent le « cauchemar », conçu comme un
démon qui étouffe en écrasant la poitrine du dormeur. Cette conception
commune du cauchemar correspond exactement à l'étymologie du mot
français « cauchemar », dont le premier élément *cauche* dérive du verbe
cauchier (« presser »), qui vient du picard *cauque*, issu lui-même du latin
calcare (« fouler aux pieds, piétiner »). Quant au deuxième élément *mar*,
il vient de l'ancien picard *mare*, emprunté au moyen néerlandais *mare*
(« fantôme qui provoque le cauchemar »), auquel correspond l'anglo-saxon
mare, maere (« spectre »), d'où l'anglais *nightmare*, l'ancien haut allemand
et le moyen haut allemand *mar*, d'où le nouveau haut allemand *Mahr*[68].
C'est le même élément *mar* que l'on retrouve en Europe centrale et orien-
tale : « le vieux-slave *mora*, le polonais *mara, mora* et *zmora*, le bohémien
müra, le croate *mura*, les tchèques *morous* et *mura* – le premier est mâle
et attaque les femmes, le deuxième femelle et attaque les mâles[69] » : on
peut donc relier le slovène *mora* et le morlaque *morra*, et, comme nous
allons le prouver, *smarra*.

En effet, nous pouvons prouver l'étymologie de *smarra* en nous
intéressant aux dialectes italiens. Parmi les nombreux mots désignant
le « cauchemar » en Italie, on rencontre le terme *zmara* dans le dialecte
vénitien, mot formé sur la même racine que l'allemand *Mahr*[70]. Si
l'on poursuit l'investigation, on découvre d'autres dialectes italiens
qui emploient des mots formés sur cette même racine *mar* tellement
prolifique, notamment des dialectes vénitiens : le vicentin (dialecte
vénitien central) emploie le terme *mara*, le dialecte de Belluno (dans la
région des Dolomites) *smara* et *zmara* : telle est donc l'origine du nom
Smara/Smarra dont Nodier a fait un personnage démoniaque. L'origine
locale de *Smara* ne fait aucun doute : selon M. Gusso, les termes *smara*
et *zmara* sont « typiques de Belluno : il existe, en effet, dans les vallées
de Belluno, la tradition d'un petit esprit (*spiritello*), appelé *smara*, qui a
l'habitude de s'asseoir sur la poitrine de celui qui est en train de dormir,

---

68   *Trésor de la Langue Française informatisé*, s.v. « cauchemar » (rubrique « étymologie »),
      URL : https://www.cnrtl.fr/definition/cauchemar, consulté le 20/07/2020.

69   S. Zochios, « Interprétation ethnolinguistique », art. cité, § 17.

70   C. Lecouteux, *Au-delà du merveilleux. Essai sur les mentalités du Moyen Âge*, 2ᵉ édition revue
      et augmentée, Paris, Presses de l'Université Paris-Sorbonne, 1998, p. 102.

en provoquant en lui des sensations très désagréables, et qui a la faculté de changer de sexe, selon que la victime est un homme ou une femme[71] ».

Ainsi, le Smarra est une créature du folklore italien, originaire de Belluno, près de Venise. Comme dans le conte de Nodier, c'est un esprit maléfique, un incube, qui tourmente les dormeurs. Sa capacité de changer de sexe, également observée par Lovrić dans les superstitions des Morlaques, ne semble pas avoir été exploitée par le conteur français, en tout cas pas explicitement. Sur le plan linguistique, *smara* est manifestement formé sur la racine *mar*, désignant le cauchemar ; quant à la présence de la sifflante initiale « s », elle s'explique par le dialecte vénitien de Belluno : « le *s* s'ajoute quelquefois en début de mot simplement pour augmenter l'intensité du son : (...) on dit *stravestir, svangar, strafoi, sbassar,* etc. pour *travestire, vangare, trifoglio* et *abbassare*[72] ».

Concernant les liens entre Nodier et Belluno, il est certain que l'auteur est passé dans la région de Venise, lorsqu'il s'est rendu dans les Provinces illyriennes, comme le prouve sa correspondance avec son ami bisontin Charles Weiss[73]. Il est piquant de constater que, lorsque Nodier publie en 1821 son conte *Smarra*, Claude-Victor Perrin, duc de Belluno, né à Lamarche dans les Vosges, devient Ministre de la guerre en France, en décembre 1821 ; mais il n'est pas du tout certain qu'il faille voir dans le personnage de Polémon un masque de ce haut personnage.

Mais si *Smara* est un mot d'origine vénitienne, dans quelle mesure peut-il être « esclavon », comme l'affirmait Nodier ? S'agit-il d'une supercherie littéraire ? En fait, Nodier peut vraiment affirmer que *Smarra* est un mot esclavon, car il attribue cette œuvre à un « noble Ragusain », c'est-à-dire à un auteur originaire de la République de Raguse. Si cette attribution est assurément fictive, en revanche nous considérons que Nodier fait une allusion au milieu où le nom *smarra* est employé. En effet, la République de Raguse a commencé à utiliser le dialecte vénitien dès le XVIe siècle. Ainsi tout est cohérent : le nom *smarra*, couramment utilisé dans la province vénitienne de Belluno, a transité en Dalmatie, plus précisément dans la République de Raguse. Lorsque, à Raguse, la

---

71 M. Gusso, « Streghe, folletti e lupi mannari nel *Satyricon* di Petronio", in : *Circolo Vittoriese di Ricerche Storiche* – Quaderno n. 3 (settembre 1997), p. 113, n. 6.

72 G. Nazari, *Parallelo fra il dialetto bellunese rustico e la lingua italiana*, Belluno, 1873, p. 18, n° 12.

73 Ch. Nodier, *Correspondance inédite*, publiée par A. Estignard, Paris, 1876, lettre 66 (datée du 2 janvier 1813), p. 140-141.

population italienne originaire de Vénitie a entendu parler du démon du cauchemar, elle a fort vraisemblablement employé le terme *smarra* pour désigner cet esprit familier. Le terme *smarra* s'est d'autant mieux acclimaté en Dalmatie qu'il est formé sur la même racine que la *môra* des Slovènes et que le *morra* des Morlaques.

Il reste à montrer les liens du *Smarra* de Nodier avec Éros et Thanatos, car ce démon entraîne la mort par vampirisme et s'unit avec ses victimes sous la forme d'un incube. Selon les croyances slave et vénitienne, le démon (*môra/smara*) est un « incube » qui s'unit à ses victimes, moyennant des changements de sexe. Toutefois, le conteur a choisi de transférer la relation sexuelle en évoquant une passion entre la magicienne et son démon ; il n'a pas explicitement envisagé une relation entre Smarra, démon masculin, et Lucius ou Polémon. Au demeurant, dans de nombreuses langues, le « cauchemar » est un démon masculin, comme en allemand « der Mahr ». Toutefois, dans le *Glossaire anglo-saxon* conservé à Épinal, le cauchemar appelé *merae* en anglo-saxon est féminin, puisqu'il est mis en relation avec *incuba*, mais aussi *satyrus* en latin[74], de sorte que le changement de sexe est envisagé. Du point de vue scientifique de l'entomologie, de toute façon, le *Sphinx Atropos* présente un dimorphisme sexuel presque indifférencié : le mâle ressemble beaucoup à la femelle. La dimension érotique de cette espèce de papillon n'est donc pas dirimante. Concernant le lien avec la mort, il est fondamental : selon de nombreux étymologistes, l'élément *mar* utilisé dans les noms désignant le « cauchemar » vient de la racine indo-européenne *$*mer$* signifiant la « mort[75] » : telle est la traduction du nom *mara* en sanskrit[76].

En somme, l'enquête sur l'étymologie du nom *smara* a conforté l'emploi de ce terme dans les Provinces illyriennes, donc dans une aire linguistique « slave », d'où le nom du démon *Smarra*, tiré de « l'esclavon » selon Nodier. En affirmant que le conte *Smarra* est attribué en Illyrie à un « noble Ragusain », l'auteur bisontin faisait preuve d'une grande

---

74 *Glossaire anglo-saxon* (IXᵉ siècle), conservé à la BMI d'Épinal, f. 6 rᵒ, numérisé, URL : https://galeries.limedia.fr/ark:/18128/d0s75hg5922r9k39/p17, consulté le 24/07/2020.

75 C. Lecouteux, *Au-delà du merveilleux. Essai sur les mentalités du Moyen Âge*, Paris, 1998, p. 91-92. M. York, « Toward a Proto-Indo-European vocabulary of the sacred », *Word*, 44-2, p. 250-251.

76 G. Huet, *Héritage du Sanskrit. Dictionnaire sanskrit-français*, version 3.25 du 1ᵉʳ août 2020, s.v. « mara », p. 649, URL : https://sanskrit.inria.fr/Heritage.pdf, consulté le 03/08/2020.

habileté, car, tout en se dissimulant derrière sur ce nom, il révélait implicitement, à qui voulait bien le comprendre, l'origine de ce mot *smarra*,
employé dans la République de Raguse, dont la population, en partie
d'origine vénitienne, emploie le dialecte vénitien depuis le XVIe siècle.
En définitive, *Smarra* est un nom esclavon, dalmate, qui a des origines
italiennes, puisque le nom *smara* est couramment utilisé en Vénitie,
plus précisément à Belluno, où Smara est un démon semblable à celui
du conte fantastique. En recherchant l'étymologie de ce mot esclavon,
nous avons aussi montré ses liens avec la racine *mar*, employée dans de
très nombreuses langues d'Europe et d'Asie, notamment en français
dans le mot « cauchemar », en anglais (*nightmare*) et en allemand (*Mahr*).
On peut même remonter à l'indo-européen, la racine **mer* impliquant
l'idée de « mort », traduction du mot sanskrit *mara*. En effet, le démon
Smarra, chez Nodier comme dans les superstitions européennes et
asiatiques, est un être funeste, qui se nourrit du sang de ses victimes.
En confrontant les mythologies et en approfondissant la recherche en
histoire des religions, nous avons montré comment Nodier a exploité
les superstitions slaves pour concevoir et construire sa créature Smarra.
Sur le plan des mentalités, il a conservé la croyance slave en un esprit
maléfique, qui, à l'instigation d'une magicienne, en se métamorphosant
en papillon, s'introduit dans la chambre des dormeurs, pèse sur leurs
poitrines pendant leur sommeil et les vampirise en suçant leur sang. Les
mythologies slave et vénitienne insistent également sur le caractère sexuel
du démon Smarra, dimension que Nodier conserve en la transposant
sur les relations entre la magicienne Méroé et son démon Smarra, sans
insister sur les relations sexuelles avec ses victimes. Pour construire son
monstre, Nodier a exploité la donnée fondamentale, celle de l'*imago* du
papillon : en utilisant très habilement ses connaissances entomologiques,
il a représenté Smarra sous les traits du *Sphinx Achérontia Atropos* (dit
Tête-de-Mort). C'est en se fondant sur cette espèce de papillon, très
redouté dans les différentes superstitions pour son cri et sa tête de mort
annonciatrice de mort que le conteur a décrit les différentes caractéristiques morphologiques de Smarra. Ce portrait du monstre s'avère
très suggestif, d'autant qu'il s'appuie sur les croyances superstitieuses,
d'après lesquelles son cri strident et sa tête de mort figurant sur son
thorax seraient annonciateurs de mort. Fort heureusement, ce démon
n'est qu'un rêve, un cauchemar : la mort n'est que symbolique, mais

les lecteurs auront éprouvé la peur recherchée. Comme le souhaitait Nodier, cette nouvelle interprétation du nom et du portrait de Smarra s'appuie sur une recherche fondée sur la grammaire et l'étymologie. Avec ce *Sphinx Achérontia Atropos*, le bestiaire fantastique s'enrichit d'une nouvelle créature. Elle rejoint, dans la République des Lettres comme au Musée d'histoire naturelle, d'autres insectes monstrueux, comme son homologue « Le Sphinx » de la nouvelle d'Edgar Poe, et l'énigmatique coléoptère de la *Métamorphose* de Kafka.

Thierry GRANDJEAN
Université de Strasbourg, CARRA

RÉSUMÉS/*ABSTRACTS*

Concepción PALACIOS BERNAL, « À titre de présentation. Sur la réception de Charles Nodier en Espagne »

L'article propose une approche de la fortune de Nodier en Espagne sous trois aspects différents. Le premier analyse la présence de l'auteur dans la presse espagnole, particulièrement dans celle du XIXᵉ siècle. Le deuxième présente une synthèse de la publication des traductions de ses œuvres. Enfin, l'article expose les études consacrées à l'auteur, constatant que ce sont les récits fantastiques qui ont été privilégiés à la fois par les traducteurs et par les chercheurs espagnols.

Mots-clés : réception, presse, maisons d'édition, recherche, traduction.

Concepción PALACIOS BERNAL, *"By way of an introduction. On Charles Nodier's reception in Spain"*

This article uses a three-pronged approach to studying Nodier's fortunes in Spain. First, it analyzes the author's presence in the Spanish press, particularly in the nineteenth century. The second part offers an overview of published translations of his works. Lastly, this article presents studies devoted to the author, noting that both translators and Spanish scholars have favored his fantastic stories.

Keywords: reception, press, publishing houses, research, translation.

Pilar ANDRADE BOUÉ, « Lectures de Nodier en Espagne. Les traductions de *Mademoiselle de Marsan* »

Les traductions de *Mademoiselle de Marsan* parurent tardivement en Espagne, à partir de 1924. Ce décalage par rapport à la date de publication de l'original (1832) assura cependant leur lecture par un public nombreux habitué aux codes du genre gothique. En effet, Calpe, Bruguera et des revues de vulgarisation (*Jeromín, Revista literaria*) firent paraître notamment les traductions de Paulino Masip et d'Enrique Sordo, assez différentes quant à leurs stratégies, qui sont analysées dans cet article.

Mots clés : *Mademoiselle de Marsan*, roman gothique, Illyrie, Paulino Masip, lectorat.

Pilar ANDRADE BOUÉ, *"Reading Nodier in Spain. Translations of* Mademoiselle de Marsan"

Translations of Mademoiselle de Marsan *were slow to appear in Spain, with the first one not published until 1924. This delay in relation to the date of publication of the original (1832), however, ensured that they were read by a wide audience accustomed to the codes of the Gothic genre. In fact, Calpe, Bruguera, and popular magazines* (Jeromín, Revista literaria) *published translations by Paulino Masip and Enrique Sordo, differing considerably in their strategies, which are analyzed in this article.*

Keywords: Mademoiselle de Marsan, *Gothic novel, Illyria, Paulino Masip, readership.*

Pedro BAÑOS GALLEGO, « (In)fortune de *Smarra* et ses traductions en Espagne »

Nous essaierons de donner ici une réponse à la question de l'absence de traductions et de rééditions de *Smarra* en Espagne. Les fondements de notre hypothèse reposent sur l'appartenance générique du texte. *Smarra* participe du mélange générique qui va surtout toucher le récit narratif court au XIXe siècle. Nous considérons qu'il s'agit de la cause principale du désintérêt éditorial pour *Smarra* face aux textes de facture plus classique.

Mots-clés : *Smarra*, réédition, poème en prose, théorie des genres, récit court, littérature du XIXe siècle

Pedro BAÑOS GALLEGO, *"Smarra's (mis)fortune and its translations in Spain"*

Here we will try to account for the lack of translations and reissues of Smarra *in Spain. Our hypothesis is based on the generic classification of the text. Like many short narrative works in the nineteenth century,* Smarra *combines different genres. We consider this to be the main cause of publishers' lack of interest in* Smarra *compared with more classical texts.*

Keywords: Smarra, *reissue, prose poem, genre theory, short story, nineteenth-century literature.*

Francisco GONZÁLEZ FERNÁNDEZ, « Rebâtir des châteaux de Bohême en Espagne ou comment j'ai traduit l'un des livres de Nodier »

Nodier a conçu son *Histoire du roi de Bohême* comme un livre-exemplaire. Ses vignettes insérées dans le texte, ses calligrammes et ses allusions autoréférentielles contribuent à mettre en relief sa condition même d'objet. Traduire un roman dont seul un fac-similé serait capable de rendre la singularité, s'avére donc être une entreprise délicate voire chimérique. Cet article prétend raconter l'aventure de cette publication dans l'espoir de montrer le roman de Nodier sous un nouveau jour.

Mots-clés : traduction, édition, contraintes, typographie, illustrations, calligrammes, autoréférence, jeu.

Francisco GONZÁLEZ FERNÁNDEZ, *"Rebuilding Bohemian castles in the Spanish sky, or how I translated one of Nodier's books"*

Nodier conceived his Histoire du roi de Bohême *as an exemplary novel. Together, its vignettes inserted in the text, its calligrams, and its self-referential allusions all emphasize its very condition as an object. Translating a novel whose singularity only a facsimile would be capable of rendering, therefore, proves to be a tricky and even chimerical undertaking. This article aspires to recount the adventure of this publication in the hope of showing Nodier's novel in a new light.*

Keywords: translation, publishing, constraints, typography, illustrations, calligrams, self-reference, game.

Inmaculada ILLANES ORTEGA, « Les traductions espagnoles de *La Combe de l'Homme mort* »

Ce chapitre présente le répertoire et l'analyse comparative des huit traductions en espagnol de *La Combe de l'Homme mort* (1833), parues dans des revues ou des recueils, entre 1855 et 1997. L'analyse des variantes textuelles montre bien que les différences concernent surtout le ton de la narration et elle permet de repérer une certaine évolution dans la façon de traduire, visant surtout à actualiser le récit pour conserver son effet de fantastique sur les lecteurs au fil du temps.

Mots-clés : récit fantastique, éditions, variantes, effet de lecture, récit court.

Inmaculada ILLANES ORTEGA, *"The Spanish translations of* La Combe de l'Homme mort*"*

This chapter offers a catalogue and a comparative analysis of the eight Spanish translations of La Combe de l'Homme mort *(1833) that appeared in journals or collections between 1855 and 1997. Analyzing the different versions shows that variation is mainly found in the tone of the narration, which allows us to identify a certain evolution in the translation approach, primarily geared toward updating the narrative in order to maintain its fantastic effect on readers over time.*

Keywords: fantastic story, publications, variants, reading effect, short story.

Pedro S. MÉNDEZ ROBLES, « Nodier dans la revue *Semanario Pintoresco Español* »

Ce travail aborde la réception de Charles Nodier dans la revue *Semanario Pintoresco Español* (1836-1857). Nous y analysons la présence de l'auteur français à travers trois traductions apparues en 1854 et 1855 : *La hermana Beatriz. Leyenda, La gruta del hombre muerto* et *Bautista Montauban. Cuento.* Pourquoi trois récits de Nodier traduits dans une revue qui mise sur la culture et la littérature nationales ? Pourquoi le choix de ces textes ? Voilà les questions auxquelles nous essayons de répondre.

Mots-clés : récit bref, fantastique, presse, *Semanario Pintoresco Español*, XIXe siècle.

Pedro S. MÉNDEZ ROBLES, *"Nodier in the journal* Semanario Pintoresco Español*"*

This work deals with the reception of Charles Nodier in the journal Semanario Pintoresco Español (1836–1857). By looking at three translations that appeared in 1854 and 1855: La hermana Beatriz: Leyenda, La gruta del hombre muerto, *and* Bautista Montauban: Cuento, *we analyze the French author's presence in the journal. Why were three stories by Nodier translated in a publication that focuses on national culture and literature? Why the choice of these texts? These are the questions we try to answer.*

Keywords: short story, fantastic, press, Semanario Pintoresco Español, *nineteenth century.*

Concepción PALACIOS BERNAL, *"De l'*Histoire de Thibaud de la Jacquière *à* El Mercader de León*"*

El desván de los duendes, recueil de récits traduits et publiés par Eustasio de Villaseñor y Acuña, contient le récit *El Mercader de León*, traduction d'*Histoire de Thibaud de la Jacquière*, inséré dans le *Manuscrit trouvé à Saragosse* de Potocki et de *Les Aventures de Thibaud de la Jacquière*, appartenant au volume *Infernaliana* attribué à Charles Nodier. Les diverses circonstances de composition des récits sont analysées ainsi que leurs différences formelles et thématiques.

Mots-clés : comparatisme, fantastique, XIXe siècle, anonymat, récit court.

Concepción PALACIOS BERNAL, *"From the* Histoire de Thibaud de la Jacquière *to* El Mercader de León*"*

El desván de los duendes, *a collection of stories translated and published by Eustasio de Villaseñor y Acuña, contains the story* El Mercader de León, *a translation of* Histoire de Thibaud de la Jacquière, *inserted in the* Manuscrit trouvé à Saragosse *by Potocki, and* Les Aventures de Thibaud de la Jacquière *from the volume* Infernaliana *attributed to Charles Nodier. The different circumstances surrounding the composition of these stories are analyzed as well as their formal and thematic differences.*

Keywords: comparativism, fantastic, nineteenth century, anonymity, short story.

Concepción PALACIOS BERNAL, « Zorrilla, lecteur de Nodier ? À propos de *Margarita la tornera* et *La Légende de Sœur Béatrix* »

L'article aborde l'étude de deux récits qui exploitent un thème de la littérature hagiographique, celui de l'évasion d'une religieuse du couvent et son remplacement par la Vierge. Il s'agit de savoir si Zorrilla, auteur de *Margarita la tornera*, s'est servi ou non du récit de Charles Nodier, *La Légende de Sœur Béatrix*. Pour ce faire, l'article analyse les différentes sources de cette thématique et les ressemblances et les différences des récits en question.

Mots-clés : comparatisme, littérature religieuse, Zorrilla, XIXᵉ siècle, légende.

Concepción PALACIOS BERNAL, *"Did Zorrilla read Nodier? On* Margarita la tornera *and* La Légende de Sœur Béatrix*"*

This article deals with the study of two narratives that make use of a trope from hagiographic literature, that of the flight of a nun from the convent and her replacement by the Virgin. We examine whether Zorrilla, author of Margarita la tornera, *made use of Charles Nodier's story,* La Légende de Sœur Béatrix. *To do so, the article analyzes the different sources of this trope and the similarities and differences of the stories in question.*

Keywords: comparativism, religious literature, Zorrilla, nineteenth century, legend.

Concepción PALACIOS BERNAL, « Note sur la traduction *Trilby o el duende de Argail*, de Carlos Nodier, publiée à Cordoue, Imprenta y Papelería Catalana, (sans notice sur le traducteur et anonyme) »

L'article présente la première traduction espagnole dont on a connaissance du célèbre récit fantastique de Charles Nodier, *Trilby ou le lutin d'Argail*. La traduction, anonyme et probablement publiée à la fin du XIXᵉ siècle, est, en termes généraux, assez complète et rend compte de l'intérêt des récits fantastiques de Charles Nodier en Espagne. Elle parut comme récit indépendant bien que la plupart des traductions postérieures de ce récit se localisent en volumes collectifs.

Mots-clés : fantastique, anonymat, XIXᵉ siècle, Écosse, récit court.

Concepción PALACIOS BERNAL, *"On the translation of Charles Nodier's* Trilby o el duende de Argail *published in Cordoba, Imprenta y Papelería Catalana, (without translator's note and anonymous)"*

This article presents the first Spanish translation of Charles Nodier's famous fantastic story Trilby ou le lutin d'Argail. *The translation, anonymous and probably published at the end of the nineteenth century, is, in general terms, quite complete and reflects the interest in Charles Nodier's fantastic tales in Spain. It was published as a stand-alone narrative, although most later translations of this tale are found in compilations.*

Keywords: fantastic, anonymity, nineteenth century, Scotland, short narrative.

Georges ZARAGOZA, « *La presente novelita española* »

Inès de Las Sierras est l'un des contes de Nodier les plus traduits en espagnol, mais c'est aussi le seul qui est censé se dérouler en terre espagnole. On essaiera de confronter quelques traductions parmi les plus marquantes sous plusieurs angles : celui du paratexte (titre et illustrations), du contexte historico-politique (occupation de la Catalogne par l'armée française), du traitement du fantastique enfin.

Mots-clés : fantastique, château, illustration, conte, guerre franco-espagnole.

Georges ZARAGOZA, *"La presente novelita española"*

Inès de Las Sierras *is one of Nodier's most translated tales in Spanish, but it is also the only one that is supposed to take place on Spanish soil. We will try to compare some of the most striking translations from a number of different perspectives: the paratext (title and illustrations), the historical-political context (the occupation of Catalonia by the French army), and the treatment of the fantastic.*

Keywords: fantastic, castle, illustration, tale, Franco-Spanish War.

Thierry GRANDJEAN, « Smarra démasqué et son étymologie révélée, pour le bicentenaire du conte »

Nodier joue de l'étymologie des noms de ses personnages, mettant au défi les savants d'élucider des références onomastiques cryptées. C'est le cas de

Smarra, créature née de sa fantaisie verbale. Depuis 1821, le secret de ce nom est resté enfoui, en replaçant le terme *smarra* dans son contexte culturel et en remontant à ses origines proto-indo-européennes, nous pouvons démasquer Smarra et révéler son étymologie, fondée sur l'activité onirique, l'étymologie et l'entomologie.

Mots-clés : Onomastique, grammaire comparée, étymologie, onirisme, entomologie, bestiaire fantastique.

Thierry GRANDJEAN, "*Smarra unmasked and its etymology revealed for the bicentennial of the tale*"

Nodier plays with the etymology of the names of his characters, challenging scholars to get to the bottom of cryptic onomastic references. This is the case with Smarra, a creature born of his verbal fancy. Since 1821, the secret of this name has remained buried. By placing the term smarra in its cultural context and going back to its proto-Indo-European origins, we can unmask Smarra and reveal its etymology, based on oneiric activity, etymology, and entomology.

Keywords: onomastics, comparative grammar, etymology, oneirism, entomology, fantastic bestiary.

IMPRIM'VERT

Achevé d'imprimer par Corlet Numéric,
Z.A. Charles Tellier, Condé-en-Normandie (Calvados), en avril 2021
N° d'impression : 171265 - dépôt légal : avril 2021
Imprimé en France

CLASSIQUES GARNIER

Bulletin d'abonnement revue 2021

Cahiers d'études nodiéristes

1 numéro par an

M., Mme :

Adresse :

Code postal :   Ville :

Pays :

Téléphone :   Fax :

Courriel :

Prix TTC abonnement France, frais de port inclus		Prix HT abonnement étranger, frais de port inclus	
Particulier	Institution	Particulier	Institution
27 €	46 €	37 €	50 €

Cet abonnement concerne les parutions papier du 1er janvier 2021 au 31 décembre 2021.

Les numéros parus avant le 1er janvier 2021 sont disponibles à l'unité (hors abonnement) sur notre site web.

Modalités de règlement (en euros) :
 Par carte bancaire sur notre site web : www.classiques-garnier.com
 Par virement bancaire sur le compte :
 Banque : Société Générale – BIC : SOGEFRPP
 IBAN : FR 76 3000 3018 7700 0208 3910 870
 RIB : 30003 01877 00020839108 70
 Par chèque à l'ordre de Classiques Garnier

Classiques Garnier
6, rue de la Sorbonne – 75005 Paris – France
Fax : + 33 1 43 54 00 44
Courriel : revues@classiques-garnier.com

mis à jour le 10/09/2020

Abonnez-vous sur notre site web :
www.classiques-garnier.com